Sylvie Bernay
Bernard Peyrous

As crises da Igreja

O que elas nos ensinam

Tradução
D. Hilário Moser

Editora
Santuário

Coordenação editorial: Ana Lúcia de Castro Leite
Tradução: Dom Hilário Moser
Copidesque e Revisão: Kalima Editores
Diagramação e Capa: Gledson Zifssak

Título original: *Les crises de l'Église. Ce qu'elles nous enseignent*

Éditions Artège
10, rue Mercoeur – 75011 Paris
9, espace Méditerranée – 66000 Perpignan
www.editionsartege.fr.

Dados Internacionais de Catalogação na Publicação (CIP) de acordo com ISBD

B524c Bernay, Sylvie

As crises da Igreja: o que elas nos ensinam / Sylvie Bernay, Bernard Peyrous ; traduzido por Dom Hilário Moser. - Aparecida : Editora Santuário, 2023.
176 p. ; 16cm x 23cm.

Tradução de: Les crises de l'Église. Ce qu'elles nous enseignent
ISBN: 978-65-5527-297-0

1. Religião. 2. Cristianismo. 3. Igreja católica. 4. Crise. 5. Sociedade. 6. História. I. Peyrous, Bernard. II. Moser, Dom Hilário. III. Título.

CDD 240
2023-428 CDU 24

Elaborado por Vagner Rodolfo da Silva - CRB-8/9410

Índice para catálogo sistemático:
1. Religião : Cristianismo 240
2. Religião : Cristianismo 24

1ª impressão

Rua Pe. Claro Monteiro, 342 – 12570-045 – Aparecida-SP
Tel.: 12 3104-2000 – Televendas: 0800 - 0 16 00 04
www.editorasantuario.com.br
vendas@editorasantuario.com.br

A História não nos permite ver o futuro;
mas, associada à independência do espírito,
ela nos pode ajudar a ver melhor.

Paul Valéry

A obrigação de aguentar nos dá o direito de saber.

Jean Rostand

Sumário

Terceira parte
AS CRISES DOS TEMPOS MODERNOS E CONTEMPORÂNEOS

Quarta parte
ASPECTOS DA CRISE ATUAL DA IGREJA

Introdução

Um dia, pelo fim dos anos 1980, D. Marius Maziers, arcebispo de Bordéus, recebeu um dos responsáveis pela Ação Católica Operária de sua diocese, precisamente quando esse movimento estava em crise. O arcebispo perguntou-lhe se não se sentia muito atingido por essas graves dificuldades. O militante respondeu: "Oh, o senhor sabe, eu estou para começar a ler o livro de Daniel-Rops *A Igreja no tempo dos bárbaros*[1] e quando se vê o que ela teve que enfrentar, fica-se mais tranquilo". Outra atitude filosófica perante as crises é uma palavra do grande historiador da arte, Luís Dimier, a um de seus afilhados: "Você sabe, meu rapaz, tudo andou sempre muito mal"!

Sempre houve crises na sociedade, em cada ser humano e na Igreja. E sempre haverá. A ingenuidade rousseauniana, que pensa ser possível isentar-se delas, ingenuidade que impregnou nossa sociedade contemporânea, é um grave engano. No mundo há bem e mal, virtude e pecado, e isso durará até os últimos minutos da história. Certamente, pode-se ter e tem-se o direito de atenuar o poder do mal; entretanto, não é negando-o que se alcança esse objetivo, pelo contrário. É preciso fazer as contas com ele, francamente, encará-lo (inclusive em nós mesmos) ao longo de nossa existência. Chateaubriand dizia – talvez de forma um pouco absoluta demais – que "os momentos de crise revitalizam os homens". Em todo caso, se as crises não provocam uma destruição, os que as superam, em geral, acabam vivendo uma existência diferente e muitas vezes progridem realmente. Toda a história está aí para prová-lo.

Nós quisemos escrever este livro precisamente porque o testemunho da história a respeito deste ponto específico parece-nos útil para os dias de hoje. As mídias não param de dizer que a Igreja está em crise. Sem dúvida! E as próprias mídias não estão em crise também?[2] Inclusive, deixar de se submeter às mídias,

1. Publicada em 1950 na grande *História da Igreja* desse conhecido historiador.

2. A 32ª edição do barômetro Kantar/*La Croix* de janeiro de 2019 mostra que a confiança global nas mídias diminuiu notavelmente: somente 25% dos franceses confiava nas notícias recebidas pela Internet, 38% pela televisão, 44% pela imprensa escrita, 50% pela rádio. A situação piorou em 2020 (33º barômetro): 71% dos franceses não se interessam mais pelas mídias em geral. A "perda de apetite" é sensível. A desconfiança está no limite máximo. Pode ser com razão.

isto é, ao imediato, tomar um pouco de distância, escutar as lições do tempo é um exercício que hoje devemos tentar fazer com mais seriedade e oportunamente. Nós estamos persuadidos de que esse exercício nos propiciará maior serenidade e nos permitirá situar-nos de forma mais positiva perante a vida e nossos compromissos, particularmente cristãos, caso formos cristãos. O maior inimigo da sociedade não é a crise, mas a depressão, o desânimo, o "tanto faz!", o "para que serve?". A arte elegante do cinismo e da depressão, que muitas vezes está na moda, conduz à escravidão. A arte de viver, fundada sobre a contemplação mais serena do passado, abre as portas ao futuro e leva a apreciar as coisas mais essenciais. Para repetir uma citação repleta de sabedoria, um provérbio tuaregue diz: "Nunca pare de gritar sua alegria por estar vivo, e nunca mais ouvirá outros gritos".

Neste livro não se encontrará uma demolição sistemática da Igreja, só pelo prazer de destruir. Há pessoas que possuem essa especialização, que fiquem com ela. Também não se encontrará aqui uma apologia sistemática de uma ideologia, quer dizer de um "sistema" social de tipo religioso, mesmo que fosse cristão: não cremos nisso absolutamente. Nós procuraremos a verdade, na medida em que pudermos encontrá-la. Não se pode ter medo da verdade.[3] Trabalharemos com o espírito crítico necessário para os pesquisadores, não, porém, um espírito sistemático de crítica. Com isso não beneficiaremos somente a Igreja; nós nos sentiremos livres também para criticar eventualmente suas críticas. Por que não?

Pode ser útil agora definir mais claramente a noção de crise. Ela consiste num distúrbio, numa perturbação grave, que atinge uma pessoa ou um organismo, criando um momento difícil e carregado de ameaças, de tal forma que a sobrevivência da pessoa ou do organismo é posta em jogo; o estilo de vida pode sofrer com isso. O termo "crise" é associado a certa violência, certa aspereza; há crises que duram, não há crises suaves. Uma crise é preparada por fatores diversos, visíveis ou não; ela conhece fases mais ou menos paroxísticas, dilatações; às vezes desponta uma "saída da crise", pelo menos de sua parte mais brutal, mas suas consequências podem ser sofridas por longo tempo, a ponto de provocar rupturas na continuidade histórica.

A primeira questão que nos propusemos é esta: por que ocorrem crises? Quais são os fatos que as provocam? Esta é para nós uma questão importante: como nasce uma crise? Em seguida: como se manifestam essas crises? Quais são seus sintomas mais ou menos aparentes? Em geral já se escreveu bastante sobre o desenvolvimento das crises; acenaremos a isso, mas não é isso que nos ocupará de modo especial; de alguma forma é algo bem mais banal. Por fim: eventualmente, como saímos delas e com que consequências? Sobre isso há muito a refletir.

3. "A Igreja não tem medo da verdade", dizia o papa Pio X, e o papa Francisco: "A Igreja não tem medo da história".

Trabalharemos como historiadores. Sabemos que há numerosas obras a respeito do enfrentamento das crises nas empresas, trabalhos que podem ser estendidos inclusive às organizações públicas.[4] Determinaram-se, assim, ciclos de expansão, de decrescimento e de leis correspondentes. Por exemplo, nós pensamos que o modelo de Greiner é realmente válido.[5] Estamos convencidos também de que a lei de Peter, mesmo que apresentada de forma divertida, aplica-se de maneira bastante universal também na Igreja.[6] Nós, porém, pensamos que aqui é preciso ir mais longe e introduzir parâmetros dos quais as organizações humanas frequentemente estão desprovidas. Veremos mais à frente o que entendemos por isso.

Definimos bastante arbitrariamente novos episódios de crises. Sabemos muito bem que poderíamos apresentar as coisas diversamente. Mas fazer assim nos parece conveniente para este livro, que não passa de uma iniciação. Deixamos de lado outros episódios, como a crise pelagiana no Ocidente, a crise iconoclasta no Oriente, a querela dos ditos "ritos chineses". Poderemos ser acusados de não querermos nos envolver com isso. Nós insistiremos sobre as crises mais próximas do nosso tempo, porque elas nos interrogam e nos envolvem de forma mais interessante. Mas será sempre preciso ler sobre essas crises referindo-se às que as precederam, embora os pontos comuns nem sempre apareçam à primeira vista.

Gostaríamos que este livro fosse útil pelos menos para algumas pessoas; que ele transmita um pouco de coragem e de paz a quem o ler. Estamos muito conscientes dos perigos que ameaçam o mundo atual, perigos que não são pequenos, e assinamos a frase de um autor do departamento de Ariège um pouco difícil de classificar, René-Victor Pilhes, numa conversa com Bernard Pivot, em junho de 1976: "O retorno à bestialidade é possível numa sociedade como a nossa; em razão da desorganização das mentalidades, das crises de histeria generalizada,[7] tudo isso agravado pelas crises econômicas". A nosso ver, a bestialidade e a selvajaria,[8] pode-

4. Primeiro apanhado em: Paul Mayer, "Comprendre les organisations en crise", em *Cahiers internationaux de sociologie,* nouvelle série, vol. 102 (janvier-juillet 1997), p. 59-83: *Crises sociales, crise de l'organisation.* Há bons estudos a respeito das crises no setor militar, especialmente quanto à incompetência dos responsáveis. Ver particularmente os trabalhos do inglês Norman Dixon, *On the psychology of military incompetence,* New Yorq, Basic Books, 1976; tradução francesa por Anne Laurens: *De la compétence à l' incompétence militaire: un essai psychologique*, Paris, Rombaldi, 1978. Boa crítica a respeito desta obra encontra-se em *Revue de la Défense nationale,* n° 386, 1979, p. 170-171. Ver também: Gilles Haberey et Hugues Perrot, *Les 7 péchés capitaux du chef militaire. Les plus grandes erreurs tactiques de l'Antiquité à nos jours,* Paris, Éditions Pierre de Taillac, 2017; Bertrand Dietz, *Arrogance, bêtise, couardise. L'ABC des plus belles erreurs militaires,* Paris, Éditions de l'Opportun, 2020. O mundo político, cultural, educativo, econômico forneceria também matéria muito rica sobre esse assunto. Será preciso não esquecer.

5. Primeiro contato em: http://christian.hohmann.free.fr/index.php/prospective/ a-propos-de-prospective/416-le-modele-de-greiner-evolution-et-revolution; Jean Blaise Mimbang, 50Minutes.fr; et Brigitte FEYS (collab.), *Le modèle de Greiner: Anticiper les crises et booster la croissance,* Paris, Éditions 50minutes, 2015.

6. Laurence J. Peter et Raymond Hull, *Le Principe de Peter,* éd. fr. Paris, J'ai lu, 2018.

7. Notemos esta expressão.

8. Thérèse Delpech, *L'Ensauvagement. Le retour de la barbarie au XXIe siècle*, Paris, Grasset, 2005.

riam muito bem ser causadas por uma perda da fé cristã. O cardeal François-Marie de Cabrières, bispo de Montpellier, dizia: "Entre a barbárie e a civilização não há mais do que a espessura de um catecismo". E se ele tivesse razão?

Mas nós pensamos que se pode evitar o pior, que se pode sair da parte mais grave das crises; cremos que os homens de boa vontade possuem um poder eficaz sobre a marcha do mundo, e que isso é singularmente verdadeiro no cristianismo. Esta convicção se impôs a nós pouco a pouco por nossos estudos e ao redigir este trabalho. Será também a vossa?

Tratando-se de um livro de iniciação, evitamos um aparato demasiadamente crítico, propondo só uma bibliografia básica no final de cada capítulo. Em contraposição, para a quarta parte, particularmente para o capítulo IX, que trata de acontecimentos imediatamente contemporâneos, justificaremos nossas afirmações de forma mais precisa.

Os sites da Internet foram consultados de 2015 a 2021.

As crises atravessadas pela Igreja Católica são diversas em sua origem e surgiram em épocas muito diferentes. Por isso, este livro não adota nenhuma sequência fixa. Podem-se ler os capítulos na ordem que se preferir. Ninguém se espante com a variedade dos assuntos abordados: correspondem simplesmente à diversidade das situações que apareceram.

Primeira parte

AS CRISES DAS ORIGENS

Capítulo I

A crise do batismo dos primeiros pagãos

O evangelista São Lucas, companheiro do apóstolo Paulo, escreveu um relato dos inícios do cristianismo: os Atos dos Apóstolos, que em geral são datados pelos anos 80-90 da nossa era, mas que poderiam muito bem ter sido redigidos mais cedo, talvez antes do grande incêndio de Roma em 64. Esse texto, em seu capítulo 10 e no capítulo 11,1-18, relata um acontecimento importante, que foi objeto de uma verdadeira crise no seio da primeira comunidade cristã: o batismo dos primeiros pagãos (o centurião Cornélio e sua família) pelo apóstolo Pedro. O episódio situa-se rapidamente depois da morte de Cristo; em todo caso, antes do ano 50.[1] Expliquemos o contexto, pois, se não for conhecido, não se compreende o que está em jogo, porque aqui se verifica o difícil contato entre mundos diferentes.

I. O contexto

É preciso dar atenção às três partes envolvidas no caso: os judeus, os pagãos e os cristãos.

1. O contexto judeu

Como todos sabem, o povo judeu apresenta uma particularidade única: ele se define como o povo de Deus, isto é, um povo que foi criado e mantido em vida por Deus, o Deus único, o único Deus verdadeiro, pois os deuses dos demais povos eram falsos. Esse povo só existe e se define por essa contínua criação. Esta convicção fundamental impregna a totalidade da vida e da cultura. Os judeus são

1. Jesus Cristo foi crucificado muito provavelmente no dia 7 de abril do ano 30 (outra data, menos provável, é o dia 3 de abril do ano 33). Cornélio pertence ao corpo de uma tropa chamada Coorte Itálica, dependente da *Legio X Fretensis*, que controlava principalmente a Síria. Sabemos que ela tinha uma guarnição em Cesareia Marítima, que era a sede da administração romana da região entre os anos 30 e 60. Mais tarde, essa legião haveria de contribuir com a tomada de Jerusalém no ano 70, depois Massada no ano 73.

um povo relativamente pouco numeroso[2] e sua terra não é especialmente rica. Encontram-se rodeados por grandes civilizações (para simplificar: babilônios, assírios, fenícios, gregos, romanos) que marcaram a história do mundo e procuraram conquistá-los, pior ainda, destruí-los. Na Antiguidade, não há muita complacência com as populações refratárias ao poder: são exterminadas, dispersadas ou engolidas, o que acontece pela assimilação e apropriação dos deuses locais. Conhecemos muitos exemplos.

De que maneira os judeus resistiram e aguentaram firmemente em sua fé num só Deus, resistência que é mantida até nossos dias? Eles elaboraram um modo de vida que os tornou inassimiláveis. O princípio básico é religioso e repousa sobre a distinção entre o que é puro e o que é impuro. Os judeus devem observar esses usos que os tornam puros. Toda transgressão torna impuro, isto é, distante de Deus, maldito, pelo menos provisoriamente. Em primeiro lugar, há um sinal de pertença, que assinala a admissão ao povo e à aliança com Deus: a circuncisão dos meninos (*Milah*), praticada no oitavo dia após o nascimento. Para os judeus, o mundo se divide entre circuncisos e incircuncisos, entre sujeitos da Aliança e os excluídos da Aliança.

Depois, há os costumes quanto à alimentação (*cacherout ou kashrout*). São rigorosos e restritivos. Por exemplo, no caso dos animais, só podem ser consumidos os ruminantes que possuírem patas fendidas; vinte e quatro espécies de aves são excluídas, bem como animais marinhos que não tiverem nadadeiras e escamas. Só podem ser preparados alimentos dentro de condições bem determinadas. São chamados, então, *casher*: não se senta à mesa, seja lá como for... No que tange aos corpos, os rituais são numerosos, assinalados em particular pelo uso frequente de banhos de purificação. As pesquisas arqueológicas, muito avançadas em Israel, permitiram recentemente trazer à luz dezenas de locais de banhos de purificação em Jerusalém, que indicam sua importância na vida diária. Em matéria cultural, os ritos do Templo são extremamente codificados. Basta ler o livro do Levítico para ter uma ideia.

Não somente tudo isso faz parte de capítulos inteiros da Bíblia, mas também de centenas de interpretações, às vezes muito casuísticas, que se encontram na Mishná e no Talmud. As pesquisas em curso, referentes em particular – não, porém, somente – à comunidade de Qumran, mostraram até que ponto ser judeu no tempo de Jesus significava praticar escrupulosamente regras a respeito do puro e do impuro. Se não são observadas, não se é um verdadeiro judeu. O Evangelho está cheio desses problemas. Assim, por sua cultura – somemos a isso o uso da língua hebraica ou aramaica – o povo judeu é absolutamente singular, portanto, resguardado, ocupando um lugar à parte.

2. Embora, no século I, a proporção em relação ao conjunto da população da região mediterrânea pareça ser-lhes bem mais favorável do que hoje.

2. *Os pagãos*

Como são vistos os pagãos pelos judeus? Já dissemos: como impuros. Isso pode ser complicado: se um incircunciso tocar um alimento puro, o alimento se torna impuro. Com isso, o comércio não é nada facilitado! Não se entra em casa de pagãos, não se come com eles, pois a pessoa se tornaria impura. Quando do processo de Jesus, o próprio procurador romano Pilatos é obrigado a sair de seu palácio para julgar Jesus, porque se os judeus entrassem nele, se tornariam impuros e não poderiam mais participar da festa da Páscoa, o que sem dúvida teria como efeito provocar uma rebelião.[3]

Além disso, a religião judaica é uma religião da memória, da lembrança. A Bíblia é um livro de transmissão. O hebraico é uma língua que relata os acontecimentos do passado como se ocorressem no presente. Sendo assim, recordam-se continuamente as relações dolorosas com os pagãos: com os egípcios que quiseram destruir o povo; com os babilônios que o exilaram; com os assírios que o combateram; com os gregos que o oprimiram e martirizaram.

Com os romanos, as relações nos inícios foram boas; os judeus até os consideraram seus aliados contra os gregos. Mas os romanos dominaram o país em 63 a.C. No ano 54, o general romano Crasso penetra no Templo e saqueia o tesouro. Os romanos pouco a pouco chegam a organizar politicamente todo o Oriente Próximo, mediante uma administração direta e apoiando-se em pequenos reinos vassalos. A realidade, porém, mostra que com os judeus as relações são bem mais complicadas. Hesita-se entre diversos modos de governo que se sucedem. Assim, os romanos permitem aos judeus algumas regalias que não concedem a outros povos, como a dispensa da obrigação de sacrificar aos deuses do Império, ou de fazer serviço militar, mas a situação é sempre tensa. Aliás, essa situação explodirá em diversas revoltas, das quais, duas durante a primeira infância de Jesus: uma no ano 6 a.C., na Galileia, por iniciativa de Judas, o Galileu; outra no ano 4 a.C., reprimida pelo general Varo, que ocupa Jerusalém e crucifica nada menos de 2.000 judeus. Mais tarde, as duas revoltas principais, de 66-73 e 131-135 terminarão pela extinção do povo judeu na Terra Santa. São Paulo, em sua carta aos Efésios (2,13), não hesitará em falar da existência entre judeus e pagãos de um "muro de ódio".

Para os judeus, à amargura de serem ocupados pelos romanos soma-se a de estar em contato com um povo vizinho que é considerado traidor: o dos samaritanos, cujo território e parte do povo outrora fizeram parte do reino judeu e ainda agora compartilham algumas crenças. Poucos dias antes da morte de Jesus, os apóstolos Tiago e João pedem a Jesus que lhes permita fazer cair fogo do céu para destruir a vila dos samaritanos que recusaram recebê-los (Lc 9,51-56): em suma,

3. Jo 18,28: "Eles mesmos não entraram no pretório, para não se contaminar e poderem comer a Páscoa".

um pequeno genocídio. "Eu os odeio com ódio perfeito", não hesita em dizer o salmo 139,22 a propósito dos inimigos de Deus (e, portanto, inimigos dos judeus). Essa atitude não era tão rara, então.

Guardemos essa tensão subjacente, que naturalmente traz consigo medo e desprezo recíprocos.

Como são vistos os judeus pelos pagãos? Certamente não como gente muito fácil, é o mínimo que se pode dizer. A cultura do Oriente Próximo é grega. O mundo helenístico que, desde Alexandre, o Grande, chegou até o rio Indo, sente-se muito seguro de si. Alcançou elevado grau de civilização e está consciente disso. Os judeus, para os pagãos, são uma exceção estranha. Para os romanos, que dominam o mundo conhecido e pensam que o governam bastante bem, os judeus são difíceis de manobrar, quer dizer, são insuportáveis. Mas isso não é tudo. Em primeiro lugar, é preciso viver junto. Mesmo tentando limitá-los, os contatos são necessários, em particular em nível de administração e também das famílias mais prósperas.

Tanto mais que, fora da Terra Santa, existe uma diáspora judaica muito importante, difundida parcialmente no reino dos partas, em primeiro lugar na Babilônia; mas também e mais ainda dentro das fronteiras do Império Romano. Assim, no século II, os *Oráculos Sibilinos,* influenciados, na verdade, pelo judaísmo, dizem: "Cada país e cada mar estão completamente cheios (de judeus)". Em Alexandria, a grande cidade intelectual e comercial, talvez então a mais povoada do Império, um oitavo da população seria de judeus, realidade que não deixa de suscitar problemas frequentes. Em Roma é possível que haja dezenas de milhares de judeus da diáspora no século I. Chegou-se mesmo a perguntar se o número de judeus da diáspora não seria maior do que o dos judeus da Terra Santa (um a dois milhões). Trata-se de questões debatidas, mas a importância da diáspora não pode ser ignorada.

Não é possível viver na diáspora sem ter contatos com o mundo que a rodeia. Esses contatos obrigatórios, em particular, tomam a forma de contatos culturais. As fronteiras não são estanques. No mundo helenístico, curioso de tudo, a religião judaica de um Deus único e soberano possui uma faceta atraente. Assim, certo número de pessoas de um modo ou de outro entra em contato com o judaísmo. É o caso concreto dos reis magos, de que fala São Mateus (2,12-12): na realidade, trata-se de sábios. Mas não há somente sábios. O exército romano é extremamente religioso. Onde houver uma guarnição – e ali às vezes permanece longo tempo – os oficiais romanos participam dos cultos locais. Também pagãos não militares fazem a mesma experiência.

É assim que ao lado de judeus «puro sangue» – seja permitida essa expressão um pouco trivial – existem os que se chamam «crentes em Deus», isto é, pagãos que acreditam que o Deus dos judeus é o verdadeiro Deus, mas que não se podem circuncidar, nem adotar o modo de vida dos judeus, por ser demasiadamente constrangedor. De fato, eles seriam obrigados a romper com tudo o que constitui sua existência.[4] Alguns desses "crentes em Deus" são muito generosos, em particular para com os judeus. De fato, se forem soldados, têm o direito a uma parte do saque nas campanhas militares, o que pode ser muito importante. É assim que na Galileia, um centurião de quem Jesus admirou a fé construiu a sinagoga de Cafarnaum (Lc 7,1-10[5]). Em Cesareia Marítima, outro centurião, chamado Cornélio, também é "crente em Deus", que fez importantes doações e ora assiduamente.

3. Os discípulos de Cristo

Os primeiros cristãos são todos judeus. Possuem matizes diferentes, às vezes opostos ao mundo judeu da época, mais têm como crença em comum a espera do Messias e o desejo de que Deus abençoe mais uma vez seu povo Israel, como prometeu em diversas oportunidades. Sabemos que muitos deles são praticantes apegados aos costumes da Lei, como o apóstolo Pedro, que Jesus constituiu chefe dos Apóstolos. Em toda sua vida, jamais comeu qualquer alimento impuro. Os irmãos João e Tiago são caracterizados pelo Evangelho por seu zelo violento pela Lei. O mesmo acontece, sob outra forma, com Simão, o Zelote. Em síntese, eles estão convencidos do valor único da Lei judaica. Não lhes passa minimamente pela cabeça a ideia de colocá-la em discussão. Após a ressurreição de Cristo, eles continuam a frequentar o Templo e não evitam os sacrifícios que ali são feitos: "Unidos do coração, frequentavam todos os dias o Templo" (At 2,46). Aliás, mesmo muitos sacerdotes se tornam discípulos de Cristo; o que eles aguardam é uma renovação do judaísmo desde seu interior. O povo eleito continua sendo o povo eleito.

Todavia, no Antigo Testamento há textos – e não somente um – que alargam as perspectivas, anunciando que as nações pagãs descobrirão o verdadeiro Deus (Is 2,2-3; 19,16-25; 42,4-6; 66,18-21; Zc 14,16; Am 9,11-12; Sl 87). O profeta Isaías tinha mesmo anunciado que um dia os sacrifícios dos pagãos seriam agradáveis ao Senhor e aceitos por ele (Is 56,6-7). Jesus foi muito mais longe e declarou diversas vezes que o tempo das nações tinha chegado. Quando ele sobe ao céu, sua última palavra de ordem é esta: "De Deus recebi todo o poder no céu e na terra. Portanto, ide e fazei discípulos todos os povos, batizando-os em nome do Pai e do Filho e do Espírito Santo e ensinando-os a observar tudo o que vos ordenei. E eu estou convosco todos os dias, até o fim do mundo" (Mt 28,18-20; cf. também Mc 16,15-19; Lc 24,47).

4. Não é impossível que São Lucas no princípio tenha sido um «crente em Deus».

5. Em Cafarnaum, em 1838, encontrou-se uma sinagoga do século II. Ela foi construída sobre a que Jesus conheceu.

Como combinar este apelo com a vontade de permanecer nos quadros do judaísmo? A solução mais simples é que os pagãos primeiro se façam judeus. Os homens serão circuncidados e se aplicarão a eles as leis judaicas, por exemplo, na questão dos alimentos. Abandonarão, evidentemente, sua cultura e seus costumes. Assim se terá um povo renovado, mas dentro do quadro judaico. Essa questão, porém, não vai ser facilmente resolvida.

Todavia, desde já ocorrem as primícias de um alargamento de perspectivas. Após a morte de Estêvão (entre 33 e 39), uma perseguição se abate sobre a comunidade cristã de Jerusalém. O apóstolo Filipe se refugia na Samaria, "onde as multidões atendiam unânimes à sua pregação" (At 8,6). Pouco depois, ele batiza o eunuco etíope, sem dúvida um crente em Deus, que viera em peregrinação a Jerusalém (At 8,26-40): esse fato não parece ter provocado inquietação. Mas o batismo de Cornélio, esse sim, vai suscitar reações muito fortes.

II. Os fatos

1. O batismo dos primeiros pagãos

O centurião romano Cornélio está na guarnição da cidade de Cesareia Marítima, onde reside o governador romano. Cesareia é uma cidade nova, fundada em 22 a.C. por Herodes, o Grande, dotada de um porto que é um dos grandes trabalhos da época. Era uma cidade intencionalmente muito helenizada, onde os judeus eram minoria. Desde 6 a.C., ali residia um prefeito romano, com uma guarnição que contava, no conjunto, cinco coortes de infantaria e uma ala de cavalaria (quer dizer, entre 3.000 e 4.000 homens). Deixemos agora a palavra a São Lucas (At 10,3-8):

> Ele teve uma visão, pelas três horas da tarde, na qual viu claramente um anjo de Deus vindo a seu encontro e chamando-o: "Cornélio!" Olhou para o anjo e, dominado pelo temor, perguntou: "O que é, Senhor?" Respondeu-lhe o anjo: "Tuas preces e tuas esmolas subiram diante de Deus em tua memória. Agora, pois, envia homens a Jope e manda vir aqui Simão, chamado Pedro. Está hospedado na casa de certo Simão, um curtidor, cuja casa se acha à beira-mar". Quando partiu o anjo que lhe falava, Cornélio chamou dois de seus empregados, bem como um soldado piedoso, daqueles que estavam a seu serviço e, depois de lhes haver explicado tudo, enviou-os a Jope.

Algumas observações. A presença do anjo (*ángelos*: mensageiro) é clássica nos textos sagrados e mostra sem equívocos que é Deus quem está intervindo. Tanto mais que aqui o anjo é visível, como na anunciação a Maria. A melhor tradução a propósito das orações e esmolas de Cornélio seria: "subiram como memorial diante de Deus". A oração como memorial tem um sentido muito forte e recorda os sacrifícios do Templo (Lv 2,2,9,16). Notemos ainda que o estilo de vida de Cornélio é piedoso e convicto.

Pedro, então, encontra-se na cidade de Jope, um porto do Mediterrâneo, aliás, um dos mais antigos do mundo; os cedros do Líbano que serviram para construir o Templo de Jerusalém sob Salomão foram desembarcados ali.[6] Pedro dirigiu-se para lá a fim de rezar por uma mulher cristã doente, chamada Tabita. Quando ele chegou, já estava morta, mas ele a ressuscitou. Pedro está hospedado na casa de certo Simão, curtidor de profissão. Um dia, ele sobe ao terraço para orar, o que é um costume corrente (At 10,9-16). É a hora sexta (em torno do meio-dia). Está com fome, prepara-se para ele uma refeição. Nesse momento, ele tem uma visão: vê uma espécie de grande toalha cheia de animais, alguns dos quais são impuros; ela desce até ele e a voz de Deus lhe diz: "Levanta-te, Pedro, mata e come!" Como bom judeu, ele recusa absolutamente, mas Deus lhe diz: "O que Deus purificou não o chames de impuro". A cena se repete por três vezes. Aqui é preciso lembrar que Cristo violou voluntariamente os costumes judeus diversas vezes, mostrando-se assim superior a eles: "O Filho do Homem é senhor também do sábado" (Mt 12,8; Mc 2,28). É um dos sinais mais fortes da divindade de Cristo. Qual é o sentido dessa visão?

Pedro não espera muito tempo pela resposta a suas perguntas. Nesse momento, os enviados de Cornélio, que se apressaram (Jope está a 48 quilômetros de Cesareia Marítima), apresentam-se diante da casa. O Espírito fala a Pedro, como o anjo tinha falado ao centurião: "Aí estão três homens a tua procura. Levanta-te, desce e vai com eles sem hesitar" (At 10,19). Depois de ouvir seu pedido e de acolhê-los, Pedro parte com eles, acompanhado por alguns irmãos de Jope, e chega a Cesareia no dia seguinte. Cornélio, que certamente foi prevenido, "o esperava, tendo reunido os parentes e os amigos mais íntimos", "muitas pessoas" (At 10,24 et 27), o que é característico do estilo de vida da sociedade antiga. Cornélio quer se prostrar diante de Pedro, o que é algo extraordinário por parte de um centurião perante um judeu e mostra até que ponto está convencido de que Pedro está cheio de Deus. Pedro recusa, naturalmente, como mais tarde Paulo recusará o mesmo gênero de homenagens: ambos continuam a ser simples e modestos servidores de Deus (At 10,25-26). Depois, Pedro, diante da assembleia, começa dizendo assim: "Vós sabeis que é proibido a um judeu unir-se ou encontrar-se com um estrangeiro. Mas Deus me mostrou que não se deve chamar homem algum de profano ou impuro. Por isso vim sem hesitação alguma, logo que fui chamado" (At 10,28-29). Estas palavras de Pedro constituem uma autêntica revolução!

---

6. Jope, hoje, se chama Jafa. A velha cidade atualmente está toda cercada pela cidade moderna de Tel Aviv.

Após ouvir o relato da visita do anjo a Cornélio, Pedro narra a história de Jesus Cristo, Messias morto e ressuscitado, cheio do Espírito Santo (At 10,36-43). "Pedro ainda estava falando, quando o Espírito Santo desceu sobre todos os que ouviam a Palavra. Os fiéis circuncisos, que tinham vindo com Pedro, ficaram pasmados por verem que o dom do Espírito Santo fora derramado também sobre os pagãos. Com efeito, eles os ouviam falar em línguas e louvar a Deus" (At 10,44-46). É o que com razão se denomina "Pentecostes dos pagãos". Da mesma forma como o Espírito tinha descido sobre os Apóstolos no Pentecostes cinquenta dias depois da Páscoa e os tinha transformado, assinalando essa transformação mediante o misterioso cântico em línguas (At 2,1-36, especialmente At 2,4), da mesma forma os pagãos são tocados por Deus. Não há mais diferenças entre eles.

"Então Pedro declarou: 'Pode-se recusar a água do batismo a esses que receberam o Espírito Santo do mesmo modo que nós?'. E mandou que fossem batizados em nome de Jesus Cristo. Pediram-lhe então que ficasse com eles alguns dias" (At 10,47-48).

2. As reações

A partir desse momento, começa a existir em Cesareia Marítima uma comunidade cristã, e essa comunidade não é judia. Nessa cidade helenizada, onde os judeus não se sentem em casa, nasceu um novo modo de ser discípulo de Cristo. Pedro não pediu a Cornélio e aos que viviam com ele para abandonar a própria cultura, por exemplo, a carreira militar. Dá-se exatamente o contrário: o cristianismo é que penetrou em outra cultura. Ele se baseou no que podia haver de bom e positivo entre os homens que a encarnavam: "Então Pedro tomou a palavra e disse: 'Agora vejo com toda clareza que Deus não faz discriminação de pessoas, mas que, em qualquer nação que seja, quem o teme e pratica a justiça é aceito por ele'" (At 10,34-35). O Espírito Santo quer difundir-se por toda parte onde corações abertos aceitarem recebê-lo. O mundo judeu tornou-se demasiado estreito para a nova fé.

Pode-se imaginar a surpresa, o aborrecimento dos discípulos que vivem em Jerusalém e na Judeia, quando ficam sabendo que Pedro esteve em casa de pagãos e comeu com eles. Sem dúvida, não foram informados de maneira muito clara do que tinha acontecido. A permanência de Pedro em casa de incircuncisos é de tal modo contrária aos costumes, que a negação da diferença puro/impuro talvez tenha produzido um choque maior do que o próprio batismo. Até então não tinha havido grande crise na nascente comunidade cristã. Uma tensão a propósito da distribuição dos alimentos foi rapidamente resolvida mediante a instituição de um corpo de diáconos (At 6,1-7). Aqui, porém, temos uma verdadeira crise.

Assim, quando da volta de Pedro a Jerusalém, "os circuncisos o repreendiam, dizendo: 'Entraste na casa de incircuncisos e comeste com eles!'" (At 11,3).

Pedro, então, retoma a questão desde o início e expõe detalhadamente tudo o que aconteceu. São Lucas conservou o discurso de Pedro, mesmo repetindo de algum modo o relato feito um pouco antes. É que ele considerou muito importante o que Pedro tinha explicado então. Notemos que Pedro não fez nenhuma objeção ao dizer que tivera uma visão em Jope, nem quando falou da visita do anjo a Cornélio, nem da vinda do Espírito Santo sobre os pagãos. Isso mostra que os primeiros discípulos de Cristo vivem num mundo onde os fenômenos espirituais estão na ordem do dia, como, aliás, relatam os Atos do Apóstolos, e que o discernimento não lhes falta. "Essas palavras os acalmaram, e eles glorificaram a Deus, dizendo: 'Assim, pois, também aos pagãos Deus concedeu o arrependimento que conduz à vida!'" (At 11,18).

3. As consequências imediatas e o concílio de Jerusalém

A posição tomada por Pedro e sua aceitação por parte dos irmãos de Jerusalém são essenciais, porque fazem evoluir uma situação que poderia tornar-se dramática. Com efeito, o mesmo problema ocorria alhures. Discípulos, dispersados pela perseguição após a lapidação de Estêvão, foram para Antioquia e começaram a anunciar a Boa Nova de Jesus Cristo, não somente aos judeus, mas também aos gregos. "A mão do Senhor os ajudava e grande foi o número dos que abraçaram a fé e se converteram ao Senhor" (At 11,21). Certamente trata-se de crentes em Deus, e se constata que o Evangelho se difunde com sucesso muito rapidamente. O apóstolo Barnabé, enviado a Antioquia para ver o que lá acontecia, ao voltar, alegra-se com o que viu: "uma multidão considerável" (At 11,24). Impressionado pela amplidão do trabalho que se apresenta, ele procura Paulo em Tarso. Ambos evangelizam Antioquia, onde, pela primeira vez, os discípulos recebem o nome de cristãos.[7]

Essa pregação provoca reações entre os judeus de Antioquia, que recusam receber a fé: "Então Barnabé e Paulo declararam resolutamente: 'Era necessário que fosse anunciada primeiramente a vós a palavra de Deus. Mas porque a rejeitais e vos julgais indignos da vida eterna, nós nos voltamos para os gentios'" (At 13,46). O número de cristãos aumenta na região, mas após uma reação violenta dos judeus, Paulo e Barnabé devem abandonar provisoriamente a cidade.

Além disso, nasceu uma controvérsia dentro da comunidade cristã de Antioquia, provocada particularmente por velhos fariseus que se tornaram crentes e por pessoas do círculo do apóstolo Tiago, o "irmão", quer dizer, primo de Jesus: "Entretanto, alguns que desceram da Judeia ensinavam aos irmãos, dizendo: 'Se não

7. Há aqui certo número de problemas de cronologia que não interessa abordar em função do nosso trabalho, porque envolvem todo o conjunto da história.

vos fazeis circuncidar, conforme a tradição de Moisés, não podeis ser salvos'.[8] Isto provocou conflito e séria discussão de Paulo e Barnabé com eles. Ficou decidido então que Paulo, Barnabé e mais alguns deles subiriam a Jerusalém, para consultar os Apóstolos e os anciãos sobre essa questão" (At 15,1-2).

Como se vê, o batismo de Cornélio não tinha resolvido tudo. Houve, então, uma reunião em Jerusalém; normalmente é denominada como "o concílio de Jerusalém" (At 15,7-35) e se faz dele o ancestral dos concílios ecumênicos que se seguiram. É uma assembleia importante. O primeiro a falar é Pedro. Ele toma a palavra e diz:

> Irmãos, vós sabeis que, desde os primeiros dias, Deus fez uma escolha entre vós, para que os pagãos ouvissem de minha boca a palavra da Boa Nova e abraçassem a fé. E Deus, que conhece os corações, testemunhou em favor deles, dando-lhes o Espírito Santo como a nós. Não fez nenhuma distinção entre eles e nós, pois purificou os corações deles pela fé. Por que, então, continuais a tentar a Deus, impondo aos discípulos um jugo que nem nossos pais, nem nós mesmos tivemos a força de suportar? Nós cremos que é pela graça do Senhor Jesus que somos salvos, exatamente como eles (At 15,8-11).

Assim, Pedro se refere aos fatos de Cesareia Marítima como acontecimentos fundadores da evangelização dos pagãos.

Depois que Paulo e Barnabé falaram das conversões em Antioquia (At 15,12), Tiago, por sua vez, tomou a palavra. Sua intervenção devia ser muito esperada, em razão de sua posição central na comunidade cristã de Jerusalém, onde parece ocupar o primeiro lugar. Diante do que ele acabava de ouvir, fez um discurso moderado. Referiu-se à profecia de Amós sobre a conversão das nações (Am 9,11-12) e acrescentou: "É por isso que, em minha opinião, não se devem inquietar aqueles que se convertem a Deus dentre os pagãos. Mas que se lhes ordene somente que se abstenham das imundícies dos ídolos, das uniões ilegítimas, das carnes sufocadas e do sangue" (At 15,19-20). Isso representava ainda bastante constrangimento no contexto pagão da época, mas a finalidade era de não pactuar com os ídolos e, em particular, com tudo o que acontecia em torno dos templos pagãos. A vida cristã, portanto, tornava-se viável para os pagãos. Foi isso que ficou decidido e que foi transmitido a Antioquia (At 15,22-35).

III. Os desafios

Nesse caso, a Igreja jogou pesado. É evidente que se trata de uma crise de adaptação, de crescimento, mas os desafios eram arriscados. Citemos dois aqui.

8. Em Gl 2,12.

1. Cristãos e judeus

Que teria acontecido se os pagãos não tivessem sido batizados ou, pelo menos, se só o tivessem sido sob a condição de se tornarem previamente judeus? Os cristãos se teriam tornado uma seita judaica. O judaísmo do tempo de Jesus não é absolutamente monolítico. Os autores cristãos do século II citam sete seitas judaicas, mas podem-se distinguir particularmente quatro correntes principais, cada qual com caráter bastante fechado e com tendências sectárias: os fariseus, os saduceus, os zelotes e o essênios. Na própria diáspora judaica há ainda outras correntes, como em Alexandria, correntes que vão desde um judaísmo ortodoxo até um sincretismo estranho, nascidas do contato com o paganismo, sem falar de seitas que só conhecemos de nome, como os terapeutas de Alexandria. O cristianismo vivido à maneira judaica teria ocupado lugar entre essas seitas e depois se dissolveria ou acabaria completamente por ocasião das grandes revoltas dos anos 66-73 e 132-135. Mas a lógica da mensagem de Jesus, segundo as instruções formais dadas por ele, era de se difundir; assim, é falso dizer que o cristianismo é "uma seita judaica que teve êxito". É exatamente o contrário. É uma religião universal que nasceu no seio do judaísmo e que dele se afastou.

Em compensação, é claro que o batismo dos pagãos e o respeito de sua cultura criaram dentro da comunidade cristã de origem judaica uma tensão, que encontramos ao longo dos Atos dos Apóstolos e nas Cartas, particularmente na dirigida aos Gálatas. Os cristãos judaizantes faziam questão de manter a cultura judaica e desejavam conservar grande parte dela. Assim, desenvolveu-se o que o exegeta alemão Baur chamou, em 1831, de "judeu-cristianismo", que se espalhou em pequenos grupos no Oriente Próximo, onde judeus da diáspora se converteram. Temos poucas informações sobre essa corrente. Sabemos que, por sua vez, ela se dividiu em grupos diferentes: nazarenos, ebionitas, elkasaítas, e que foi perdendo força por ocasião das guerras judaico-romanas. Parece, todavia, ter sobrevivido longo tempo, inclusive na atual Arábia Saudita, e perguntou-se se Maomé não se teria inspirado em algumas de suas teses. Uma parte da Igreja Católica tinha receios a seu respeito. Santo Inácio de Antioquia (entre 107 e 113) dizia na *Carta aos Magnésios:* "É absurdo falar de Jesus Cristo e se judaizar. Pois não foi o cristianismo que acreditou no judaísmo, mas o judaísmo no cristianismo, no qual se congregou toda língua que crê em Deus".[9]

Pode-se, todavia, pensar que o judeu-cristianismo, mesmo pouco numeroso e apesar dessas reservas, teria podido servir de ponte entre o judaísmo e o cristianismo, mas os acontecimentos decidiram de outra forma muito rapidamente. Com efeito, em 66-67 explodiu uma revolta judaica extremamente violenta contra os

9. Ignace d'Antioche, *Lettres aux Églises,* Paris, Le Cerf, 1975, p. 32.

romanos, que tomou forma de uma autêntica guerra da independência e foi acompanhada por uma luta suicida entre facções judaicas. Em 70, Jerusalém foi tomada pelas legiões de Tito, o Templo destruído, a cidade arrasada, o povo massacrado e reduzido à escravidão. Os saduceus, os zelotes, os essênios desapareceram. A organização litúrgica judaica foi aniquilada. Os cristãos, previamente advertidos por Cristo, tinham abandonado a cidade e não participaram da revolta.

Todavia, os romanos aceitaram que um grupo de fariseus – que não lhe tinham sido hostis – sob a liderança de Johanan Bem Zakkai, se refugiasse na cidade de Jamnia (atual Yavne, a 65 quilômetros a oeste de Jerusalém) e ali fundassem uma academia (não um concílio ou sínodo, como às vezes se afirma). Houve muita discussão a respeito de seu verdadeiro papel; seja como for, tomou uma série de decisões sobre as datas das festas, talvez até sobre o cânon bíblico, e esteve na origem do judaísmo rabínico que, aos poucos, iria penetrar em todas as comunidades judaicas e se reorganizar. A grande variedade das posições religiosas e culturais desapareceu, e esse judaísmo, inspirado nos costumes farisaicos, tornou-se normativo para todos os judeus. Ele mesmo separou-se de tudo o que podia se qualificar como judeu-cristianismo (os *notsrim*), em particular, instituindo o ritual da 12ª bênção (*Birkat haMinim*), que na realidade é uma maldição. A finalidade era sem dúvida a de dissociar os judeu-cristãos dos judeus. Um judeu-cristão não podia pronunciá-la sem amaldiçoar a si mesmo. Era um elemento de discernimento, mas todas as pontes estavam cortadas. Assim, o judaísmo seguiu seu caminho e as duas religiões se afastaram uma da outra.

Tanto mais que em 132-135, a revolta de Bar Kokhba, que queria passar como Messias, ensanguentou de novo a terra judaica. No início foi provocada provavelmente pela decisão do imperador Adriano de construir em Jerusalém uma coluna romana sob o nome de *Aelia Capitolina*, ao lado de um templo de Júpiter, associado à interdição da circuncisão no Império. A guerra foi ainda mais terrível que a anterior e exigiu da parte dos romanos um investimento militar consideravelmente superior: 50 cidades e 985 povoados foram arrasados. O povo judeu – globalmente – foi escorraçado da Terra Santa e houve empenho em fazer desaparecer até os nomes que o recordavam: a província foi rebatizada pelos romanos como Palestina, termo derivado da terra dos Filisteus, a Filisteia, esse povo inimigo dos judeus e destruído depois de séculos. O judaísmo foi reduzido à dispersão e só sobreviveu por ter-se concentrado sobre si mesmo, de uma maneira ainda mais rígida. Nessas condições, as relações entre judeus e cristãos se tornaram extremamente problemáticas.

2. A autoridade de Pedro

Em segundo lugar, é preciso sublinhar a função de Pedro na questão do batismo dos pagãos. Jesus tinha confiado a Pedro "as chaves" de sua Igreja (Mt

16,13-23). Pedro fizera parte dos três Apóstolos (com Tiago e João) mais íntimos de Cristo e desempenhou uma função maior no anúncio da Boa Nova no dia de Pentecostes (At 2,14-41). Ele testemunhou sua fé perante os judeus diversas vezes (At 3,11-25; 4,1-22; 5,29-32; 12,1-17). A Igreja primitiva está longe de ter criado suas estruturas definitivas de governo. Mas o fato é que Pedro ocupa aqui um lugar decisivo. Foi inspirado por Deus de forma única, foi fiel a essa inspiração e a defendeu. Mesmo se mais tarde ele se saiu mal em definir sua posição frente aos cristãos judaizantes (Gl 2,11-14), a manifestação de sua autoridade, que vai além de sua pessoa, permanecerá como fundamental na história da Igreja.

IV. Uma saída da crise

A crise, ou pelo menos uma forte tensão, era inevitável, dado o contexto que apresentamos acima. É preciso reconhecer que Pedro desempenhou bem seu papel. Ele compreendeu os apelos de Deus e não duvidou, ele que nos Evangelhos aparece muito decidido ou nada corajoso. A comunidade de Jerusalém, por sua vez, embora estremecida, não recorreu a medidas extremas, como seria, por exemplo, a expulsão de Pedro. O desejo de se pôr de acordo e de se compreender prevaleceu. Por sua vez, a comunidade cristã de origem pagã de Corinto não hesitou em sustentar financeiramente a Igreja de Jerusalém após o apelo de Paulo (2Cor 9,1-15).

Assim foi possível construir a Igreja, a partir do batismo de Cornélio e das decisões da assembleia de Jerusalém. A crise foi violenta, decisiva, não se saiu dela sem sofrer, mas foi fundadora do futuro do cristianismo.

Bibliografia

ACFEB, *Les Actes des Apôtres*, Paris, Le Cerf, 2005.

Brossier, François, *"Corneille, premier paien converti"*, in *Aux origines du christianisme,* Paris, Gallimard/Le Monde de la Bible, 2000, p. 266.

Cazeaux, Jacques, *Les Actes des Apôtres. L'Église entre le martyre d'Étienne et la mission de Paul,* Paris, Le Cerf, 2008.

Kuen, Alfred, *Le Baptême hier et aujourd'hui,* Vannes-sur-Lausanne (Suisse), Éditions Emmaüs, 1995 (rééd. 2005).

Marguerat, Daniel, *L'Historien de Dieu: Luc et les Actes des Apôtres,* Paris, Bayard/Genève, Labor et Fides, 2018.

Capítulo II

As crises de compreensão da pessoa de Cristo (séculos I-IV)

O cristianismo primitivo esbarrou numa segunda questão que provocou uma série de crises, por sua longa duração. Para dizer as coisas de forma um tanto rude: quem é exatamente Jesus Cristo? Quem é esse personagem que fundou essa religião, cujos membros, depois da chegada dos discípulos a Antioquia, são chamados de "cristãos"? Sem dúvida, os que acreditavam nele pensavam que era o Messias, que trazia a palavra de Deus aos homens e lhes oferecia a salvação. Mas, fora isso, era possível ir ainda mais longe?

Uma observação prévia: se se estuda a história dos primeiros séculos da Igreja, às vezes tem-se a impressão de que ela foi tomada por querelas doutrinais e não se falava de outra coisa. É uma perspectiva falsa: os cristãos viviam sua vida religiosa com seriedade e corajosamente – demonstram-no os progressos da fé um pouco por toda parte – e, salvo certos momentos mais agitados, não passavam seu tempo a se questionar. É preciso fazer um esforço de documentação a fim de conhecer o caminho real do povo fiel, que não escrevia e não se descrevia. O que chegou até nós, em primeiro lugar, são os escritos dos teólogos, que foram continuamente recopiados. Isso era necessário para documentar as especificações doutrinais aparecidas pouco a pouco, não sem problemas. Só que a perspectiva histórica saiu deformada. Ainda uma vez, porém, as crises especulativas, mesmo muito importantes em suas consequências, só foram uma parte da vida dessas épocas.

I. Colocação do problema

1. Humanidade e divindade de Jesus Cristo

Quando se leem os Evangelhos, fica-se impressionado por dois elementos que aparecem em cada um deles. Encontram-se esses dois mesmos elementos diversamente expressos nos Atos dos Apóstolos e nas Cartas. Por um lado, o personagem Jesus Cristo é extremamente humano. Ele pode ser visto sob uma infinidade de ângulos. Antes de tudo, tem um corpo que é possível tocar, sente fome – acusam-no até de apreciar a boa mesa – tem sono, sofre, morre. É dono também de grande sensibilidade: ele se encoleriza, chora duas vezes, queixa-se, afeiçoa-se às crianças, possui o sentido e a necessidade da amizade. É dotado de uma inteligência brilhante que demonstra uma boa cultura judaica da época. Bastante recentemente, cresceu a sensibilidade por essa cultura judaica de Jesus, na qual escorre sua vida religiosa. É um homem bem característico, situado em seu tempo, que se refere continuamente ao que constitui e faz viver o judaísmo. Poder-se-ia falar longamente a respeito desses pontos.

Por outro lado, alguma coisa nele o supera, transcende tudo isso, de maneira constante, até mesmo constitutiva. Há algo de divino nele. Ele é mais poderoso que os demônios; expulsa-os, e dá a seus discípulos o poder de expulsá-los em seu nome. Ora, quem é mais forte do que o diabo? Ele é maior do que a Lei, manifesta-o diversas vezes. Moisés e Elias, que simbolizam a Lei e os profetas, prestam-lhe homenagem no alto do Monte Tabor. Ele é maior do que a natureza: faz milagres de diversas ordens que mostram seu domínio total sobre o mundo. Ele ressuscita, com seu corpo humano, seu verdadeiro corpo, mas "glorioso", deixa-se reconhecer, tocar, alimenta-se, mostra-se a um grande número de pessoas. "Meu Senhor e meu Deus", dirá Tomé, o apóstolo mais cético, finalmente convencido (Jo 20,24-29). Essa divindade de Jesus relaciona-se com sua forma de entrar em comunhão com o Pai e o Espírito Santo. Jesus se define como o Filho do Pai no Espírito. Já no batismo de Jesus, os Três se manifestam (Mt 3,13-17; Mc 1,9-11; Lc 3,21-22). Afinal, qual é a relação entre eles?

Poderíamos facilmente terminar em duas posições opostas: ver o Cristo como homem, de tal modo que sua divindade se tornaria problemática, secundária, como que exterior; ou inversamente, ver o Cristo como Deus, de tal modo que sua humanidade não passaria de um véu, uma aparência, um modo de apresentação. Como guardar o equilíbrio da verdade? Essas interrogações estão subentendidas em tudo o que segue.

Todas essas questões não podiam deixar de ser levantadas. Era preciso absolutamente resolvê-las, utilizando ao máximo o que a inteligência humana é capaz de fornecer, sempre respeitando, porém, o mistério: o ser humano tem limites no que tange ao poder e à penetração de seu pensamento; recusar reconhecê-lo, é buscar o fracasso intelectual.

2. *Elementos para resolver o problema*

Mas refletir com que instrumento? A língua hebraica, tanto quanto o arameu do qual deriva, é uma língua de conceitos. Descreve muito bem, situa adequadamente os sentimentos e as atitudes das pessoas, mas é limitada quando se trata de apelar para as generalidades, para os primeiros conceitos. Por sua vez, a Igreja rapidamente adotou a língua grega, e não somente no Oriente. A primeira comunidade cristã de Roma usa o grego, e o fará ainda por muito tempo. Santo Irineu, o primeiro grande teólogo da Igreja (século II), é um oriental que vive em Lião e que escreve em grego. Ora, acontece que a língua grega é uma língua maravilhosa para a especulação. Quando o cristianismo começou, essa língua já tinha atrás de si séculos de cultura. Era, portanto, um instrumento valioso para expor e tentar resolver as questões de que falamos acima. O papa Bento XVI insistia sobre este ponto, que nos parece de importância capital. Sabemos que às vezes ele é contestado, mas não se pode refazer a história. Somente a língua grega – e depois o latim – podiam elaborar uma resposta ao mesmo tempo precisa, objetiva e universal aos problemas fundamentais do cristianismo primitivo. Por sua vez, o grego e a cultura da qual resultou tinham igualmente seus limites e suas tentações próprias. Pode-se sentir atração pela especulação só pelo gosto de especular, pela beleza das ideias e dos sistemas, até desvendar a realidade, pelo elitismo do conhecimento e o desprezo pela vida dos simples. Em matéria religiosa, isso é bastante frequente e é grave. A língua francesa, aliás, possui as mesmas qualidades e as mesmas tentações para compreender o que se passou então.

Todavia, não basta servir-se de uma língua, mesmo notável. Afinal, o que podia resolver o caso? Em outras palavras, se Cristo tinha fundado a sua Igreja, tinha-lhe dado uma organização, uma autoridade. Onde ela estava? Na questão do batismo de Cornélio, a autoridade se apoiava sobre Pedro e os Apóstolos reunidos. E m seguida, os bispos e os patriarcas orientais constataram que a intermediação e a função do bispo de Roma foram-se afirmando progressivamente. Mas ainda era preciso que os bispos estivessem de acordo entre eles! Por sua vez, sobre quais livros da Bíblia apoiar-se para resolver as questões? Ao lado da Bíblia, tal como conhecemos hoje, havia certo número de livros que posteriormente não foram considerados autênticos, conhecidos como literatura judaica intertestamentária ou como evangelhos apócrifos. Certos textos cristãos mais tardios, como as cartas de Santo Inácio de Antioquia, às vezes eram igualmente considerados inspirados. Como fazer a triagem? O ponto de partida não era tão simples assim.

II. A tentação gnóstica

1. Descoberta da gnose

Antes de prosseguir, é preciso dizer algumas palavras sobre um fenômeno que teria podido cobrir, quer dizer, absorver culturalmente o cristianismo, e propiciar uma visão ilusória da presença de Cristo: trata-se da gnose.[1] A questão foi muito importante: constata-se que já São Paulo critica alguns seguidores dessa doutrina, sem sabermos exatamente quais eram suas convicções. Irineu de Lião (entre 130 e 202) combate-os vigorosamente, assim como Clemente de Alexandria (entre 150 e 215). Mas por longo tempo não se dispôs senão de uma noção muito vaga de visão do mundo por parte da gnose. Dessa forma, deu-se mais atenção às grandes heresias cristológicas posteriores, das quais se conhecem melhor os textos fundamentais. Com efeito, a tradição cristã não conservou os livros gnósticos, que por sinal possuíam um caráter esotérico e que não devia ser tão fácil encontrar.

Até que em dezembro de 1945, dois cidadãos egípcios coptas, ao cavar o chão, perto da localidade de Nag Hammadi, próximo a Luxor, no Egito, a 700 quilômetros ao sul do Cairo, encontraram uma jarra de terracota contendo papiros. Foi o início de uma aventura quase policialesca, mas que, pouco a pouco, permitiu reunir no museu copta do Cairo 13 códices de papiros encadernados em couro, compreendendo umas cinquenta obras, que podem ser datadas entre os séculos II e III da nossa era. Nelas se encontra particularmente uma coleção de palavras de Cristo, o "Evangelho segundo Tomé", considerado como apócrifo, mas de grande interesse. Todavia, este texto cristão – e isso é muito significativo – encontra-se em meio a uma inteira biblioteca gnóstica cuja publicação em francês demorou anos a aparecer e que compreende nada menos de 1.820 páginas![2] Os trabalhos a respeito deste assunto são, portanto, muito recentes. O que logo aparece é que, desde as origens, ambientes intelectuais gnósticos se interessavam pelos Evangelhos, praticando assiduamente a gnose e o hermetismo. O que acontecia de fato com os intelectuais, e havia algum risco de contaminação para a fé cristã?

2. *Os princípios da gnose*

Podem-se explicitar, pelo menos de forma geral, os princípios fundamentais da gnose, sabendo que ela abrangia muitas correntes, sem dúvida marcadas de neoplatonismo.[3] Em primeiro lugar, os gnósticos creem num deus superior e absolutamente distinto do mundo. Pode ser que a religião judaica os tenha influenciado neste ponto. Mas esse deus não enche por completo o mundo invisível, que é chamado de Pleroma. Há seres intermediários chamados éons. Existem sempre sob forma masculina e feminina, e a eles são atribuídos nomes e funções. É,

1. Utilizamos aqui o termo "gnose" para designar uma filosofia da qual apresentamos somente as grandes orientações. Mas o termo tem também um sentido ampliado, que foi utilizado mesmo por autores cristãos. Ele designa, então, muito largamente uma busca, uma iluminação interior.

2. Paris, Pléiade, 2007.

3. Doutrina filosófica e mística fundada aproximadamente em 40 por Filon de Alexandria (+ em torno de 45), e que durou até o século VI. Ela, por sua vez, baseou-se em Platão e em autores místicos, especialmente orientais. O próprio Filon de Alexandria era influenciado pelo judaísmo.

portanto, um mundo rico e complexo. Para a gnose, Jesus é um éon. Além disso, de acordo com uma ideia muito cara aos gregos, a matéria é má. O mundo não é bom, foi criado por um deus inferior, mal-intencionado. Toda uma teoria explica essa criação infeliz.

A consequência é que o ser humano, no que há nele de matéria, é mau. Mas há também nele uma fagulha de divino, que caiu dos céus e que aspira voltar para lá. É preciso, portanto, empreender um percurso de salvação. Daí a importância da gnose, que é um conhecimento superior, iniciático, reservado somente a algumas pessoas – lembremos que os cultos ditos "mistéricos" são frequentes na Antiguidade – e que lhes permite pouco a pouco, por etapas, abandonar a matéria má para subir para a iluminação, rumo ao Pleroma. Para chegar lá, é preciso servir-se da intermediação dos éons que descem a fim de ajudar e em seguida retornam para situações superiores.

O perigo para o cristianismo era a absorção da fé para dentro do sistema gnóstico, que podia parecer para alguns tentadora e conveniente. Sem dúvida, para esse sistema, Jesus era um ser importante, possuía alguma coisa de divino, mas não era Deus. A encarnação ficava, assim, dissolvida, pois a carne era má. A verdadeira religião era secreta, reservada somente aos sábios iniciados. Usava-se para eles a palavra *Apokryphos* (secreto).

O cristianismo reagiu muito rapidamente à gnose, por um lado, especificando sua doutrina própria, por outro, difundindo-se entre todas as pessoas de boa vontade, que queriam acolhê-lo, fossem cultas ou não. Quanto à precisão da doutrina, encontramo-la já na época da idade apostólica, por exemplo, nos hinos cristológicos de São Paulo, que servirão como base para toda a reflexão ulterior. Assim ele escreve em Cl 1,15-20:

> Ele é a imagem do Deus invisível, primogênito de toda a criatura, pois nele foram criadas todas as coisas, nos céus e na terra, as visíveis e as invisíveis: majestades, domínios, soberanias e autoridades: tudo foi criado por meio dele e para ele. Ele existe antes de todas as coisas; o universo é mantido por ele. Ele é também a Cabeça do Corpo que é a Igreja. Ele é o princípio, o primogênito dentre os mortos, para ter em tudo a primazia, pois Deus quis fazer habitar nele toda a plenitude e por meio dele reconciliar consigo todas as criaturas, pacificando com o sangue de sua cruz, as coisas da terra e as do céu.

Além disso, e desde os primeiros tempos, o cristianismo fez a opção de não ser reservado para uma elite, em particular para uma elite culta. Isso tocava ao mesmo tempo os corações e as inteligências e solicitava uma conversão global da pessoa em seu pensamento, em sua oração e em sua ação. Não se tratava de isolar a inteligência, mas de viver no amor.

Assim, a melhor resposta à gnose era a própria vida dos cristãos que demonstrava poder levar uma existência pura e sincera, sob o olhar de Deus, mesmo sem se entregar a especulações complicadas. Cristo, Deus-Amor, Deus próximo, tornava tudo isso possível e atraente. Há, sem dúvida, nos cristãos uma iluminação interior, mas ela vem do Espírito Santo e não de uma reflexão de sábios.

III. Duas tendências fundamentais: o docetismo, o adocionismo e suas consequências

Se a gnose é importante, conhecemos melhor as grandes heresias clássicas. Em nossa narração, temos que nos limitar, pois foram numerosas: seria necessária uma biblioteca inteira para entrar nos detalhes, mas é bom conhecer algumas chaves de leitura.

Duas atitudes teológicas contraditórias, que já evocamos mais acima, fizeram seu percurso ao longo dos primeiros séculos do cristianismo. Formam o substrato de numerosas heresias.

1. O docetismo

A primeira posição a levar em conta é o que se chama de docetismo (da palavra *Dokein*: parecer). A ideia é que Cristo parecia ser um homem, mas não era tal. Ele seria um Deus que assume somente uma aparência humana, mas não possuiria uma verdadeira carne: Jesus não é o que parecia ser. Com efeito, como é que a divindade, absolutamente pura, poderia se encarnar? Resulta, portanto, que a morte na cruz não passa de uma ilusão. Fala-se até da hipótese de um anjo ou de um discípulo ter-se substituído a Jesus. A ressurreição de Cristo, portanto, é impossível, da mesma forma a ressurreição do corpo humano no fim dos tempos. O docetismo foi ativo desde os inícios do cristianismo. Encontra-se sua negação, por exemplo, na primeira Carta de João (4,2-3): "Nisto podeis reconhecer o espírito de Deus: é de Deus todo o espírito que acredita que Jesus Cristo veio como homem; e todo o espírito que não professa a fé em Jesus não é de Deus; é o espírito do Anticristo".

O primeiro adversário do docetismo foi Santo Inácio de Antioquia (+ 107 ou 113), porque o docetismo certamente caminhava no mesmo passo da gnose. Encontramos vestígios até num livro, apesar de tudo, notável, como O *Pastor* de Hermas (início do século II). O docetismo foi uma tentação permanente de certos grupos cristãos à margem da Igreja, muitas vezes, de maneira inconsciente, até dentro da própria Igreja, especialmente no Oriente. Notam-se vestígios disto inclusive no Alcorão, que pensa que Jesus não sofreu sua Paixão, tendo sido substituído por um anjo.

2. O adocionismo

O adocionismo é uma posição inversa. Consiste em pensar que Cristo é homem, talvez um homem superior, que foi adotado por Deus. Todavia, seja qual for sua importância, ele não é Deus. A adoção começa no batismo de Cristo no Jordão por João Batista. Essa doutrina manifestou-se desde o século II.

Uma variante menos radical é chamada subordinacionismo. Declara que Jesus é um ser que possui algo de divino; não é somente humano, mas possui uma qualidade divina inferior. A consequência, no fundo, é a mesmo do adocionismo: encontramo-nos diante de um dualismo que afirma a existência de duas personalidades em Cristo. Sua pessoa desapareceu. Não faz mais parte da ligação entre o céu e a terra. E a encarnação claramente não existe mais.

3. Uma derivação: o arianismo

Sem ser totalmente adocionista, a heresia de Ario inspirou-se nele. Provocou uma crise extremamente grave dentro da Igreja, crise que teve consequências que duraram vários séculos. Ario (entre 250-335 ou 336) era um padre de Alexandria com vida bastante agitada. Professou uma doutrina que só conhecemos por meio de seus adversários, mesmo assim, bastante bem, graças a alguns textos que ainda temos em mãos.

Sua ideia principal é que só há um Deus único e eterno: não se trata de crer num Deus em três pessoas. Então, quem é Cristo, que ele até chama de Logos? É um ser criado, adotado por Deus. Portanto, é inferior, não é eterno, é uma criatura mortal. Todavia, é a melhor das criaturas e, por isso, foi constituído intermediário entre o Deus único e os homens.

Seguiu-se uma controvérsia complexa que, aos poucos, inflamou todo o Oriente. O imperador Constantino interveio, pois no sistema romano, o poder imperial possuía uma dimensão religiosa importante. Em 325, convocou em Niceia, na Ásia Menor, um concílio que, depois do de Jerusalém, é o primeiro concílio ecumênico. Este desautorizou Ario e proclamou uma profissão de fé que, ainda hoje, é o fundamento da explicitação da fé cristã. Aqui está a passagem principal:

> Nós cremos em um só Deus, Pai todo-poderoso, Criador de todas as coisas visíveis e invisíveis. E em um só Senhor Jesus Cristo, Filho único de Deus, gerado do Pai, quer dizer, da substância do Pai. Deus de Deus, Luz da Luz, Deus verdadeiro de Deus verdadeiro: gerado, não criado, da mesma natureza do Pai; por quem todas as coisas foram feitas no céu e na terra. Que, por nós, homens e por nossa salvação, desceu do céu, se encarnou e se fez homem; padeceu e morreu crucificado numa cruz, e ressuscitou no terceiro dia, e subiu aos céus, e virá julgar os vivos e os mortos.[4]

4. Henrich Denzinger, *Symboles et définitions de la foi catholique*, Paris, Le Cerf, 1996, p. 39.

Esta declaração foi explicitada por uma série de anátemas contra os que dissessem: "Houve um tempo em que ele não existiu", "ele foi criado a partir do nada", "ele é de uma substância (ou essência) diferente da de Deus" etc.

O concílio de Niceia não inovou absolutamente nada. Não declarou *ex abrupto* que Jesus era Deus, como às vezes se lê em autores de sucesso e de competência duvidosa. Simplesmente explicitou a fé da Igreja desde as origens, sabendo encontrar as palavras adequadas para isso.

Nem por isso, todavia, se tinha saído da crise. Com efeito, Ario possuía sólido apoio na corte de Constantino e parece que dispôs de um bom manipulador. No leito de morte, em 337, o imperador Constantino talvez se tenha feito batizar por um bispo ariano, Eusébio de Nicomédia. Seu filho Constâncio, seus sucessores, Constante II e Valente, aderiram ao arianismo, que assim reinou na corte imperial até o ano de 378. Perseguiram os bispos ditos *ortodoxos* (o que significa: "a via correta"), exilaram-nos de suas sedes e os substituíram. Em Alexandria, o bispo Santo Atanásio, principal defensor da fé ortodoxa (entre 296-298-373) foi expulso de sua sede não menos de cinco vezes. Houve bispos arianos até na Gália. Ao longo da fronteira do Danúbio, uma boa parte dos bispos, durante esse período, era de bispos arianos.

No Oriente, o número de bispos arianos foi sem dúvida superior, em certos momentos, ao número de bispos ortodoxos. Na própria Constantinopla, os patriarcas Eusébio de Nicomédia (339-341), Macedônio (342-346 et 351-360) e Demófilo (370-380), e em Antioquia, o patriarca Eudóxio (360-370), eram arianos. A dificuldade do debate cresceu pelo fato de os arianos rapidamente se dividirem entre si, dando origem a escolas de pensamento muito diversas. Não se sabia mais como se pôr de acordo. Os imperadores de Constantinopla tinham tomado em suas mãos o andamento da questão. O pontificado romano, na época, possuía poder reduzido, sobretudo no Oriente; em última análise, a solução só podia vir dos imperadores.

A situação evoluiu quando o imperador do Ocidente, Graciano, e o do Oriente, Teodósio, se puseram de acordo para impor a fé de Niceia. Percebeu-se também que era preciso explicitar a fé trinitária: um só Deus em três pessoas, fornecendo dados mais específicos sobre o Espírito Santo. Esta foi objeto do primeiro concílio de Constantinopla de 381, realizado de acordo com o papa Dâmaso e marcado pelas personalidades de São Gregório Nazianzeno e São Gregório de Nissa. Embora o concílio se tenha referido principalmente a todas as Igrejas do Oriente, foi acolhido conjuntamente pela Igreja Católica, e marcou uma etapa essencial no declínio do arianismo no Império.

4. Sobrevivência do arianismo

Entretanto, o arianismo tinha varado as fronteiras do Império, difundindo-se entre os povos bárbaros que o rodeavam. Para dizer tudo em poucas palavras: salvo os francos distantes, que tinham permanecido pagãos, todos os povos germânicos adotaram o arianismo, especialmente entre 340 e 376: os visigodos, os ostrogodos, os burgúndios, o vândalos, os alanos, os suevos, os lombardos, os saxões. Pode-se perguntar por que e como aconteceu isso. O motivo maior certamente é o seguinte: todos esses povos tinham o desejo de fugir dos hunos, que os pressionavam, daí a vontade de se refugiar dentro do Império Romano. Sua vontade de certa enculturação não se pode negar. A religião era o vetor mais simples e mais oportuno para isso. Dado que os imperadores, eram, então, arianos, os bárbaros adotaram naturalmente sua versão do cristianismo. Tanto assim que o bispo ariano Eusébio de Nicomédia, patriarca de Constantinopla, enviou como bispo para eles Wúlfila (ou Úlfila) (entre 311-383), um germano-grego, perfeitamente enculturado, que criou um alfabeto adaptado para os germanos, e teve uma influência cultural imensa entre eles.

Em 406, esses povos germanos, recentemente convertidos ao arianismo, penetraram à força no Império do Ocidente e criaram uma série de reinos. Os vândalos se instalaram na África do Norte, os visigodos na Espanha e no sul da França, os burgúndios na Saboia. Tendo desaparecido o poder imperial, quem eles encontravam diante de si como poderes de equilíbrio? Somente os bispos católicos. Desde então, havia os que se entendiam com eles, o que fizeram globalmente os burgúndios e os seus adversários, os visigodos, em particular na Espanha. A perseguição dos católicos, por sua vez, os enfraqueceu e facilitou, no século VI, uma tentativa de reconquista bizantina. Mas a perseguição mais dura ocorreu principalmente por parte dos vândalos, na África do Norte: entre 430 e 523, fala-se de um "cativeiro de cem anos". Eles exigiam uma submissão completa das populações e do clero, nomeando eles mesmos os bispos arianos. Deportaram os opositores religiosos, executaram-nos ou os enviaram como escravos para as minas. Religiosas foram torturadas até à morte, 5.000 clérigos deportados para as regiões subsaarianas, as igrejas e os bens eclesiásticos confiscados em proveito dos arianos, e os fiéis forçados a se converterem imediatamente. Em Cartago, sobre 500 clérigos, 90 morreram em dois anos, 120 bispos da África do Norte foram exilados. Terríveis consequências do arianismo!

Os visigodos se converteram à fé trinitária em 589, os lombardos somente no século VII. É provável que o enfraquecimento do cristianismo africano pelos vândalos e o do cristianismo espanhol dos visigodos – embora seja preciso matizar a afirmação que segue – tenham facilitado em seguida grandemente a conquista muçulmana.

IV. O Nestorianismo

1. Doutrina

Nestório (entre 381-451), patriarca de Constantinopla, é o iniciador de uma heresia mais sutil, mas que resultou em desgastes consideráveis. Resumidamente, a questão é a seguinte: sem dúvida, no início admite-se que Cristo é Deus, que é o Verbo de Deus e também que é homem. Portanto, há duas naturezas unidas por aquilo que se chamará "união hipostática". Mas então, como a divindade e a humanidade se comunicam reciprocamente nele? Há o que se chama "comunicação de idiomas"?[5] Se não houver a comunicação das duas naturezas conjuntamente, existe como uma separação interna em Cristo. Se os idiomas se comunicam, então temos que fazer as contas com uma pessoa divino-humana, na qual tudo está ligado. Dessa forma, pode-se dizer que Deus sofre em Jesus Cristo, que Deus morre em Jesus Cristo, e que Deus nasceu de Maria. A encarnação, então, é total. Para Nestório, pelo contrário, não se pode dizer que Deus sofreu em Jesus Cristo. É somente a natureza humana de Jesus que sofreu. Maria, da mesma forma, só pode ser chamada "mãe da humanidade de Cristo", não, porém, "Mãe de Deus", como o povo cristão a chamava.

A doutrina de Nestório enfraquecia radicalmente a teologia da encarnação, de um Deus que veio verdadeira e completamente desposar a natureza humana. Foi condenado pelo concílio de Éfeso, em 431, que fixou a doutrina da união hipostática: ou seja, uma só pessoa em Cristo, mas duas naturezas, divina e humana, absolutamente intactas e comunicando-se absolutamente entre si. A Virgem Maria podia, portanto, ser chamada legitimamente *Teotokos,* Mãe de Deus, como o povo cristão a chamava. Uma fórmula célebre dizia que, em Cristo, "verdadeiro homem e verdadeiro Deus", as duas naturezas, humana e divina, encontram-se "sem confusão, sem mudança, sem divisão, sem separação". A questão foi ainda mais especificada no concílio de Calcedônia, em 451. Não é inútil citar aqui uma passagem:

> Fiéis aos Santos Padres, todos nós, perfeitamente unânimes, ensinamos que se deve confessar um só e mesmo Filho, Nosso Senhor Jesus Cristo, perfeito quanto à divindade, e perfeito quanto à humanidade; verdadeiramente Deus e verdadeiramente homem, constando de alma racional e de corpo, consubstancial com o Pai, segundo a divindade, e consubstancial a nós, segundo a humanidade; em tudo semelhante a nós, excetuando o pecado; gerado segundo a divindade pelo Pai antes de todos os séculos, e nestes últimos dias, segundo a humanidade, por nós e para a nossa salvação, nascido da Virgem Maria, Mãe de Deus: um e só mesmo Cristo, Filho, Senhor, Unigênito, que se deve confessar, em duas naturezas, inconfundíveis, imutáveis, indivisíveis, inseparáveis: a distinção de naturezas da modo algum é anulada pela união, antes é preservada a propriedade de cada natureza, concorrendo para formar uma só pessoa e em uma subsistência (hipóstase); não separado nem

5. "Comunicação de idiomas": Fórmula usada em Cristologia para exprimir a recíproca atribuição de propriedades entre a natureza divina e a natureza humana à única pessoa divina de Jesus Cristo (N. T.).

dividido em duas pessoas, mas um só e o mesmo Filho, o Unigênito, Verbo de Deus, o Senhor Jesus Cristo.[6]

Assim, o Credo de Niceia-Constantinopla, explicitado por Calcedônia, tornou-se a base da confissão de fé cristã. É comum para católicos, ortodoxos e protestantes.[7] Todavia, no Oriente, certas Igrejas não o aceitaram, e assim o nestorianismo se difundiu amplamente.

2. *Expansão*

De fato, certo número de Igrejas locais só aceitou os primeiros concílios: Niceia e Constantinopla, mas recusou Éfeso. Essas Igrejas são chamadas anticalcedonianas, ou não calcedonianas, ou Igrejas dos dois concílios. Tais Igrejas nestorianas situavam-se no início no Império persa. De fato, os persas, inimigos dos romanos, consideraram normal que os cristãos que viviam em suas terras fossem independentes dos patriarcas de Antioquia ou de Constantinopla, resultando que divergências doutrinais entre esses patriarcados eram convenientes para eles.

Assim surgiu uma Igreja que assumiu proporções importantes, com dezenas de bispos e um grande número de mosteiros, da Síria à Índia, sobretudo a partir da reforma do mosteiro do monte Izla (hoje na Turquia, junto à fronteira síria), por Abraham Kachkar, no século VI. Os nestorianos conheceram, então, períodos de expansão e foram grandes evangelizadores, em particular graças aos monges. Fundaram cristandades na Índia, em particular no Kérala e, seguindo a rota das caravanas, chegaram à China desde 520 e se instalaram em 635 na capital dos imperadores Tang, Chang'an (hoje Xi'an, no Shaanxi). Encontrou-se nessa cidade um marco de pedra datado de 781, bem conservado, que oferece informações preciosas sobre a chegada dos nestorianos. Os missionários que o descobriram em 1623 descreveram-no e fizeram-no conhecer no Ocidente, onde suscitou os sarcasmos de Voltaire, que não podia crer que cristãos tivessem ido tão longe rumo ao leste. Descobriu-se também nas grutas de Dun-huang (no Gansu) uma biblioteca nestoriana inteira (35 livros), escondida na areia desde mil anos.

Os nestorianos penetraram também entre os Mongóis: várias princesas da corte de Gengis Khan eram nestorianas. Sua presença é confirmada no Tibet, onde eles tiveram diversos bispos e um metropolita. É possível que o monarquismo tibetano atual deva muito aos nestorianos em algumas de suas formas. Os nesto-

6. H. Dentzinger, *Enchiridion Symbolorum et Definitionum*, Barcelone, Herder, p. 107.

7. Em reação contra o nestorianismo desenvolveu-se a heresia *monofisita,* segundo a qual Cristo só tinha uma natureza, a natureza divina: estamos muito perto do docetismo. Foi condenado pelo concílio de Calcedônia em 451. O monofisismo conquistou largamente a Igreja armênia e etiópica. Também neste caso as posições teológicas recentemente foram esclarecidas e se reaproximaram.

rianos introduziram também na Ásia o alfabeto arameu que foi utilizado durante séculos pelos uigures, os manchus e os mongóis. Sua influência, assim, parece ter sido considerável.

As perseguições, em particular muçulmanas, e os massacres turcos de 1915-1918, enfraqueceram pouco a pouco as Igrejas nestorianas, que acabaram se dividindo. As atuais Igrejas nestorianas: a Igreja apostólica assíria do Oriente, a Igreja síria caldeia (ou malabar ortodoxa), a Antiga Igreja do Oriente, não têm mais do que aproximadamente 250.000 fiéis, mas muitos destes últimos deixaram o Iraque e a Síria após os massacres do Estado Islâmico (Daesh). Com o tempo, as separações teológicas foram reexaminadas pacificamente, e em 1994, uma declaração cristológica comum foi assinada pela Santa Sé. Não existe mais nestorianismo no sentido próprio e original da palavra.

V. Processos para sair das crises doutrinais

1. Algumas observações

O que foi dito até aqui leva a fazer algumas reflexões sugeridas pelo bom senso. Em primeiro lugar, ficamos impressionados pelas consequências sociais imensas que resultaram das discussões doutrinais. Todas as heresias não tiveram o mesmo impacto, mas o impacto do arianismo, do nestorianismo e do monofisismo foi absolutamente considerável e até pode parecer desastroso. Vê-se, pois, que a história da Igreja cristã foi agitada, há um combate, uma série de crises, nem sempre é um desfile triunfal. Em segundo lugar, pode-se constatar que não sobrou nada de arianismo e pouco de nestorianismo, com o qual pôde haver uma reconciliação histórica e teológica; da mesma forma com o monofisismo, que não existe mais em estado puro.[8] Em compensação, a Igreja Católica pôde superar essas crises e avançar. Mas sobre que bases ela se apoiou para sair delas? É preciso ver as coisas desde ângulos diversos.

2. A transmissão dos textos sagrados

Um primeiro problema que deve ser evocado aqui é recorrente na história das religiões: é o da transmissão material dos textos fundadores. Se os textos fundadores apresentarem versões diferentes, então, todas as interpretações, portanto, todas as heresias, todas as crises, são possíveis. Ora, a resposta a esta questão não é evidente.

Com efeito, quando há interesse pela literatura profana antiga, percebe-se que, no caso de textos manuscritos, nem sempre é tão fácil copiá-los fielmente à

8. Ver as relações da Igreja de Roma com a Igreja armênia para qual o papa Francisco reservou uma viagem em 2016.

mão. As razões são diversas: dificuldades de grafia, de ortografia, cansaço ou falta de competência dos escribas, vontade de resumir, de aperfeiçoar, etc. Além disso, os suportes dos textos antigos (pergaminhos, papiros, tabletes...) nem sempre se conservam em boas condições. Como também, com o andar do tempo e com novas cópias dos textos, estes se alteram. Nós não temos certeza de que muitos textos antigos, gregos e romanos, que estudamos, tenham sido realmente escritos sob a forma que conhecemos. Chega-se mesmo, às vezes, a conclusões muito pessimistas. No Islão há um problema textuário com o Alcorão nos primeiros tempos de sua história, problema diante do qual as universidades muçulmanas ficam muito reticentes, o que não ajuda a avançar a pesquisa.[9] Não falemos aqui dos textos fundamentais dos mórmons.

No caso do cristianismo, foi feito um esforço enorme para garantir a confiabilidade dos textos sagrados, em particular dos Evangelhos. São estudados com todos os métodos críticos, aliás, hipercríticos, de que se pode dispor. Antes de tudo, foram recolhidos todos os manuscritos possíveis, todas as traduções, e foi feita uma comparação. Em 1900 só se conheciam 9 papiros; hoje passou-se a aproximadamente 100, graças a uma série de descobertas, algumas das quais espetaculares. O manuscrito mais antigos que se conhece é o papiro Rylands, que contém uma parte do Evangelho de São João e data do ano 125 aproximadamente. Calcula-se que entre a redação do Evangelho por João e esse manuscrito passaram-se somente trinta e cinco anos, ao passo que no caso de Aristóteles ou de Platão foi preciso contar centenas de anos de distância entre a redação dos textos e os mais antigos manuscritos. Outros papiros, como os papiros Bodmer ou Chester Beatty I proporcionam-nos informações muito preciosas. Manuscritos muito conhecidos, como o Vaticano B e o Sinaítico, do século IV, contêm praticamente todo o Antigo e o Novo Testamento, com uma notável fidelidade de transmissão. No total, foram recenseados atualmente 5.700 manuscritos gregos e cerca de 20.000 manuscritos de outras línguas (sírios, latinos, coptas etc.). O trabalho de crítica textual realizado foi imenso.

É impressionante ver como o texto sagrado resulta intacto. Sem dúvida, há alterações de detalhes e de pontos sobre os quais se pode discutir, em particular nas traduções. Por outro lado, a descoberta do hebraico e do aramaico do tempo de Cristo, graças em particular aos manuscritos de Qumram, sugere interpretações textuárias novas e interessantes. No Ocidente, havia traduções do Novo Testamento em latim desde o século II (sob o nome de *Vetus latina*), mas é sempre preciso valorizar o imenso esforço de São Jerônimo (347-420) que, de 382 a 405, traduziu o conjunto do Antigo e do Novo Testamento, partindo do hebraico e do grego (o

9. Mohammed Ali Amir-Moezzi et Guillaume Dye (dir.), *Le Coran dols historiens.* Études *sur le contexte et la geèse du Coran, Paris,* Le Cerf, 3 vol., 2019.

que chamamos de *Vulgata*), oferecendo assim à Igreja latina um instrumento de grande qualidade.

O certo é que os textos fundadores do cristianismo chegaram até nós sob uma forma segura, mesmo se, por razões práticas, a divisão em capítulos que conhecemos no Ocidente, só tenha sido feita mais tarde por Estêvão Langton, que morreu como arcebispo de Cantuária em 1228, e a divisão em versículos por Roberto Estienne em 1551.

Tudo isto é uma base absolutamente essencial para a fé e a reflexão, a respeito do que não estamos suficientemente conscientes. É a partir desses textos que a Igreja pôde, ao longo do tempo, garantir sua fé e dialogar.

3. O cânon das Escrituras

Há outra questão, que é a da identificação das obras sagradas, dos textos fundadores, de seu número exato: o que se conhece como cânon das Escrituras (da palavra grega *kanôn*: regra). A Igreja primitiva não se reuniu nos inícios para dizer que este ou aqueles textos deviam ser considerados fundamentais, e outros não. O mesmo problema, aliás, foi posto pelo o judaísmo; exigiu-se um bocado de tempo para que este determinasse uma lista de livros considerados fundadores, porque inspirados por Deus. Nesse trabalho foi eliminada uma série de tratados.

A Igreja Católica, tanto no Oriente, quanto no Ocidente, teve de fazer o mesmo trabalho. Um herético chamado Marcião, que em seguida fundou a Igreja siríaca, tinha baseado sua doutrina, pelo ano 150, sobre um cânon das Escrituras bastante pessoal. Era preciso, portanto, reagir. Existiam listas de livros santos, que encontramos, por exemplo, no que se costuma chamar de cânon de Muratori, que sem dúvida é do século II. Nessa data, a lista dos livros santos estava fixada em suas linhas principais. Santo Irineu afirmava claramente que só os quatro Evangelhos eram canônicos, mas constata-se que Padres da Igreja citavam inclusive alguns evangelhos, mais tarde considerados apócrifos. No Ocidente, somente nos sínodos de Cartago de 397 e 419 é que se elabora uma lista completa. Baseou-se no que de fato os cristãos liam, sobre o que de fato era acolhido na Igreja que reza e ensina. Uma dúzia de tratados do tempo do Antigo Testamento, os evangelhos apócrifos (cerca de uma dúzia), as cartas de Santo Inácio de Antioquia, *O Pastor* de Hermas, a *Didaqué*, foram eliminados do cânon. Conservou-se o que fora escrito antes da morte do último dos Apóstolos.

Naquela época, tratava-se ainda de uma realidade da qual não se possuia em geral uma consciência clara. A determinação do cânon das Escrituras introduziu uma disciplina de leitura e meditação que, sem dúvida, impediu que se criassem e desenvolvessem muitas heresias.

4. O papel dos santos

Foi dito: os concílios não inventaram absolutamente nada; eles traduziram o que o povo cristão vivia; foi o *sensus fidei* do povo, a intuição certa da fé vivida que serviu de fundamento para a reflexão. Constata-se isso muito bem no caso do título de "Maria, Mãe de Deus". Mas a fé do povo foi explicitada também por teólogos que prepararam e viveram os concílios. E alguns desses teólogos eram santos. Não bastou refletir: foi preciso resistir, às vezes até com grandes dificuldades, sob pressões enormes. Os grandes doutores orientais: Santo Atanásio, São Gregório de Nissa, São Gregório Nazinzano, São Basílio; no Ocidente, Santo Hilário, Santo Ambrósio, Santo Agostinho, desempenharam um papel essencial, junto com outros, nesses períodos ao mesmo tempo agitados e fundadores da fé. É importante fazer essa constatação, porque iremos encontrar o mesmo fenômeno em diversos outros períodos. O processo de sair da crise não pode desconhecer os santos.

5. Quem tem autoridade na Igreja?

Os conflitos teológicos dos primeiros séculos levantam outra questão: quem podia dirimir, dizer onde está a fé? O princípio é muito claro: é a Igreja que decide o que realmente é fé ou não. Mas quem fala na Igreja? Por ocasião da crise do batismo dos primeiros pagãos, é a assembleia dos Apóstolos, junto com Pedro, que deu a última palavra. Em seguida, quando surgiram as heresias no Oriente, os bispos orientais, em primeiro lugar os patriarcas das grandes sedes de Jerusalém, Alexandria, Antioquia e Constantinopla, se reuniram em concílios ou sínodos para pôr em ordem algumas questões. Mantinha-se certa ligação com Roma.

Mas então sugiram novas questões. Em primeiro lugar, certo número de bispos, mesmo de patriarcas, como vimos, se revelaram heresiarcas. Em seguida – e não sem certa ligação – os imperadores intervieram continuamente, na nomeação dos bispos, bem como na promulgação da doutrina. O problema, qualificado como *cesaropapismo,* surgiu desde Constantino. Sem dúvida, a união da Igreja com o Estado, na sociedade da época, era inevitável. Sempre se pode praticar o angelismo e sonhar uma sociedade ideal, mas, na história, isso não serve para grande coisa. Em compensação, era a qualidade dos governantes que podia realmente suscitar o problema. De fato, constata-se que esses, nem sempre ajudaram como teria sido preciso a superar as crises. Aliás, no Oriente, as relações entre os patriarcas de Constantinopla e os imperadores frequentemente foram mais do que difíceis. Certo número de patriarcas foi assassinado, exilado ou deposto. A lista é longa.

Constatando isso, pode-se compreender que a Igreja latina tenha recorrido de maneira privilegiada ao ministério de Pedro para solucionar os problemas canônicos e doutrinais. Era o bom senso e estava de acordo com o que Jesus tinha dito quanto à função de Pedro (Mt 21,18; Jo 21,15-17).

Bibliografia

Daniélou, Jean, *Approches du Christ,* Grasset, 1960.

Divry, Édouard, *Le Bienfait des controverses doctrinales dans l'Église,* Paris, Artège, 2021.

Étéveneaux, Jean, *Histoire des missions chrétiennes,* Saint-Maurice (Suisse), Saint-Augustin, 2004.

Grilimeier, Aloys, *Le Christ dans la tradition chrétienne.* Tome I: *De l' âge apostolique à Chalcédoine,* 2e édition française, Paris, Le Cerf, 2003.

Huscenot, Jean, *Les Docteurs de l'Église,* Paris, Médiaspaul, 1997.

Maraval, Pierre, *Le Christianisme de Constantin à la conquête arabe,* Paris, PUF, 1997.

Marrou, Henri-Irénée, *L'Église de l'Antiquité tardive 303-604,* Paris, Le Seuil, 1985.

Sesboüé, Bernard, *Histoire des dogmes,* Paris, Mame-Desclée, 1994-1996, 4 vol.

Silly, Renaud (dir.), *Dictionnaire Jésus,* Paris, Bouquins, 2021.

Segunda parte

AS CRISES DA IDADE MÉDIA

Capítulo III

Duas crises: Os papas indignos do século X, a querela das Investiduras (séculos XI-XII)

O período que chamamos de "Idade Média" – que dura mil anos! – está distante de nós desde muitos pontos de vista e nossa cultura atual não nos permite facilmente compreender seus numerosos aspectos. Com frequência, nossa visão desse tempo se aproxima mais do mito do que da realidade. Como todas as épocas da história, a Idade Média foi atravessada por crises: muitas delas foram superadas. Aqui iremos estudar duas, que não deixam de ter certa relação entre si, razão pela qual as inserimos no mesmo capítulo. Referem-se a fenômenos de longa duração.

I. Os papas indignos do século X

Não se fala muito hoje de um período do papado que pode ser considerado terrível ou catastrófico, que afetou o essencial do século X. Na apologética clássica, em particular em relação aos protestantes, observava-se que, apesar de tudo, o papado sobreviveu a esse período, sinal de que é realmente assistido pelo Espírito Santo e de fundação divina. Verdade é que recentemente foram introduzidos diversos matizes nas apreciações a respeito dessa época, sublinhando que o essencial da documentação vem dos adversários dos personagens envolvidos, pois o *Liber pontificalis*, que nos dá notícias preciosas a respeito dos papas, termina no século IX. Todavia, não é possível que se neguem graves dificuldades. É o mínimo que se pode dizer. Primeiro vamos dar algumas ideias a respeito do contexto geral. Para isso, é preciso começar de longe.

1. Séculos difíceis

A situação do papado medieval está fortemente ligada ao contexto político e social que se desenrola na Itália. Ora, a partir das invasões de 406, após a supressão do Império Romano em 476, a Itália, especificamente a cidade de Roma, encontra-se numa situação dramática. De 493 a 563, um poderoso reino ostrogodo, criado por Teodorico, o Grande, domina a península. Esse reino, em seguida, é destruído pela reconquista bizantina no fim do século VI, e a Itália passa a se sentir ligada a Bizâncio. Essa dominação é muito efêmera e, em 568, a invasão dos lombardos, que destruiu o essencial da reconquista bizantina, cria uma situação nova e muito tensa. Os lombardos são arianos e se converteram tardiamente ao cristianismo. O reino lombardo não é vencido pelos francos, que em 774 se estabelecem ali para proteger Roma e o papado: um conjunto político no centro da Itália sob o nome de Estados Pontifícios, baseado numa pretendida "doação de Constantino". Apesar disto, ocorre um saque parcial feito por uma frota muçulmana em 846. A cidade está na miséria, saqueada diversas vezes, esvaziada do essencial de sua população, transformada num campo de ruínas, extremamente vulnerável, dependente dos bizantinos quanto aos aprovisionamentos, e dos francos quanto à sua defesa.

Ao longo desses séculos difíceis, há alguns grandes papas, que desempenharam plenamente seu papel religioso e que foram ao mesmo tempo grandes defensores da cidade: São Leão Magno (440-461), e mais tarde, Gelásio (entre 410-496), São Gregório Magno (540-604), depois, Gregório II (669-731). Mas a pressão sobre o papado por parte dos ostrogodos, em seguida dos lombardos e depois dos bizantinos foi considerável.

Muitos papas pagaram o preço da situação com a própria vida. O papa João I (470-526), preso pelos ostrogodos, morreu de fome em Ravena. O papa Martinho I (600-656), que se opusera à heresia monotelista promovida pelo imperador de Constantinopla, Constante II, foi preso em 653, levado a Constantinopla, torturado, condenado a ser dividido ao meio; depois, sua pena foi comutada e enviado em exílio para a Crimeia, onde morreu na miséria. As relações com os lombardos e os bizantinos passaram por fases muito delicadas. Em 727, o imperador Leão III impôs o iconoclasmo em todo seu Império e por toda parte foram destruídas sistematicamente as imagens sagradas. O papa Gregório II recusou aceitar essas medidas e os bizantinos praticamente expulsaram Roma de seu Império, entregando assim a cidade aos lombardos. É a razão pela qual, em 753, o papa apela para os francos em função de uma revanche. Os francos desde então foram os aliados e os protetores dos papas, e a distância em relação a Bizâncio aumentou consideravelmente, ao passo que até então houvera uma forte presença grega em Roma.

2. Os dramas do século X

A cidade de Roma tentou, mesmo assim, sobreviver durantes séculos. Todavia, quando os francos se tornaram príncipes protetores da cidade e do papado, ela não estava ao abrigo dos ataques, como vimos no caso do raide muçulmano de 846. O poder dos papas era reduzido. A aristocracia romana tentou, então, se apossar do poder, quer dizer, da nomeação dos papas. Assistiu-se, dessa forma, durante anos, a um desfile de mafiosos, para os quais o papado era uma questão de disputa, tanto mais que a maior parte dos pontificados foi muito curta: de 891 a 965, não houve menos de 20 papas; e não menos de 45 entre o início do século X e do século seguinte.

Tracemos aqui as linhas principais desses tempos difíceis. Nos últimos cinco meses do ano de 897, três papas foram postos fora de combate, em seguidos golpes: Estêvão VI, estrangulado por conjurados; Romano, destronado; Teodoro II, assassinado. Ao longo dos vinte primeiros anos do século X, um patrício romano, Teofilacto, é praticamente o senhor da cidade e do papado. Com sua mulher Teodora, meteu a mão em todas as funções civis e eclesiásticas nos castelos e nos domínios da Igreja. O poder de sua família continuou com sua filha Marózia (924-932), depois com seu neto Alberico (932-954). Na prática, essa dominação resultou na escolha do papa Sérgio III (+ 911), que teve um episcopado contestado, e que talvez foi amante de Marózia. Esta fez depor o papa João X (928), que em seguida foi assassinado (929), e eleger sucessivamente duas de suas criaturas: Leão VI (+ 929), depois Estêvão VII (+ 931). Posteriormente, ela conseguiu colocar sobre o trono pontifício seu próprio filho, João XI (+ l936), que era muito jovem. Seu outro filho Alberico fez nomear papa Leão VIII (+ 939), depois Marinho II (+ 946), em seguida João XII (+ 964), que era seu filho. Este foi deposto pelo imperador germânico Otão I em 963. O papado se tornara propriedade de uma família e o objeto de poder entre clãs que o disputavam.

Todavia, nenhum erro teológico, nenhum apoio a doutrinas heterodoxas emanou desses papas duvidosos. Além disso, fica-se surpreso ao ver que alguns dentre eles defenderam a reforma da Igreja, e em particular a Ordem de Cluny, bem como as missões entre os dinamarqueses, os croatas, os poloneses, os búlgaros e os morávios. E até foram capazes de fazer frente às incursões muçulmanas. Nos piores momentos, a autoridade do papado não foi destruída.

3. Saída da crise

Essa intervenção dos imperadores, aliás, não sem grandes dificuldades, determinou o fim desse período agitado. De fato, na Igreja havia um poderoso movimento desejando sua reforma. À frente estava a Ordem de Cluny, criada em 909 (ou 910) na Borgonha, e que possuía mosteiros por toda a Europa. No momento em que Roma se encontrava abalada, Cluny era chamada "a segunda Roma", e sem dúvida dispunha de mais influxo do que a primeira. Cluny foi governada sucessivamente, até 1109, por cinco santos: Bernão, Odão, Mayeul, Odilão e Hugo. Estamos longe dos estragos de Roma!

A abadia criou a primeira "Ordem Religiosa" da Igreja, unindo seus mosteiros sob um mesmo governo. No seu apogeu, Cluny estava à frente de aproximadamente 1.200 mosteiros e 10.000 monges. A basílica de Cluny-III, terminada em 1130, não tinha menos de 187 metros de comprimento, a contar desde o vestíbulo, ao passo que a basílica constantiniana de São Pedro em Roma tinha 122 metros, contando o átrio. Isto significa alguma coisa. Graças às relações de São Mayeul com o mundo germânico, trabalhado, aliás, por uma renovação monástica local, em particular em Gorze, a ideia de reforma foi aceita.

Otão I (936-973), que foi o criador do Sagrado Império Romano-Germânico, compreendeu que, se se queria reformar a Igreja, era urgente reformar o próprio papado, e não duvidou em intervir e depor João XII em 963, que foi condenado à morte em 964, e em seguida Bento V (964). No dia 13 de fevereiro de 962, o imperador tinha publicado o *Privilegium Ottonianum,* que obrigava todo novo papa a lhe prestar juramento antes de tomar posse de seu cargo. Exigiu igualmente que os romanos não elegessem o papa sem seu consentimento ou o de seus sucessores. O que bem mais tarde (século XIX) foi chamado de *césaropapismo* ocidental acabava de nascer.

Desde então, as intervenções dos imperadores alemães foram constantes, e todos os imperadores desceram até a Itália. Entretanto, eles esbarraram no patriciado romano que não duvidou em suscitar antipapas. Para dar alguns exemplos: o papa Bento VI, candidato do imperador, foi morto em 974 pelo antipapa Bonifácio VII. Expulso de Roma por Otão II e refugiado em Constantinopla, conseguiu voltar para Roma e capturou João XIV, que morreu na prisão em 984. Passaram-se anos até que um governo normal fosse restabelecido. O primeiro papa francês, Gerberto d'Aurillac, Silvestre II (+ 1003), mostrou-se um excelente pontífice. Mas os problemas continuaram. Houve até mesmo três papas ao mesmo tempo: Bento IX, Silvestre III e Gregório VI. O imperador Henrique III pôs o mundo inteiro de acordo ao depô-los no sínodo de Sutri em 1046 e nomeando Clemente II. Ele impôs sucessivamente cinco papas na sé de Pedro, escolhidos entre os membros de sua clientela.

No fim das contas, as intervenções dos imperadores da Alemanha não foram absolutamente negativas, em particular as de Santo Henrique (973-1024). Mas é particularmente a partir de 1049 que o papado se refaz, para entrar num período de maior poder, até o século XI e os séculos XII e XIII. Cluny influenciou uma dúzia de papas reformadores e muitos de seus monges acederam ao pontificado, dentre os quais Urbano II (1042-1099), o papa da primeira cruzada.

4. Algumas observações

Quando se olha para a lista dos papas indignos dessa época, fica-se surpreso, aliás, bastante perturbado. Tem-se o sentimento de uma espécie de corrupção do sistema, ao passo que até essa data, o papado não tinha dado tal impressão.

É preciso recordar que, nas origens, a sé de Pedro era ocupada por papas santos, mártires: os trinta primeiros papas pagaram com a própria vida seu apego à fé. Não parece haver outra diocese que possa dispor de tão sólidos fundamentos. Em seguida, a qualidade dos papas já foi diversificada, mas, sobre 81 papas que reinaram da metade do século IV até o fim do século IX, 36 foram canonizados, o que é pelo menos uma proporção razoável.

A crise do século X aparece, portanto, como um episódio realmente dramático nesta longa história. Não foi o único. Nos séculos XV e XVI a situação enfrentou momentos angustiantes. A sé pontifícia foi várias vezes objeto de lutas de poder e de influência, que tiveram consequências que afetaram os papas que ocuparam o trono de Pedro. Mas poucas instituições teriam podido sair intocadas de uma crise semelhante.

II. A querela das investiduras (séculos XI-XII)

Como acabamos de dizer, a qualidade dos papas melhorou muito a partir do fim do século XI. Mas o papado renovado – e toda a Igreja com ele – enfrentou, então, um novo problema, que é a questão das nomeações para os cargos eclesiásticos, em primeiro lugar para os bispados. Quem podia nomear os clérigos? Para compreender o debate, é preciso ver antes quem eram os personagens interessados no caso.

1. A posição imperial e a dos príncipes cristãos

Antes de tudo, deve-se fazer uma observação de bom senso: durante séculos, nunca houve o problema de pretender separar o religioso do político. Isso era totalmente impensável. A sociedade era um todo só, e os deuses, ou Deus, vigiava sobre ela e intervinha em cada fase de sua existência. Os poderes públicos tinham uma relação particular com a divindade que eles deviam honrar. Contrariamente ao que certas vezes se pensa, verifica-se ainda hoje esse caso numa grande parte do mundo, em particular, – não, porém, somente – no universo islâmico. Quando Constantino quis que o cristianismo fosse posto no mesmo plano das demais religiões do Império romano, quis também desempenhar um papel religioso maior. Vimos o papel que Teodósio se atribuiu em matéria religiosa. Essa atitude, nem por isso, deixava de levantar problemas.

Com efeito, em 390, Teodósio mandou reprimir violentamente uma insurreição na cidade grega de Tessalônica e massacrar grande parte da população. Houve entre 7.000 e 10.000 mortos. Sua capital era então a cidade de Milão, onde era bispo Santo Ambrósio (340-397), que repreendeu severamente sua atitude. Teodósio disse-lhe: "Nunca nenhum bispo falou assim comigo". Ambrósio respondeu-lhe: "Pode ser que você nunca tenha visto um bispo!"[1] Depois de meses de braço de ferro, Teodósio foi obrigado a ceder. Esta vitória de um bispo contra o imperador iria marcar longamente a Igreja ocidental. Em contraposição, no Oriente, o mesmo Teodósio foi canonizado, o que era ir um pouco longe demais na submissão ao poder político... Um pouco mais tarde, em 494, o papa Gelásio (+ 497), escreveu ao imperados Anastásio: "Tu dependes do julgamento dos bispos; não podes submetê-los à tua vontade". Em 488, ele já tinha dito: "O imperador é um filho da Igreja, mas não é um bispo na Igreja". E em 496 esclareceu: "Cada um é adequado e competente em seu próprio domínio".

Todavia, o que se chamou "o atrativo teodosiano" perdurou, em primeiro lugar, na parte oriental do Império. Falaremos disso mais adiante. No Ocidente, o "modelo teodosiano" também encontrou sucesso real. De fato, a saudade do Império Romano perdurou durante toda a Idade Média. Na maior parte dos domínios, a referência a esse período grandioso era constante. Muitos pensavam que a salvação do que nós hoje chamamos a Europa viria da reconstituição do Império no Ocidente. Esse foi o projeto de Carlos Magno, que se fez coroar em Roma como imperador do Ocidente pelo papa no ano 800; de certa maneira foi também projeto dos seus sucessores, particularmente a partir da "reorganização" do Império pelos Otonianos, no século X.

Dessa forma, a intervenção do poder imperial na vida religiosa parecia, não somente natural, mas estritamente indispensável. Assim, o Império muitas vezes era definido como a "casa de Deus", e o imperador como o "servo de Deus", ou o "escravo dos Apóstolos". Este sistema, dito *Reichskirchensystem*, que talvez atingiu seu apogeu sob o breve reinado de Santo Henrique (1014-1024), associado à sua esposa Santa Cunegunda (+ 1033), na realidade durou séculos.

Sem dúvida, certo número de reinos ocidentais escapou da dominação imperial, porque eles se tinham emancipado, como a França, ou porque jamais tinham possuído fronteiras com o Império, como os reinos eslavos ou escandinavos. Mas, em seu contexto, a "teologia teodosiana" era válida também para eles.

Para o imperador, era tanto mais importante dominar as nomeações episcopais, quanto o Império germânico estava organizado em torno de certo número de grandes principados (Baviera, Suábia, Francônia, Lotaríngia), sobre os quais ele tinha pouca autoridade real. A sucessão imperial não era fácil, o poder era contestado. Ora, os bispos alemães eram não somente órgãos religiosos, mas também poderosas organizações políticas. Ter na própria mão os grandes bispos alemães propiciava ao imperador uma espécie de contrapeso em relação aos príncipes. Basta visitar, por exemplo, uma cidade episcopal como Bamberg, que permaneceu in-

1. Em outros termos, até então, todos os bispos se tinham submetido a ele.

tacta, para imaginar o que representava, até as guerras da Revolução e do Império, o peso social e político de um grande bispo alemão. Mas as sedes de Mogúncia, Colônia, Treves, ou mesmo Liège e Utrecht, no tempo do Império, possuíam ainda mais autoridade. Também os bispos e os grandes abades alemães constituíam uma coluna do Império e muitas vezes eram escolhidos dentre sua clientela, quer dizer, dentre os parentes do imperador reinante; fazia-se, em seguida, a investidura mediante a cruz e o anel. Os primeiros testemunhos desse gesto datam aproximadamente do ano 900. Muitos desses bispos e grandes abades eram homens de valor. Mas também aqui o sistema encontrou seus limites.

2. A posição pontifícia

É preciso reconhecer o mérito dos imperadores da Alemanha por terem feito o papado sair do atoleiro. Mas na história sempre há tentações de desequilíbrio. Foi o que aconteceu.

O problema romano era, na realidade, o reflexo de um problema europeu. Depois de Carlos Magno, o mundo que ele tinha construído entrou em crise. Num primeiro tempo – depois novamente, mais tarde, não logo em seguida – a Alemanha tirou o corpo da jogada, mas de uma forma geral, os séculos IX e X foram períodos muito duros do ponto de vista social, político e religioso. As invasões (escandinavos, muçulmanos, húngaros) devastaram o continente. O poder político desabou e se esfacelou. Quanto à população, a cifra mínima da população europeia depois da Antiguidade parece ter sido alcançada no século IX. Para sobreviver, a nobreza apossou-se dos bens da Igreja, em primeiro lugar dos bispados e das abadias, ocupando suas terras e as nomeações dos titulares, inclusive dos pastores de almas. A qualidade do pessoal eclesiástico diminuiu sensivelmente também. Numerosos padres viveram em concubinato. Os sacramentos foram vendidos (o que se chama simonia). Os mosteiros foram arrasados pelos invasores ou monopolizados, já o dissemos, pela nobreza. Algumas abadias sobreviveram, como na França Saint-Savin-sur-Gartempe e Autun, mosteiros do Jura, que permitiram a fundação de Cluny, ou ainda de Carroux, que está na origem da *Paz de Deus*. No entanto, era preciso retomar a reorganização, reformar a Igreja. É o que se chama a Reforma Gregoriana, que ocorreu principalmente pelo fim do século X, particularmente no século XI.

Essa reforma foi um empreendimento gigantesco que envolveu a Igreja desde a cúpula até a base, sob a inspiração inicial dos monges reformadores. Ela foi objeto de vários grandes papas: São Leão IX (1049-1054), Nicolau II (1059-1061), São Gregório VII (1073-1085), que deu seu nome à reforma, o bem-aventurado Urbano II (1088-1099). Ela haveria de continuar durante todo o século XII. Assistiu-se a uma renovação completa do pessoal pontifício, da cúria romana, dos bispos, dos clérigos de todas as ordens, e finalmente da evangelização, da fé e da vida do povo cristão.

Notemos que essa reforma foi acompanhada por uma nova concepção da função de papa. Gregório VII redigiu em 1075 o *Dictatus papae* ("Máximas do papa" ou "Ditos do papa"). Ele nunca o publicou: esse texto nunca teve valor legal. Parece ter sido uma série de anotações de propósitos por parte do papa, mas foi-lhe atribuída grande importância em razão da personalidade de Gregório VII e do conflito que agora iremos evocar. A doutrina contida nesse documento inspirou seus sucessores, em particular Inocêncio III, que assumiu o título de "vigário de Cristo", no lugar da expressão tradicional de "vigário de São Pedro".

O *Dictatus Papae* descartava a ideia de que o imperador era o soberano, o senhor da sociedade. Acima do imperador e dos reis está o papa, que era o garante da paz e da harmonia da cristandade. Mais tarde pensou-se que a *plenitudo potestatis* do papa, em alguns casos, se estendia até mesmo sobre o conjunto do mundo (o que foi chamado *dominium mundi*). Em caso extremo, podia servir contra o próprio imperador. O poder espiritual, assim, se afirmava como independente do poder temporal, mesmo que fosse cristão e superior a ele. Era inverter as coisas em relação à teologia teodosiana do Império. Bem entendido, é preciso matizar essa matéria, mas a concepção de conjunto não se pode negar.

3. O conflito das Investiduras: **Discidium inter sacerdotium et regnum**[2]

A reforma não podia ter êxito se a Igreja não reencontrasse sua liberdade e em primeiro lugar a possibilidade de nomear ou de fazer eleger o próprio papa, os dignitários eclesiásticos e explorar seu patrimônio, que sustentava toda sua atividade. O papa Leão IX era um homem do imperador, e o mesmo aconteceu com seu sucessor Vitor II (1056-1057). O movimento de reforma, todavia, já estava lançado e um partido reformador, encabeçado por Hildebrando, o futuro Gregório VII[3], estava desenvolvendo uma grande atividade. Aproveitou-se de um momento de fraqueza do Império – o novo imperador Henrique IV (1050-1105), eleito em 1056, que só tinha seis anos – para fazer eleger dois papas sem o consentimento imperial: Estêvão IX, depois Nicolau II. Este limitou-se a prevenir o imperador de sua eleição.

Em 1059, Nicolau II modificou completamente o modo de eleger os papas, criando um sistema válido ainda hoje: o papa só seria eleito pelo colégio dos car-

2. Expressão utilizada pelos autores desde o século XII. Para dizer a verdade, se a expressão se aplica ao século XI, ela é ainda mais verdadeira quando aplicada ao século XII.

3. Nascido em 1015-1020 na Toscana, de uma família modesta, Hildebrando fez-se monge em Roma. Foi o homem de confiança de vários papas, tornando-se um dos personagens mais informados a respeito da situação da sociedade e da Igreja e um dos agentes de sua reforma antes de, por sua vez, ser eleito papa.

deais. Ao mesmo tempo, proibiu aos leigos nomear os bispos e conferir dignidades eclesiásticas. No sínodo de 1075, um texto recordava categoricamente que:

> Quem no futuro receber de um leigo um bispado ou uma abadia não poderá ser contado no número dos bispos e dos abades. *Item,* se um imperador, um duque, um marquês ou um conde tiver a audácia de fazer a investidura de um bispado ou de qualquer cargo eclesiástico, saiba que nós lhe retiramos a comunhão do bem-aventurado Pedro.

Isso deu início ao que se costuma chamar de querela das investiduras. No princípio, os imperadores não eram contrários à reforma da Igreja, chegaram até a tomar amplamente sua iniciativa, mas eles queriam controlar os bispos. A nomeação por Henrique IV de um bispo de Milão, contra o acordo com o papa e da própria cidade, deu início ao incêndio. Além disso, o desejo do papa de assumir as nomeações episcopais levantou contra ele uma parte do clero alemão. Este se reuniu em Worms, com a concordância do imperador, em 1076. Os bispos alemães recusaram obediência ao papa e lhe pediram para renunciar ao cargo. Gregório VII reagiu imediatamente, fez depor o imperador e desligou seus súditos do juramento de fidelidade. O vocabulário empregado, então, por uns e outros caracterizou-se por grande violência, o que era bastante normal na época. Uma parte da nobreza alemã estava mais do que contente por ir contra o imperador. Este, então, temeu encontrar-se diante de uma revolta geral e não encontrou outra solução senão passar os Alpes durante o inverno de 1077 para entender-se, custe o que custasse, com o papa. Gregório VII refugiara-se no castelo de Canossa, nos Apeninos, na Emília Romanha, e Henrique IV, vestido com hábito penitencial, aguardou por três dias no frio que para ser absolvido de suas faltas. Na realidade, esses três dias foram ocupados em negociações, no fim das quais ele recebeu a absolvição de suas faltas, sem poder, contudo, em princípio, recuperar seu poder. Mas ele tinha pelo menos evitado o pior.

Imagine-se o efeito produzido por essa cena: o imperador, ajoelhado diante do papa, pedindo perdão! Foi um dos grandes momentos da história da Idade Média, totalmente a favor do romano pontífice.

Na prática, Gregório VII tirou todas as vantagens desta situação. Henrique IV reencontrou apoio, em primeiro lugar entre os bispos alemães. Foi excomungado de novo em 1080, mas, apoiado pelos reis da Inglaterra e da Hungria, fez eleger no mesmo ano um antipapa, Clemente III, que não chegou a se impor. Seguiu-se uma série de lutas confusas, acompanhadas por trocas de libelos (conhecem-se pelo menos 150), que são interessantes porque neles se podem constatar as teses pontifícia e imperial que se contrapõem. O filho de Henrique IV, Henrique V, depôs seu pai e pareceu entender-se com o papa. Mas os interesses que estavam em jogo e as tensões eram por demais vivas, e a luta continuou, com alternativas de sucesso e de insucesso de parte a parte.

Em princípio, a disputa só terminou com a concordata de Worms, de 1122, no final do qual se determinava que os bispos alemães seriam eleitos pelos capítulos dos cônegos e confirmados pelo papa, intervindo o imperador somente em caso de impossibilidade de eleição. O imperador, assim, renunciou à investidura pela cruz e o anel. Em compensação, conferia ao novo eleito a investidura dos bens temporais do bispado. Os imperadores da Alemanha perdiam seu direito de nomeação dos bispos italianos e borgonheses e, com isso, uma grande parte de sua influência sobre essas regiões.

Globalmente, a vitória dos papas resultou positiva também para a Igreja nos demais reinos, como na França; não, porém, sem problemas. Esteve longe de resolver todas as complicações que surgiram na ocasião. Na Alemanha, a luta entre o Sacerdócio e o Império voltou com Frederico Barba Roxa (1122-1190) e Frederico II (1194-1250). Foi acompanhada por endurecimentos ideológicos nas duas partes, dos quais deixaram marcas na história.

3. Algumas reflexões

Quem tivesse tentado, pela metade do século X, imaginar o futuro, não teria dado grandes chances ao papado, numa Roma em ruínas, onde um patriciado que não rejeitava nenhuma violência, disputava um poder frágil. Todavia, a ideia pontifícia permanecia. A lembrança de Pedro, dos mártires, dos grandes pontífices, permanecia viva. A instituição não foi posta em causa. Não foi abandonada completamente. Os monges de Cluny, que iriam iluminar o mundo ocidental, mantinham relação com ela, apoiavam-se nela, ao menos do ponto de vista teológico e jurídico.

A função dos imperadores da Alemanha foi fundamental para sair do atoleiro, mas, então, uma nova luta pela liberdade da Igreja começou. A capacidade de resistência dos papas frente aos imperadores era reduzida, no entanto, eles não perderam a partida. A Igreja conquistou na Alemanha, na Itália e na Borgonha certa capacidade de ação, e outras nações foram obrigadas a seguir o movimento. Assim, a Reforma Gregoriana teve êxito um pouco por toda parte na Europa, que resultou na Europa cristã que conhecemos.

Assim mesmo, que dificuldades, das quais aqui só pudemos dar alguns resumos! Os papas, com frequência, compreenderam o sentido desses enormes problemas. Já São Gregório Magno escrevia: "A Igreja é um barco velho e carunchado, suspenso sobre o abismo, rachado, como na hora do naufrágio". Alguns séculos mais tarde, seu sucessor Gregório VII confidenciava ao abade de Cluny: "Os tempos são de extrema gravidade e nós carregamos o peso enorme dos problemas espirituais e seculares".

Mas também, que constância num projeto ao qual nunca se renunciou e que chegou até nós!

Bibliografia

Chélini, Jean, *Histoire religieuse de l'Occident médiéval,* 1968, rééd. Paris, «Pluriel», 1997.

Cowdrey, H.E.J., *The Cluniacs and the Gregorian Reform,* Oxford, 1970.

Levillain, Philippe (dir.), *Dictionnaire historique de la Papauté,* Paris, Fayard, 1994.

Gouguenheim, Sylvain, *La Réforme grégorienne. De la lutte pour le sacré à la sécularisation du monde,* Paris, Temps Présent, 2010.

Rapp, Francis, *Le Saint-Empire romain germanique, d'Otton le Grand à Charles Quint,* Paris, Seuil, 2003.

Capítulo IV

A ruptura Oriente-Ocidente

A ruptura entre a Igreja de Roma e a Igreja de Constantinopla – e por consequência, com as Igrejas ortodoxas – é uma ferida que ainda sangra no flanco do cristianismo. É datada de 1054, mas a realidade não é tão simples.

Não se trata somente de questão teológica à qual com frequência é reduzida a causa da desunião. Na realidade, o que ocorreu foi o afastamento entre dois mundos. Por que isso aconteceu? Há um antes e um depois que precisamos encarar.

I. Criação e evolução de Constantinopla

É absolutamente impossível compreender o que foi a ruptura Oriente-Ocidente sem conhecer um mínimo de história bizantina. Infelizmente o assunto com frequência é reduzido à sua faceta religiosa, o que o torna opaco e facilmente ideológico. Em outras palavras, muitas vezes privilegia-se o conhecimento do Islão, o que parece tornar secundária a história de Bizâncio, ao passo que ela é fundamental para nós.

A cidade grega de Bizâncio, fundada provavelmente no século VII antes de Cristo, situa-se – todo mundo sabe disso – às margens do Bósforo, braço estreito de mar (700 a 3.000 metros) que liga o Mediterrâneo ao mar Negro. É uma posição eminentemente estratégica. Em 324, o imperador Constantino decidiu fazer ali a nova capital do Império romano.

O Império estava assediado por todos os lados pelos bárbaros, e sua parte ocidental controlada por Roma encontrava-se muito enfraquecida. Assim, Constantino pensou em levar o centro do Império para o Leste. Todavia, o projeto não previa abandonar a parte ocidental, particularmente a primeira capital, Roma, mesmo dando a sua nova fundação o qualificativo de "segunda Roma". Em sua política favorável à Igreja, encheu de favores o papa Silvestre I e as instituições cristãs de Roma; em particular, começou a construir ali as grandes basílicas de São Pedro e de São João do Latrão. Por isso, para ele, Bizâncio não substituiria Roma. Bizâncio seria somada a Roma. Entre 324 e 336, trabalhos enormes foram realizados em Bizâncio por 40.000 operários, e a cidade foi inaugurada no dia 11 de maio de 330. Tomou, então, o nome de Constantinpla, a cidade de Constantino, mas o nome de Bizâncio continuou a ser usado.[1] Constantino levou para lá a sede do governo do Império, o que deveria durar até a sua tomada pelos turcos em 29 de maio de 1453.

Sem dúvida, antes do projeto de Constantino já havia um bispo em Bizâncio. Mas pelo ano 330 ainda não se tratava de uma diocese eminente. As sedes mais importantes eram Roma, Alexandria e Antioquia, fundadas pelos Apóstolos. É somente no século V que se começa a atribuir a evangelização da cidade a Santo André – o que historicamente é contestado – fazendo de Constantinopla uma diocese "apostólica". Os bispos de Constantinopla assumiram o título de patriarcas em 281 e foram reconhecidos como tais ao mesmo tempo que os bispos de Jerusalém em 451. Todavia, a sé episcopal de Constantinopla assumiu pouco a pouco sempre maior importância por duas razões.

A primeira, à qual hoje não damos mais tanta importância, foi a transferência progressiva para Constantinopla de algumas relíquias insignes da fé cristã:[2] a verdadeira cruz (pelo menos em parte, no século VII), a coroa de espinhos (no século IX), o *Mandylion* (sem dúvida o Santo Sudário)[3] trazido de Éfeso em 944, a lança, os pregos (final do século XII), enfim, os instrumentos da Paixão e o corpo do apóstolo Santo André. Este morreu em Patras, mas a transferência de suas relíquias fez com que Constantinopla se tornasse a cidade de Santo André.[4] Além disso, recolheu-se uma quantidade considerável de outras relíquias que eram guardadas – no caso das mais preciosas – na capela da Virgem de Faro, no grande palácio imperial de Bucoleão, outras na capela de Santo Estêvão no palácio de Dafne e na *Nea Ekklesia* (a "Nova Igreja"), a partir de 880.

Além disso, Constantino iniciou a construção em Bizâncio das grandes igrejas de Santa Sofia e dos Santos Apóstolos, que foram continuadas por seus sucessores. Um número considerável de mosteiros se instalou na cidade a partir do fim do século IV. Teria havido 23 no século V e 80 no século VI, sendo o mais conhecido o do *Pantrocrator*. Note-se que sobre 80 mosteiros, havia 5 latinos. A vitalidade religiosa de Constantinopla era, portanto, indiscutível. E isso numa cidade que contava no século VIII entre 500.000 e 800.000 habitantes, quando Roma se tinha tornado, então, uma cidade minúscula ou um grande povoado.

1. Em 1930 os turcos a rebatizaram com o nome de Istambul, que de fato é a pronúncia de Constantinopla. Note-se que os termos "os bizantinos", "a Igreja bizantina" só são datados a partir do Renascença. Os súditos do Império grego se autonomeavam «os romanos" (que entre os muçulmanos se tornou "os roumis"), mostrando assim que se consideravam a continuação de Roma.

2. https://www.persee.fr/doc/bsnaf_0081-1181_2008_num_2002_1_10593:

3. E talvez outros linhos da Paixão.

4. https://www.persee.fr/doc/rebyz_0766-5598_1951_num_9_1_1039.

A segunda razão da importância de Constantinopla é simplesmente o fato de a cidade ser a sede do governo e a residência do imperador. Surgia, assim, a questão da relação entre o patriarca e o soberano, e ao mesmo tempo a questão do papel que o imperador se atribuía. Grande problema! Notemos, em primeiro lugar, que Constantino, que só foi batizado em ponto de morte por um bispo ariano, se atribuía as funções de protetor da Igreja católica, inclusive no canpo do dogma, tendo ele mesmo convocado o concílio de Niceia. Depois dele, de forma melhor ou pior, os imperadores bizantinos retomaram essa tradição. Alguns defenderam de fato a fé católica, outros a combateram, aderindo a heresias diversas que atravessaram os primeiros séculos. Todos eles, porém, tinham em comum a ideologia *césaropapista* (palavra inventada no século XIX para significar a preeminência do poder político nas questões religiosas). Constantino afirmava: "A Providência divina agiu de acordo comigo". Alegando sua própria autoridade, Constante II não hesitou em promulgar um *Credo* destinado a criar a unidade entre os arianos e os ortodoxos. Um de seus sucessores, Teodósio, o Grande (347-395), foi mais longe e montou um sistema no qual o imperador era o garante necessário e protetor da fé cristã em seus Estados. Impôs a doutrina de Niceia e em 380, pelo edito de Tessalônica, declarou o cristianismo como única religião do Império romano. Mais tarde, a crise iconoclasta (730-843), que foi marcada por grande violência, foi iniciada amplamente pelo imperador Leão III, que se atribuía o título de "imperador e sacerdote". O título de *isapostolos* (igual aos Apóstolos) era frequentemente dado aos imperadores.

O imperador precisava do patriarca que, desde 450, era quem o coroava. Isto fazia com que seu poder se tornasse sagrado. Os patriarcas eram nomeados ou confirmados (e frequentemente depostos) pelos seus imperadores. Os decretos imperiais eram selados com o selo do patriarca. Mas no Grande Circo, na hora de começar o espetáculo, era o imperador que abençoava o povo. A colaboração entre poderes muitas vezes resultava em confusão e frequentemente as relações com os patriarcas não foram fáceis. Voltaremos a falar disso mais adiante.

Os imperadores bizantinos tentaram, assim, dominar a Igreja do Oriente pelo viés das nomeações e das pressões de todo tipo, e com frequência conseguiram, nem sempre em favor das melhores causas. Sobre 135 patriarcas que governaram entre Constantino e o ano de 1453, 46 foram depostos. O maior deles, São João Crisóstomo, morreu no exílio. A desordem aumentou: de fato, sobre 88 imperadores que reinaram em Constantinopla até a tomada da cidade pelos muçulmanos, somente 37 morreram de morte natural: 3 por acidente, 5 em combate, 30 de morte violenta (às vezes, atroz), 13 tiveram de abdicar e foram enclausurados em conventos num estado físico mais ou menos preservado. Onde estava o poder? Em outras palavras, as relações entre a Igreja e o Estado não eram tão simples no Oriente.

Os patriarcas nem sempre se deixaram manipular. Tentaram incutir uma teologia que especificava a função respectiva de cada parte. Mas isso não era fácil na hora de colocá-la em prática. No Oriente, por exemplo, Teodósio não encontrou quem contradissesse seu modo de agir, ao passo que no Ocidente Santo Ambrósio lhe resistiu abertamente. Vimos antes, em paralelo, os cuidados que os papas de Roma tinham para com os imperadores latinos.

Todavia, patriarcas e imperadores estavam de acordo num ponto: a importância da sé de Constantinopla. A tomada de Jerusalém pelos muçulmanos em 637, de Alexandria em 639, de Antioquia em 638, depois novamente em 1084, enfraqueceu consideravelmente a autoridade desses patriarcados.

Tanto mais que a Igreja de Constantinopla estendeu seu domínio para o lado dos Búlgaros (a partir de 917) e da Rus de Kiev, ancestral da Rússia (a partir de 980). A Geórgia, a Armênia, o Egito, a Etiópia, por sua vez, se tinham tornado territórios "heréticos", por terem abandonado a ortodoxia da fé.[5] Assim, Constantinopla exercia uma dominação de fato sobre toda um parte do Oriente fiel à "verdadeira fé", o que, somado à "proteção" imperial e à vitalidade de sua vida religiosa, lhe conferia uma autoridade singular.

Pouco a pouco, essa situação foi sendo teorizada e integrada numa eclesiologia em que Constantinopla ocupava um lugar à parte. Algumas vezes isso combinava com a teoria já lembrada da "segunda Roma", levada até seu limite extremo. Em outras palavras, a primeira Roma tinha morrido, não somente do ponto de vista temporal, mas também do ponto de vista espiritual. Assim, Constantinopla se tornava a segunda Roma, inclusive do ponto de vista eclesial.

Ana Comnena (1083-1153), filha do grande imperador Alexis Comneno, de quem escreveu a vida na *Alexíada* e ao qual atribuiu o título de "décimo terceiro apóstolo", dá testemunho dessa teologia, chegando ao extremo de chamá-lo "vigário de Cristo" e "soberano pontífice".

> Não passa de arrogância da parte deles (os ocidentais) – ela escreveu – porque quando a sede do Império foi transferida de lá para cá, para a nossa cidade imperial, com o senado e toda a administração, o primeiro posto na hierarquia episcopal também veio para cá. Por sua vez, desde o início, os *basileis* atribuíram o primeiro lugar à sé de Constantinopla, mas particularmente o concílio de Calcedônia elevou o bispado de Constantinopla ao nível supremo da hierarquia e lhe subordinou todas as dioceses do universo.

Esta passagem é muito interessante porque, como se vê, submete a autoridade na Igreja à autoridade imperial e o conjunto das dioceses do mundo dos fiéis

5. Ver o capítulo II.

à fé ortodoxa de Constantinopla. Apressemo-nos, porém, a dizer que essa posição extrema não foi partilhada por todo o mundo oriental,

II. As etapas do distanciamento

Posto isto, é preciso ver o problema de um ponto de vista cronológico. Observam-se, assim, as tensões, o que permite compreender melhor as causas da ruptura.

1. As primeiras tensões (séculos IV-VIII)

As imensas dificuldades vividas pela cidade de Roma e da Itália não impediram aos papas afirmar seu papel na Igreja e mesmo seu primado, quer dizer, sua função de "moderação" (de governo) e particularmente sua missão doutrinal. Isso com maior ou menor bom êxito nos momentos difíceis. Assim, quando Santo Atanásio, bispo de Alexandria, foi exilado em Treves pelo imperador Constantino, o Grande, o papa Júlio I (+ 352) contestou sua decisão de 337, apesar de tudo o que a Igreja devia ao imperador. O papa Libério (+ 366), primeiro bispo de Roma a não ser canonizado, foi retirado de Roma por ordem do imperador Constante II, exilado para a Bereia na Trácia e submetido a tais pressões que acabou por se aproximar dos bispos arianos. Somente por ocasião de sua libertação e de seu retorno a Roma é que restabeleceu e defendeu a doutrina de Niceia. Todavia, foi ele que por primeiro reivindicou o título de "bispo da sé apostólica", recusou deixar-se comprar pelo imperador e mandou pôr para fora da basílica de São Paulo o enviado encarregado de suborná-lo.

Em 431, no concílio de Éfeso, os legados do papa apoiaram o bispo Cirilo de Alexandria contra o imperador Teodósio II, favorável ao nestorianismo, e venceram. O apelo à sé de Roma tornou-se, então, um procedimento normal. No concílio de Calcedônia de 451, se é verdade que os legados do papa Leão Magno (+ 461) estiveram presentes e leram documentos muito favoráveis à sé romana, afirmando que "a Igreja romana sempre gozou do primado", todavia, o cânon 28 declarou que Constantinopla já tinha conquistado a supremacia sobre as sedes de Alexandria e Antioquia, sobre as dioceses da Trácia (norte da Grécia e da atual Turquia da Europa), do Ponto e da Ásia (atual Turquia da Ásia), e sobre as futuras terras a serem conquistadas para a fé.

Os legados pontifícios, ausentes no momento do voto, protestaram. Essa decisão tinha como efeito conferir a Constantinopla um papel considerável, justificado talvez por razões políticas, não, porém, por razões fundadas sobre a história da Igreja. De repente, não se viu mais com precisão como o direito de apelo a Roma podia ser ativado. Resultou que duas eclesiologias agora se contrapunham:

a de Roma, fundada sobre as palavras de Cristo e a apostolicidade da sé de Pedro, à qual, além da primazia de honra, cabia também um papel doutrinal e de governo, pelo menos em forma de apelo; por outro lado, a de Constantinopla, onde se falava de "pentarquia", quer dizer, de governo da Igreja a partir dos cinco patriarcas (Roma, Constantinopla, Jerusalém, Antioquia, Alexandria), o que significava submeter toda a parte oriental da cristandade ao patriarca de Constantinopla e ao imperador. Esse cânon 28 era tão difícil de ser aceito que no Oriente só foi introduzido nos textos oficiais do concílio no século VI.

As relações continuaram a ser frequentes entre Roma e Constantinopla ao longo dos séculos seguintes, com êxitos diversos. Havia uma grande comunidade grega em Roma, bem como uma comunidade latina importante em Constantinopla, o que facilitava o relacionamento. Mas no século V, a heresia monofisita, sustentada pelos imperadores, parecia triunfar em Constantinopla. O papa Gelásio (+ 496) interveio vigorosamente por ocasião do cisma denominado "acaciano" (484-519), chegando a negar ao imperador a pretensão de se imiscuir em assuntos religiosos, e à sé de Constantinopla de proclamar-se metropolitana (ou patriarcado). O papa resumiu a doutrina romana numa carta ao imperador nestes termos:

> Há dois princípios, imperador Augusto, que em última análise governam este mundo: a autoridade sagrada dos pontífices e o poder régio. Dos dois, a responsabilidade dos clérigos é a mais pesada, porque diante do tribunal de Deus eles prestarão contas dos homens, mesmo que sejam reis. Com efeito, vós sabeis, Filho querido, que, mesmo que reinásseis sobre o gênero humano, inclinais com devoção a cabeça diante dos que presidem as coisas divinas e esperais deles os meios da vossa salvação.

Em 484, o papa excomungou o patriarca de Constantinopla, Acácio, como herético. Sob o imperador Justiniano, o Grande (+ 565), que defendeu a fé católica em sua integralidade e inclusive empreendeu reconquistar as terras invadidas pelos bárbaros, as relações melhoraram. O próprio Justiniano escreveu em 535: "Não há ninguém que possa duvidar que é nela (em Roma) que se encontra o vértice do supremo pontificado". Mas a situação voltou a ser tensa quando, no século VII, os imperadores tentaram impor a doutrina monotelita. Os papas Teodoro I (+ 649) e João VI (+705) se opuseram violentamente ao imperador. O conflito chegou tão longe que este, em 662, mandou torturar São Máximo, o Confessor, que morreu quando o papa Martinho I foi retirado de Roma, julgado em Constantinopla, torturado, deposto, exilado na Crimeia, onde entregou sua vida como mártir em 655.

Uma vez mais houve reconciliação, graças ao imperador Constantino V, que convocou em Constantinopla um novo concílio em 681, no qual o monotelismo foi condenado e o papel único do papa foi confirmado. Os padres do concílio escreveram ao imperador: "Era o chefe, o primeiro dos Apóstolos, que combatia conosco. Para nos fortalecer, nós tínhamos seu discípulo e sucessor que em suas cartas nos explicava os mistérios da ciência de Deus". O mesmo concílio, chamado *In Trullo,* porque se reuniu na rotunda do palácio imperial, condenou também o papa Honório I, que tinha dado a impressão de pender para a doutrina reprovada; de fato, parece que foi manipulado e infeliz em suas expressões. A viagem triunfal do papa Constantino I a Constantinopla em 710, atendendo ao convite do imperador Justiniano II, assinalou um tempo de reaproximação e de amizade.

2. A crise do iconoclasmo (séculos VIII-IX)

As heresias ariana, nestoriana e monotelita tinham sido sustentadas, vez por vez, pelos imperadores, não podendo opor-se a elas os patriarcas, se é que não participaram delas. Todavia, isso não impediu o desenvolvimento de uma vida religiosa magnífica no Oriente bizantino, em particular, como já vimos, no mundo monástico. Mas a situação ficou tensa mais uma vez e durante longo tempo por ocasião da querela iconoclasta, que originou o que chamamos de *iconomaquia* ou guerra dos ícones.

Não é o caso de descrever essa grande crise que durou de 730 a 843. Ela incubava pelo menos desde 726, mas em 730 o imperador Leão III, o Isauro (+ 741), proscreveu absolutamente o culto das imagens piedosas e ordenou sua destruição, apesar dos protestos do patriarca de Constantinopla, Germano I, que o imperador mandou depor. Pode ser que o imperador tenha sido influenciado pelos muçulmanos, que não admitiam imagens em seus lugares sagrados, nem mesmo nos dos cristãos. Em 721, o califa Yesid II (+ 724) tinha ordenado sua destruição. Poderia ter sido também que, aos olhos de certos eclesiásticos, a multiplicidade das imagens sagradas tivesse sido exagerada, o que viria obscurecer o verdadeiro sentido do sagrado. Ou também que o espaço ocupado pelos monges no mundo bizantino parecesse excessivo, e se procurou encontrar meios para restringi-lo. O fato é que essas medidas foram promulgadas num contexto geral de concentração de todos os domínios nas mãos do Império. E no plano teológico era possível ir ainda mais longe: de fato, o imperador Constantino V (+ 775) chegou a contestar a santidade perpétua da Virgem Maria, a intercessão dos santos e o culto das relíquias. Sem dúvida, havia um problema de fundo.

Seja como for, o conflito dividiu o Império bizantino e foi muito violento. Particularmente os monges foram perseguidos. Por parte dos favoráveis às imagens, São João Damasceno (+ 749) foi o grande defensor da doutrina tradicional, mas em 754, o concílio de Hiéreia, conduzido pelo imperador Constantino V, impôs o iconoclasmo ao conjunto da Igreja bizantina. Nomeou um patriarca que lhe era favorável, Constantino II. Em seguida, houve uma reviravolta e, em 787, o concílio de Niceia II, celebrado na presença de legados pontifícios, autorizou o culto das imagens, até que o imperador Leão V, o Armênio (+ 820), promoveu novo iconoclasmo, mais rigoroso que o precedente, apesar da oposição do patriarca Nicéforo I e do abade Teodoro Studita, reformador do grande mosteiro de Studion em Constantinopla.

Finalmente, no dia 11 de março de 843, a imperadora regente Teodora proclamou a restauração do culto dos ícones, e essa data se tornou a festa da ortodoxia, que sempre se celebra. Uma quantidade imensa de ícones fora destruída, não respeitando nem mesmo alguns ícones muito venerados. Outros puderam ser escondidos e agora reapareceram para a devoção dos fiéis. Os ateliês bizantinos não demoraram em produzir novas imagens, que foram ainda mais veneradas do que anteriores.

Qual foi o papel do papa nesse problema? Em primeiro lugar, o imperador Leão III tinha apresentado pretensões a respeito de sua autoridade espiritual, que Roma não podia de maneira nenhuma aprovar. Em seguida, o papa Gregório III (+ 741) reuniu um sínodo no Vaticano que excomungou os que desfiguravam as imagens de Cristo, da Virgem Maria e dos Santos. O papa acolheu em Roma numerosos artistas bizantinos exilados, e a arte da iconografia se desenvolveu na cidade pontifícia, especialmente nos mosteiros gregos que ali se tinham estabelecido. Todavia, o imperador era o protetor da cidade e o papa não queria romper completamente com ele. O imperador respondeu retirando do papa a jurisdição sobre a Sicília, a Itália do Sul, Creta e o Ilírico (nos Bálcãs), e submetendo essas regiões diretamente ao patriarcado de Constantinopla, que se tinha submetido a ele. O imperador enviou uma frota para a Itália com a missão, dentre outras, de prender o papa, a fim de quebrar qualquer oposição ao iconoclasmo, mas a frota não pôde alcançar seu destino.

Para se defender, Gregório III apelou para Carlos Martel. Os Francos tornaram-se, então, protetores da sé de Pedro que, até o momento, dependia oficialmente do imperador do Oriente. O afastamento com relação a Constantinopla por ocasião da crise do iconoclasmo aumentou ao assumir uma distância de ordem política: os papas, a partir de 775, não se reconheciam mais como súditos do imperador. Como se sabe, no ano 800, o papa Leão III, coroou Carlos Magno como imperador do Ocidente. A parte ocidental do Império romano, aos olhos dos contemporâneos, era assim restabelecida, e Roma se encontrava precisamente nessa parte ocidental.

Entretanto, a situação não era simples. O papa, ao confirmar o culto tradicional das imagens, não queria cair no excesso oposto. Por sua vez, os zelotes gregos, defensores das imagens, muitas vezes eram extremamente combativos e queriam puxar para seu lado a sé de Pedro, de uma maneira que às vezes podia parecer manipulação. Todavia, as relações entre Roma e Constantinopla continuaram constantes, e as posições puramente dogmáticas, em geral, não eram tão divergentes.

3. O "cisma" de Fócio (século IX)

Se se apreciam questões complicadas, a história do "cisma" de Fócio (Photios) é um bom exemplo. Com efeito, esta questão, em si muito delicada, foi deformada precisamente pelos zelotes extremistas na questão das imagens que viviam em Roma. Entretanto, a Igreja romana não viu um cisma, que na realidade jamais existiu. Mas tudo resultou em graves consequências.

Em síntese: Fócio (820-891) é um erudito bizantino, grande funcionário, membro do palácio imperial. O patriarca de Constantinopla, Inácio, que não foi regularmente eleito em 847, opôs-se violentamente ao imperador, que o obrigou a se demitir (858). Em seu lugar foi eleito de forma regular Fócio, que afirmará ter sido de algum modo forçado a aceitar. Mas os zelotes, em particular os monges do Studium, não o consideraram suficientemente empenhado contra os iconoclastas e espalharam o boato de que ele quereria voltar a defender essa doutrina. Fócio, contestado, pede a Roma que aceite a convocação de um concílio. O papa envia dois legados, e o concílio se realiza em Santa Sofia de Constantinopla, em maio de 861. O concílio confirma Fócio em seu cargo. Até aqui tudo corre bem. A autoridade do papa é aceita pelo patriarca e pelo imperador.

Mas enquanto os legados pontifícios voltam para Roma, os partidários do patriarca deposto, Inácio, e os veneradores das imagens convencem o papa de que seus legados se deixaram manobrar. Em 863, o concílio de Constantinopla é desautorizado pelo papa, seus legados são excomungados e exige-se a recondução do patriarca deposto. O imperador Miguel III (+ 867) não aceita a posição do papa e mantém Fócio em suas funções. A situação torna-se, então, tensa em relação ao papa, tanto mais que Roma e Constantinopla (e, portanto, o imperador) estão em conflito a respeito da evangelização dos povos da Grande Morávia (atual República Checa e Eslováquia) e dos búlgaros. Esses povos estão para se converter, mas de quem eles vão depender do ponto de vista eclesiástico: de Roma ou de Constantinopla?

A tensão cresce de tal modo que Fócio convoca um sínodo no verão de 867. Desta vez as decisões vão longe demais: Roma e a Igreja latina são declaradas heréticas. Os argumentos depois serão repetidos à exaustão. Condenaram também: o acréscimo do *Filioque* ao *Credo*, que até o momento não tinha levantado problemas maiores, o celibato obrigatório dos padres latinos, o uso do pão ázimo na Eucaristia e o jejum no sábado. Não estamos mais no terreno do cisma, mas passou-se para uma situação mais complicada. Todavia, como os atos desse concílio foram destruídos, não se sabe precisamente até onde Fócio teria pretendido chegar. Pensava ele realmente que a Igreja latina, no seu conjunto, era herética, ou somente o papa Nicolau?

Seja como for, o imperador Miguel III, tendo sido assassinado, seu sucessor, Basílio, o Macedônio (+886), que precisava do apoio de Roma, reconcilia-se com o papa que, portanto, não o considera herético. Em 869, um concílio romano, confirmado em Constantinopla em 870, na presença de legados pontifícios, depôs Fócio e restabeleceu Inácio como Patriarca. Entretanto, verifica-se uma reaproximação entre Fócio e o imperador Basílio, e em 877, por morte de Inácio, Fócio volta a ser patriarca. Um concílio celebrado em Constantinopla em 879-880, na presença de dois legados pontifícios do papa João VIII, reconhece a validade da nomeação/eleição de Fócio para a sé patriarcal. Em 886, após um conflito com o Corte imperial, Fócio será de novo deposto, e morrerá em 891 ou 897.

Observou-se que o que ocorre é sobretudo um antagonismo de poderes entre duas autoridades (Roma e Constantinopla) que se disputam novos territórios a evangelizar (Europa Central e Rússia), antagonismo em dobro por causa de um conflito de pessoas no Oriente. O aspecto propriamente teológico é usado como arma. Na realidade, não há real vontade de ruptura: não é um verdadeiro cisma, mas é um desentendimento, uma "lenda". Mais tarde, porém, no fim do século X, Fócio será canonizado pelos ortodoxos e apresentado como uma espécie de campeão da verdadeira fé em face a Roma. Dessa forma, a história real foi reescrita em nova versão.

4. A ruptura de 1054

Vimos mais acima como o século X foi uma época terrível para a sé pontifícia, que se afundou numa crise sem fim. De modo geral, a situação foi tenebrosa em todo o mundo ocidental: decadência do poder, invasões vikings, árabes, húngaras. Em compensação, em Constantinopla, Basílio I fundou uma dinastia, a dinastia macedônia, que durou de 867 a 1056, assinalada pela presença de grandes imperadores, como Basílio II (976-1025), que reinou por 49 anos. Houve então uma renovação notável em Bizâncio, em muitos domínios. Contaram-se até 700 mosteiros no Império. Havia até mesmo um mosteiro cluniacense em Constantinopla e foi fundado um mosteiro latino no monte Athos. A situação militar melhorou, territórios foram reconquistados, e Constantinopla desempenhou plenamente seu papel de defesa da cristandade. Em outros termos, a autoridade do patriarca de Constantinopla estendeu-se sobre territórios que se tornaram cristãos, como a Rus (Rússia) de Kiev, isto é, do Mediterrâneo até o Báltico. Assim, Constantinopla podia dar-se ao luxo de olhar de cima para baixo o mundo ocidental em plena tempestade.

Todavia, a situação ia mudando pouco a pouco positivamente também no Ocidente: por um lado, graças aos imperadores da Alemanha, por outro, graças à Reforma Gregoriana, devida em grande parte a Cluny. Além disso, a criação do feudalismo dava à Europa do Oeste uma nova capacidade militar que iria permitir resistir aos árabes na Espanha. Em 1085, Toledo foi retomada aos muçulmanos, e Valência em 1094. O equilíbrio das forças ia se modificando. Por fim, a Reforma Gregoriana propiciou ao papado uma nova capacidade de se afirmar e elaborou uma doutrina extremamente enérgica do poder pontifício.

A despeito das distâncias, mais psicológicas do que físicas, as relações entre Roma e Constantinopla nunca cessaram. Com frequência, os imperadores apelavam ao papa para confirmar suas decisões. Uma aliança política unia-as contra um inimigo comum: os normandos, que invadiam o Mediterrâneo. Mas em 1043, um novo patriarca assumiu a sé de Constantinopla, Miguel Keroularios (Cerulário). Personalidade forte, não hesitou, precisando, em opor-se ao imperador. Empenhou-se em restaurar o poder do patriarcado, especialmente em relação aos armênios. Na Itália, territórios pertencentes aos bizantinos tinham sido conquistados pelos normandos, que impuseram a liturgia latina (quer dizer, uma mudança de língua).

Miguel Cerulário exigiu, então, o mesmo das igrejas latinas de Constantinopla e, diante de sua recusa, mandou fechá-las. De modo geral, tentou impor sua autoridade aos patriarcas de Antioquia e Alexandria, proclamando-se patriarca "ecumênico" (o que os latinos traduziram, sem dúvida exageradamente, por "universal"), e chamou o papa "seu irmão", ao passo que a titulação tradicional utilizava intencionalmente o termo "pai". De mais a mais, falando de Constantinopla como sede de Santo André, o patriarca era posto no mesmo nível de Pedro. Numa carta, Miguel Cerulário desenvolveu uma argumentação violenta contra os latinos, na qual, pela primeira vez, tratava de maneira acusatória a questão do *Filioque*. O patriarca, assim, dava a impressão, talvez com fundamento, de se comportar como uma espécie de papa do Oriente em relação ao papa romano; pelo menos levantava essa suspeita. Apresentava-se, inclusive, como igual ao imperador, calçando botinas cor de púrpura, uma das insígnias da dignidade imperial, o que nunca tinha acontecido até então.

A situação se tornou tensa precisamente quando a Santa Sé conseguiu sair de seu torpor. Em 1049 tinha sido eleito (ou melhor, designado pelo imperador alemão) como papa São Leão IX (+ 1054), que lançou um movimento de renovação em toda a Europa e que imediatamente assumiu uma amplidão considerável. Ele enviou a Constantinopla três legados, entre os quais o cardeal Humberto de Moyenmoutier e Frederico de Lorraine, futuro papa Estêvão IX. O objetivo era, por um lado, regularizar as diferenças com o patriarca, por outro, encaminhar uma aliança melhor com o imperador contra os normandos. Era este também o desejo do *basileus* Constantino IX, Monômaco (+ 1055).

Os legados foram muito bem acolhidos pelo imperador e muito mal por Miguel Cerulário. A situação complicou-se ainda mais pela troca de correspondência menos amena, além disso, mal traduzida. No dia 5 de julho de 1054, os legados depuseram sobre o altar-mor de Santa Sofia uma sentença de excomunhão contra Miguel Cerulário e foram embora. A sentença não continha condenação das Igrejas orientais como tais. Aliás, tendo morrido o papa nesse ínterim, a sentença era juridicamente inválida. Já tinha havido situações semelhantes, mas agora estava-se diante de um fato concreto. Alguns dias depois, o tribunal patriarcal excomungou o papa. Em 1059, Miguel Cerulário deveria ser preso por ordens do Imperador Isaac Comneno, mas ele morreu antes que o processo contra ele pudesse acontecer.

Seria possível responsabilizar pelos anátemas de 1054, tanto Miguel Cerulário, quanto Humberto de Moyenmoutier. Mas isso seria reduzir a questão. Os motivos do conflito existiam para além das pessoas. Teria sido preciso muita prudência e sabedoria para atenuá-los. Em última análise, era o que tinha sido feito durante séculos. Mas, desta vez, o distanciamento das culturas tornara-se muito grande. Além disso, as diferenças foram teorizadas e "absolutizadas". A lista das queixas dos orientais contra os latinos não parava de aumentar: chegou-se a elencar mais de 100 pontos condenados. Desde que as diferenças se tornaram sobretudo teológicas, havia muitas dificuldades para aproximar as posições. Nunca mais haverá entendimento.

5. A tomada de Constantinopla de 1204

Quer dizer que estava tudo perdido? Não pode ser. Os imperadores de Constantinopla mantinham com os papas uma aliança diplomática e militar contra os normandos. Mas a situação evoluiu em pouco tempo para pior. Por um lado, os normandos se impuseram no Mediterrâneo frente aos exércitos bizantinos em 1071; por outro, no mesmo ano, o imperador Romano IV Diógenes perdeu para os turcos seljúcidas a batalha de Manzikert sobre o lago de Van, em boa parte por traição. O Império bizantino encontrou-se, então, numa situação militar muito difícil. A derrota de Manzikert foi um dos grandes acontecimentos negativos da história europeia.

Para resistir aos turcos seljúcidas, o imperador Alexis I Comneno dirigiu-se ao papa Urbano II (+ 1099) e pediu a ajuda dos latinos. Sabemos como sua filha Ana via a Sé apostólica! O imperador chegou a propor ao papa ser coroado em Roma e estudou-se a possibilidade de um concílio de união. Urbano II, por um lado, pressionado pela urgência da situação e, por outro, animado com o sucesso dos cristãos na Espanha, respondeu favoravelmente a essa solicitação. Militarmente, a questão se tinha tornado viável. Daí surgiu a primeira cruzada, pregada em 1095, e que resultou na tomada de Jerusalém em 1099. As cruzadas bloquearam a expansão dos muçulmanos até o século XIV. Todavia, tiveram efeitos negativos na questão das relações entre latinos e gregos. Por diferentes razões políticas, jurídicas e culturais, as cruzadas e o imperador bizantino entenderam-se muito mal. Para os bizantinos, os cruzados eram invasores; para os latinos, os gregos eram espertalhões que, pelas costas, se entendiam com os muçulmanos.

As tentativas de diálogos intelectuais não tiveram êxito. Voltava-se sempre às mesmas questões. De um lado, o primado pontifício era afirmado com decisão; de outro, chegava-se a contestar a origem petrina do pontificado. O próprio imperador Isaac II Ângelo escreveu uma carta a respeito desse tema. Assim, Santo André acabou se tornando o "primeiro" dos Apóstolos, antes de São Pedro... Entretanto, muitos compreendiam que Constantinopla desempenhava um papel essencial na defesa do mundo cristão. Pedro, o Venerável, abade de Cluny, falava de "Bizâncio, posta por Deus como uma fortaleza contra os assaltos bárbaros".

O drama mais terrível aconteceu quando a cidade de Constantinopla foi tomada por assalto pela 4ª cruzada em 1204. O episódio foi tão grave e teve tais consequências que precisamos nos demorar um pouco para tratar dele.

Em abril-maio de 1182, uma rebelião extremamente sangrenta, uma espécie de *pogrom* ocorreu em Constantinopla contra os latinos que ali, segundo se comenstava, ocupavam espaço demais. Muitos milhares de católicos latinos, homens e mulheres, tinham sido massacrados e 4.000 sobreviventes vendidos como escravos aos turcos. Suas casas foram incendiadas, seus bens pilhados. O cardeal-legado João foi morto e sua cabeça amarrada à cauda de um cachorro. Este acontecimento não podia passar sem consequências.

A 4ª cruzada, iniciada por Inocêncio III, tinha como objetivo apossar-se do Egito, considerado como a base da retaguarda dos exércitos muçulmanos. Quem fosse dono do Egito teria nas mãos o Oriente Próximo. Para isso, era necessária uma frota para transportar o exército. As duas grandes cidades marítimas do tempo, Gênova e Veneza, foram solicitadas nesse sentido, mas Gênova recusou. Veneza aceitou, sob a condição do pagamento antecipado do transporte. Os cruzados não puderam reunir toda a soma e, assim, contraíram uma dívida para com a Sereníssima. Para saldar essa dívida, na passagem, apoderaram-se da cidade de Zara, que tinha pertencido aos venezianos, mas que fora tomada pelo rei da Hungria. Tratava-se, no entanto, de uma cidade católica. Isso já não era uma cruzada, mas uma expedição de conquista. Inclusive, o papa Inocêncio III os excomungou imediatamente. Os "cruzados" protestaram seu arrependimento perante o papa. Ele levantou a sentença, mas escreveu-lhes: "Queira Deus que vosso arrependimento vos impeça de cometer faltas semelhantes! Porque quem volta a cometer precisamente o pecado de que se arrepende não é um penitente, mas um traidor; é um cão que volta ao seu vômito".

Foi então que um príncipe bizantino, Alexis Ângelo, entrou em contato com os cruzados. Ele era filho do imperador de Constantinopla, Isaac II Ângelo, que depusera seu próprio irmão, e depois de cegá-lo, colocou-o na prisão. Alexis sugeriu que fosse posto novamente sobre o trono seu pai o príncipe legítimo. A partir desse momento, os cruzados acabaram assumindo uma questão interna de Bizâncio, mas Alexis propôs inclusive pagar o soldo da dívida com Veneza. Também prometia promover a união entre as duas Igrejas. Além do mais, no dia 17 de julho de 1203, os cruzados se apossaram da cidade. Isaac II foi tirado da prisão e posto sobre o trono, e seu filho Alexis se tornou coimperador sob o nome de Alexis IV. A cidade não foi pilhada e os cruzados se instalaram do outro lado do Corno de Ouro, em Pera, aguardando o depósito da soma prometida. Mas as relações entre os cruzados e os bizantinos voltaram a azedar. Houve sérias rixas. Além disso, Alexis IV não foi capaz de reembolsar os cruzados. Aliás, foi deposto e assassinado por Alexis V. Os cruzados, encontrando-se agora num país inimigo e considerando-se enganados, atacaram Constantinopla mais uma vez no dia 8 de abril de 1204. A tomada de assalto foi seguida de uma pilhagem em regra. Inclusive, os cavalos que hoje ornam a praça de São Marcos em Veneza vieram dessa pilhagem. Os cruzados consideraram que o Império bizantino estava acabado e criaram em seu lugar o que se chamou Império latino de Constantinopla, sob o governo de Balduíno de Hainaut. Esse Império durou até 1261, quando a dinastia dos Paleólogos subiu ao trono do Oriente. Nessa data, os bizantinos restauraram seu Império até 1453. O papa Inocêncio III excomungou novamente os cruzados, escreveu um texto terrível contra eles, mas, perante a evolução da situação, em seguida aceitou a criação do Império latino.

O choque da tomada de Constantinopla foi terrível para os gregos. Jamais o perdoaram. O que o agravou ainda mais, foi que o Império latino do Oriente criou bispos latinos para os territórios bizantinos ocupados (em torno de 80). O peso dos latinos (no caso, particularmente dos venezianos) tornava-se insuportável. Outra consequência foi a transferências das relíquias para o Ocidente. Os cruzados tinham decidido que as grandes relíquias seriam entregues ao imperador latino, Balduíno de Hainaut. Mas este e seus sucessores, curtos de dinheiro, venderam-nas. Foi assim que das 300 grandes relíquias, cerca de 200 chegaram à França. São Luís IX comprou as principais e construiu para elas (em particular para a coroa de espinhos) a *Sainte-Chapelle* de Paris. Há relíquias de origem oriental em toda a Europa, especialmente na França, onde são objeto ainda hoje de uma ignorância quase geral. A perda das relíquias violou e descoroou Constantinopla. Depois disto, ela não passava de uma cidade qualquer. Para o patriarcado, foi a pior catástrofe. Reconstituiu-se, todavia, em Niceia, a partir de 1208, enquanto a polêmica antilatina ia assumindo novas proporções.

III. A união proibida?

1. Antes da tomada de Constantinopla pelos Turcos

Quando os bizantinos reconstituíram seu Império, a ameaça turca não tinha cessado. Precisaram novamente do apoio dos ocidentais e, por isso, tiveram que dirigir-se ao papa. Em Constantinopla havia partidários da união das Igrejas. Mas, para a maior parte dos gregos, aceitar unir-se aos latinos era capitular diante do inimigo. Entretanto, várias tentativas foram feitas, como no concílio de Lião em 1274. Os latinos mostraram-se moderados. O imperador Miguel VIII Paleólogo (+1282) assinou os termos da união, mas ela foi repudiada por seu sucessor Andrônico II em 1282. Em 1439, no concílio de Florença, foi novamente decidida, na presença do imperador João VIII Paleólogo (+ 1448), após sábias e profundas discussões. Os bispos gregos no concílio estiveram no mesmo pé de igualdade dos latinos. Mas o clero bizantino rejeitou a união. Todavia, na Ucrânia e na Transilvânia, cristãos ortodoxos aderiram à união: foi o início dos *uniatas* (melhor, dos greco-católicos). Às vésperas da queda de Constantinopla, em 1452, uma nova declaração de união tomou forma por iniciativa do imperador Constantino XI Mamme, mas já era tarde. O papa tentou ajudar os bizantinos a resistir aos turcos, mas os estados ocidentais não foram capazes de o fazer ou já era tarde demais. No entanto, entre os soldados que defendiam a cidade, havia centenas de latinos, até mesmo um cardeal.[6]

2. De 1453 ao século XX

A tomada de Constantinopla pelos turcos no dia 29 de maio de 1453 foi de uma violência assustadora. O sultão Mehmed II (+ 1481) tinha incitado suas tropas a pilhar e a violar moças e rapazes (ele mesmo tinha rapazes no seu harém). O choque foi terrível. Sobre 50.000 habitantes, muitos foram mortos e 30.000 se tornaram escravos. Após a tomada da cidade, os cristãos sobreviventes foram concentrados no quarteirão do Fanar, enquanto os muçulmanos ocupavam pouco a pouco os demais quarteirões. O sultão manteve a instituição do patriarcado. Com efeito, a maior parte das populações da Anatólia, da Grécia, dos Bálcãs, era cristã. Controlar o patriarca era também vigiar essas populações.

Como se pode imaginar, as relações entre os sultães e os patriarcas não foram simples: sobre 102 patriarcas de Constantinopla, entre 1453 e 1901, 73 foram depostos. Muitos foram assassinados: Cirilo I Loukaris, primeiro mártir do patriarcado, deposto e torturado, teve seu corpo jogado no Bósforo (+ 1638); Cirilo II Kontais, enforcado (+ 1639); Partênios I, envenenado (+ 1664); Partênios II, sufocado (+ 1651); Partênios III, enforcado (+ 1657); Gabriel II, torturado e enforcado (+ 1659). Em seguida: Melécio II, torturado, morreu depois por causa dos ferimentos (+ 1769); Gregório V, enforcado (+ 1821); Cirilo VI, enforcado em 18 de abril de 1821 em Adrianópolis, onde vivera em exílio. Eugênio II, linchado

6. No período que precedeu a tomada da cidade, houve uma renovação intelectual brilhante em Constantinopla. Certo número de seus autores se refugiara no Ocidente, como João Bessarion ou Manuel Chrysoloras. É uma das fontes do Renascença na Itália.

por ocasião de uma revolta, morreu após os ferimentos em 22 de julho de 1822. Os patriarcas pagaram pesadamente a defesa da fé cristã. Naquele tempo, o regime turco foi definido como "uma tirania temperada pelo assassinato". Os sultões, os vizires, os altos funcionários, pagaram o preço, começando por Mehmet II, que talvez foi envenenado pelo próprio filho. Nesse contexto, com o passado cultural que vimos, seguramente, não era questão de os gregos quererem se aproximar do papado. Apenas era possível sobreviver.

Isso, tanto mais que a era de influência de Constantinopla se restringia sempre mais no espaço e que a ortodoxia assumia dimensões novas que lhe escapavam. As Igrejas dos países recentemente evangelizados, uma após a outra, desejaram ser autônomas (autocéfalas) em relação a Constantinopla: a Sérvia (século XII), a Rússia (século XVI), depois no século XX a Grécia, a Bulgária, em seguida outras mais. Não menos importante na diminuição da autoridade de Constantinopla foi a pretensão de Moscou de ser "a terceira Roma", conforme a carta do monge Filoteu de Pskov ao czar Basílio III, no fim do século XV ou início do século XVI: "Agora, a Santa Igreja apostólica é a da nova e terceira Roma... Deves saber que todos os estados de fé cristã ortodoxa estão reunidos em teu reino: somente tu és o czar para os cristãos aqui". Essa pretensão se baseava na teologia da "santa Rússia", evangelizada pelo apóstolo Santo André (?), refúgio e defesa da fé, em particular em relação aos turcos e aos latinos infiéis.

Assim, à ruptura com Roma juntou-se uma série de rupturas internas à própria ortodoxia. Teve-se a demonstração dolorosa dessa realidade no fracasso do concílio panortodoxo reunido em Creta em junho de 2016. Não foi possível celebrá-lo no Fanar, sede patriarcal de Constantinopla. Dez Igrejas autocéfalas estiveram presentes, mas quatro (Antioquia, Rússia, Geórgia e Bulgária) recusaram participar, o que não é pouco. Sobre 850 bispos ortodoxos no mundo, só 167 participaram. Isso é muito doloroso, pois, após massacres e transferências de populações, perpetradas pelos turcos na Primeira Guerra Mundial, o número de fiéis do patriarcado de Constantinopla passou a ser mínimo na Turquia e não é muito elevado na diáspora (aproximadamente 3 milhões de pessoas); enquanto a Igreja russa, após a queda do comunismo, conheceu uma grande expansão: 17% da população em 1989, 68% em 2001 se reconheciam como seus membros, quer dizer, cerca de 100 milhões de fiéis, 92 bispados em 1992, 142 em 2007; 32 seminários, 732 mosteiros. Entretanto, as divisões continuam. Na Ucrânia há três Igrejas ortodoxas que se enfrentam, pretendendo ser autocéfalas. Tudo isso não é fácil de administrar.

3. *Bem-aventurado ecumenismo*

Apesar de tudo, recentemente há evoluções positivas, que vão muito além das crises. Numerosos ortodoxos, especialmente russos, refugiaram-se no Ocidente após a revolução bolchevista. As novas circunstâncias permitiram que se instaurasse um diálogo livre com a Igreja católica. Esta acolheu muito bem a espiritualidade oriental, que foi descoberta ou redescoberta, em particular a literatura espiritual e a arte dos ícones. Aconteceram numerosas aproximações. O Conselho Ecumênico das Igrejas, não sem sofrimento às vezes, pôde integrar relativamente as Igrejas ortodoxas.

Do lado católico, o Concílio Vaticano II favoreceu um grande momento de reaproximação, em particular com o patriarcado de Constantinopla, então animado por um homem notável, Atenágoras I (+ 1972). Ele se encontrou com o papa Paulo VI em Jerusalém em 1964, depois em Istambul e no Vaticano em 1967. Em 1965, houve o cancelamento solene e recíproco dos anátemas proferidos em 1054.[7] Isso significava que a acusação de heresia em relação aos católicos não podia mais existir. Certo número de Igrejas ortodoxas recusou, todavia, seguir Constantinopla nisto. As relíquias de Santo André, outrora levadas para Amalfi, foram restituídas em grande parte a Constantinopla. Em 2019, o papa Francisco doou ao patriarca de Constantinopla Bartolomeu I relíquias de São Pedro que se encontravam na capela pontifícia. Entre Constantinopla e Roma, criou-se real amizade. Mas isso não convence muitos outros membros das Igrejas da ortodoxia. Há ainda longo caminho a percorrer. Todavia, em 2016, o Papa Francisco pôde encontrar-se em Cuba com o patriarca Kirill de Moscou, que até então assumira uma posição de certa distância. Foi um passo a mais. De modo que o que aconteceu recentemente já tem até sabor de milagre.

Bibliografia

Bozóky, Edina, *La Politique des reliques. De Constantin à saint Louis,* Paris, Beauchesne, 2006.

Ducellier, Alain, *L'Église byzantine. Entre pouvoir et esprit,* Paris, 1990.

Id., art. *"Byzance et la papauté"*, dans Philippe Levillain (dir.), *Dictionnaire historique de la Papauté,* Paris, Fayard, 1994, Col. 240-252.

Dvornik, *François, Byzance et la primauté romaine,* Paris, 1964.

Grousset, René, *Histoire des croisades et du royaume franc de Jérusalem,* Paris, Perrin, 1936 (réimpr. 1999).

Queller, Donald E., et Madden, Thomas F., *The Fourth Crusade : The Conquest of Constantinople,* 1997.

Raffart de Brienne, Daniel, *Dictionnaire des reliques de la Passion,* Paris, Éditions de Paris, 2006.

7. https://www.academia.edu/33394379/A._Barla._La_levée_des_anathèmes en_1965_du_côté_orthodoxe.

Capítulo V

A crise cátara (séculos XII-XIII)

No mundo europeu (então se dizia: "na cristandade") globalmente em expansão a partir do século XI até o século XIV, a crise cátara na França meridional figura de certo modo como uma exceção. O que aconteceu?

A questão cátara esteve muito "quente" no sul da França lá pelos anos 1970-1990.[1] Hoje está mais tranquila, mas deixou pegadas. Entretanto, antes de falar do assunto do ponto de vista puramente histórico, é preciso dizer algumas palavras sobre a maneira como foi e ainda é entendida pelos nossos contemporâneos. A seguir, tentaremos expor o que parece ser um dado adquirido, acompanhando-o em sua longa duração; o mais possível sem polêmicas inúteis, mas chamando as coisas pelo nome.

I. Uma crise nos espíritos de hoje

A questão cátara pode ser focalizada desde ângulos diversos. É indiscutível, porém, que existe uma percepção popular e midiática da questão completamente diferente da dos historiadores.

1. Visão popular do catarismo

Quando se entra no departamento de Aude (França), somos informados de que estamos penetrando "no país cátaro". A publicidade está por todo lado. Encontram-se circuitos turísticos cátaros, castelos cátaros, cardápios cátaros, cruzes cátaras, vinho cátaro (marca registrada), produtos naturais cátaros, rugby cátaro... Em Fanjeaux, onde São Domingos de Gusmão fundou a Ordem Dominicana, o povoado foi invadido por "esculturas" nas quais se põe em relevo, não a Ordem Dominicana, mas o catarismo. Na rodovia de Deux Mers (A61, E 80), na direção

1. Foi em torno dos anos 1960-1970 que se começou a usar correntemente o termo "cátaro", que nunca foi usado na Idade Média. Trata-se, portanto, de uma denominação recente.

de Narbonne-Carcassonne, encontram-se esculturas chamadas "os cavaleiros cátaros": a sociedade concessionária foi obrigada a usar essa denominação por pressão de políticos locais. O termo "país cátaro" é até mesmo uma marca registrada, propriedade do Conselho departamental de Aude desde 1992.

O departamento de Aude compreende centenas de igrejas, cruzes de encruzilhadas, uma riqueza monástica notável, como Fontfroide, que é uma das abadias cistercienses mais conservadas em toda a Europa. É um patrimônio ativo, como nas abadias existentes de Lagrasse (Cônegos Regulares), Azille (Cônegas Regulares), Donezan (Beneditinos), Rieunette (Cistercienses), Prouilhe (Dominicanas). Quatro desses mosteiros são de fundação recente, com religiosos e religiosas jovens. Mas isso não interessa: estamos num país cátaro... A Igreja Católica, cujos monumentos e vida estão por toda parte, nada tem a dizer. Sente-se excluída, amordaçada. Por outro lado, é preciso reconhecer que diante da explosão "cátara" ela se sente impotente para protestar.

O problema está em que essa apresentação corresponde a uma espécie de Disneylândia. Os castelos cátaros são uma linha de defesa criada pelos condes de Tolosa frente ao inimigo que era Aragão; nada têm de cátaro, mesmo se durante um curto período tenham sido ocupados por guarnições que lhes eram favoráveis. O castelo atual de Monségur, visitado especificamente como castelo cátaro, onde se encontrariam sinais de ritos e práticas cátaras, foi construído depois do desaparecimento do catarismo local, sob o reino de São Luís, por agentes do reino. No mesmo lugar, o *Camp dels Cramats*, de 1244, apontado como o lugar das fogueiras que queimavam os cátaros, é um lugar totalmente místico: na realidade, os cátaros foram queimados em Bram, 60 quilômetros mais ao norte. A cruz cátara não é senão a cruz de Tolosa, originária da Provença, não tem nenhuma relação com o catarismo. As cruzes de cemitério chamadas "cátaras" são as mesmas que há no país basco, onde jamais houve cátaros. Quanto aos próprios cátaros, cerimônias cátaras, forma de vida cátara, "civilização cátara", tudo isso corresponde a uma piada histórica; com propriedade falou-se de um "grande besteirol".

Quando se pratica um pouco de historiografia (que é – lembremos – história da história), percebe-se que o catarismo, que tinha completamente desaparecido, foi "reinventado" no século XVII pelos protestantes do sul da França, que se consideravam pioneiros, e que nos cátaros viram cristãos puros e piedosos em revolta contra a suposta depravação da Igreja. Mais tarde, no século XIX e no início do século XX, os anticlericais da região se associaram aos cátaros numa comum hostilidade à Igreja e os elogiaram o mais que puderam, apoiados nas narrativas das lojas maçônicas locais. Os irmãos Maurício e Alberto Sarraut e o jornal *La Dépêche* desempenharam nesse caso um papel considerável. Mais tarde, depois de 1960, os movimentos regionalistas e antiparisienses locais se apossaram do caso dos cátaros e os apresentaram como mártires de uma livre, bela e feliz Occitânia, sexualmente liberada, frente aos toscos e grosseiros moradores do Norte que vêm pilhá-los e invadi-los. Isso foi até ensinado nas escolas. Como afirmou o historiador J.-L. Biget :

> O estatuto de heróis e de vítimas adquiridos pelos heréticos medievais do Sul amealhou um abundante capital de simpatia que os projetou para o primeiro plano da atualidade midiática. Esse enquadramento despertou um bocado de resistências.

Em poucas palavras, cada época recria um catarismo idealizado de acordo com as necessidades de sua causa, inclusive no caso dos circuitos turísticos atuais, sem levar absolutamente em conta o que realmente aconteceu.

O que é menos divertido é que grupos esotéricos se apossaram da questão dos cátaros, vendo neles iniciados de quem pretendiam ser descendentes. Era o caso dos nazistas, em particular de Otto Rahn, historiador favorito de Himmler, que "descobriram" o catarismo no entremeio das duas guerras, ligando-o à lenda do Santo Graal. Gostaríamos de ter certeza de que não há mais discípulos desse movimento entre os peregrinos locais do catarismo. É também o caso de grupos ligados à Rennes-le-Château, que é uma das mais tristes enganações da história e cujas pegadas se encontram até no filme *Código de Da Vinci*. Sem falar de outras organizações. Estamos num terreno totalmente desprovido do uso da razão.

O que se deve pensar quando um departamento francês apresenta sua história e sua personalidade apoiado em fraudes históricas e mentiras mantidas a alto custo? Não se sente vergonha?

2. *Problemas da pesquisa histórica*

Tudo isso está a anos-luz de distância de uma pesquisa histórica séria. Isso não significa que essa pesquisa seja tranquila e tenha chegado a um acordo a respeito do fundo da questão. Com efeito, o catarismo levanta imediatamente um problema de documentação: dispomos de poucos escritos cátaros, três rituais, dois tratados teológicos. Nós os conhecemos essencialmente por meio de seus adversários católicos. Ora, o quadro de referência deles eram os escritos dos Padres da Igreja que falavam de heresias de sua própria época: era isso um bom quadro de referência? Não será que clérigos "inventaram" uma heresia para estender seu domínio sobre as populações locais? Por sorte, há os arquivos da Inquisição que foram conservados e chegaram até nós: eles são precisos e bem feitos. Mas, mesmo dentro do catarismo, estes se referem somente a uma franja considerada particularmente reduzida, quer dizer, a uma porcentagem mínima da população. Foram particularmente usados por Le Roy Ladurie em seu best-seller de 1975, *Montaillou village occitan de 1294* à *1324*. Mas essa descrição de um povoado tomado pelo catarismo não é uma árvore que esconde a floresta, na medida em que se vê que esse povoado, embora atravessando uma crise, é também assinalado por superstições populares e crendices que nada têm de cátaro? Numa época muito posterior, estamos bem informados a respeito de outro povoado francês que vivia sua fé cristã, o de Domrémy, graças aos numerosos testemunhos do processo de reabilitação de Joana d'Arc (1450-1456). Observou-se que os Domrémy eram bem mais numerosos na França do que os Montaillou.

Talvez haja dois meios para avançar. O primeiro é o conhecimento do contexto, isto é, a situação humana e religiosa do sul da França, tal como nós podemos conhecer, e isso não somente no auge da questão cátara, mas também no seu ocaso. O estudo da questão a respeito de sua prolongada duração ensina-nos alguma coisa? Em segundo lugar, seria honesto e inteligente não considerar absolutamente os adversários dos cátaros como tontos. Sem dúvida, eles tinham seus quadros de referência, como nós temos os nossos. Sem dúvida também, sempre houve exageros nos documentos, mesmo pontifícios, com a retórica da Idade Média. Mas não somos obrigados a considerá-los «delírios». Na maior parte dos casos, tratava-se de homens que conheciam seu ofício; inclusive há também o que aprender deles. Recusar a documentação simplesmente porque é de origem católica significa praticamente ficar mudo.

Também pode-se dizer que o catarismo é "uma história em devir". O que não significa que sejamos impotentes para dizer dela alguma coisa.

II. A sociedade meridional nos séculos XI e XII

Tentemos abordar o contexto. Há de fato um passado que não se pode ignorar. Sem isso não se compreende nada do problema cátaro. Ora, em geral salta-se essa etapa.

1. O condado de Tolosa e as senhorias do Sul

O condado de Tolosa foi criado em 778 por Carlos Magno. Tornou-se hereditário em 849 e os condes tomaram todo cuidado para não se dividir, passando o condado por completo à sua filha mais velha. Assim, eles puderam crescer progressivamente, em particular sob o reino de Raimundo IV de Saint-Gilles (+ 1105). Este foi um grande personagem que participou da cruzada na Espanha, depois também da primeira cruzada na Terra Santa, sendo um dos chefes mais prestigiosos, conquistando Tripoli, onde morreu. O poder do conde cresceu a ponto de englobar – simplificando as coisas – a parte principal das terras do Sul, desde os Pireneus até Agenais, no Quercy, e até Rourgue, com excrescências inclusive na Provença e no Delfinado: Les Baux de Provence, Valença e o

Valentinois pertenciam ao conde. Certos senhores da região, como os Trencavel, viscondes de Carcassonne, conservavam, todavia, uma real independência. A região destacou-se num ponto importante: o Sul é um país onde se desenvolveu com maior sucesso o movimento da *Paz de Deus* que acalmou querelas entre os nobres; essa paz relativa permitiu a participação na cruzada. O Sul tolosiano desempenhou também um grande papel no financiamento das cruzadas, graças às abundantes propriedades da Ordem Militar dos Hospitalários de São João de Jerusalém, que parecem ter gozado de grande prestígio. Outro sinal da ação da Igreja é o desenvolvimento importante das "*sauvetés*", locais de refúgio que eram "o equivalente ou quase a um mosteiro". Um elemento que mostra o prestígio do condado é uma série de casamentos dos condes com filhas de reis, em particular, da França. Em geral, elas não assumiam o título de "condessas", mas conservavam seu título de nascença.

Todavia, em 1035 nasceu um Estado vizinho, o reino de Aragão, que se uniu ao condado de Barcelona em 1137. Esse Estado vizinho possuía, por razões familiares, propriedades no sul da França, que eram enclaves nas terras do conde de Tolosa. Aconteceu o que se chama "a grande guerra meridional" ou "a guerra de cem anos meridional" (1112-1195). Ela impediu a continuação do desenvolvimento do condado de Tolosa que teria podido tornar-se uma potência dominante no sul da França. A guerra se deu em Tolosa, que foi assediada e tomada diversas vezes, na Provença e na região de Narbonne. Causou grandes perturbações e enfraqueceu a autoridade dos condes. Os filhos de Raimundo IV, Afonso Jourdain (+ 1148) e seu sucessor Raimundo V (+ 1194) passaram grande parte de seus reinados a guerrear. Uma parte de seus vassalos levantou-se contra eles nessa ocasião; e eles não tiveram mais condições de dominar sua nobreza.

2. O açambarcamento dos bens da Igreja

Ora, numa grande parte do Sul, existia uma pequena nobreza. Ela não vivia em castelos rurais, mas nas pequenas cidades fortificadas, que se veem por toda parte na região, localizadas em geral em lugares altos. Estima-se que em Fanjeaux, cidade então importante, com três ordens de muralhas, havia umas vinte famílias nobres. Essas famílias não eram ricas e possuíam numerosos filhos. Para viver, aproveitando o declínio da Igreja no período pós-carolíngio dos séculos IX e X, elas se tinham apossado dos bens da Igreja e da nomeação dos párocos, com consequências inevitáveis em termos de mentalidade, capacidade e moralidade dos eclesiásticos. Encontramos aqui a problemática da querela das investiduras que descrevemos mais acima. A sociedade se apossou da Igreja. Não era um mito. Mais tarde, houve numerosas restituições: nessa ocasião percebeu-se que muitos bens eclesiásticos tinham sido usurpados, sabendo-se perfeitamente quais eram.

Um elemento que agravou a situação é a história pessoal escandalosa de um arcebispo de Narbonne, Guifred de Cerdagne (+ 1081). Seu pai tinha adquirido para ele dos senhores locais o arcebispado de Narbonne, quando o rapaz ainda não tinha dez anos. Em seguida, Guifred suscitou uma série de conflitos e parece que, por sua vez, comprou o arcebispado de Urgell. Era um personagem pelo menos problemático. Deposto duas vezes, não é certo que seu sucessor, Pedro Béranger (+ 1090), também deposto em 1079, tenha tido melhores qualidades. Mas esses não foram os únicos casos. O que é significativo é a perda permanente de prestígio do arcebispado de Narbonne em proveito da diocese de Tolosa, na qual ocorreu uma ampla renovação nessa época.

3. A Reforma Gregoriana no Sul

Já vimos o que foi a querela das Investiduras e a Reforma Gregoriana. Esta chegou naturalmente até o Sul. Em 1056 houve um concílio em Tolosa, seguido por outro, celebrado em torno de 1060-1061. Esses concílios denunciaram fortemente a simonia. Os termos empregados nos decretos conciliares eram duros, mas estavam de acordo com a prática da época, que não costumava usar meias palavras. Verdade é que a situação concreta também não era nada matizada.

Todavia, não se tratava unicamente de uma transferência de propriedade, mas de um verdadeiro desejo de renovação evangélica. Temos as provas pela renovação dos antigos mosteiros, como o de Moissac que passou à Ordem de Cluny. Fundou-se também uma série de estabelecimentos, como mosteiros, em Fontevraud: 4 no atual Haute-Garonne, 3 no Gers, entre os quais Boulaur, um em Tarn-et-Garonne. Destinados às mulheres, eram uma novidade na região. Criaram-se até abadias cirstercienses: (5 na diocese de Tolosa, 3 no Comminges; no total, uma vintena no Sul). Nomes como Escaladieu, Sylvanès, Bonnefont, Cintegabelle, Valmagne, Le Vignogoul, Fontfroide ainda hoje continuam presentes na cultura e no patrimônio. Assim, só na diocese de Tolosa, num século, surgiram 8 novas casas, sem falar dos hospitais (3 em Toulouse entre 1080 e 1197; 2 leprosários e um hospital em Narbonne). Viu-se aparecer também uma corrente eremítica que contou com certo número de membros. Constata-se igualmente uma boa melhora na qualidade dos bispos. Grandes canteiros de obras surgiram por toda parte, sendo o mais célebre o da basílica de Saint-Sernin em Toulouse, que hoje é o maior monumento de arte românica europeia. Sem falar das inúmeras construções de igrejas paroquiais e capelas românicas, algumas das quais chegaram até nós. Tudo isto não é sinal de uma Igreja morta ou em decadência.

Entretanto, as reformas têm preço. Em primeiro lugar, elas incomodam muitas pessoas e, quando se trata de assuntos materiais, os rancores duram muito tempo nas famílias. E quando se terminou, nem sempre se escapa da armadilha do orgulho e da acomodação. É certo que a Igreja medieval muitas vezes foi vítima disso.

É preciso, porém, desfazer-nos de duas ideias inexatas. A primeira é que o Sul era um pequeno paraíso terrestre. Na verdade, era uma região decaída e apequenada pelas guerras, onde o poder político estava em declínio e muito incerto. Isto não significa, todavia, que não houvesse um desenvolvimento urbano que as guerras não conseguiram estancar e certo aumento da riqueza. Todavia, o condado era vulnerável. A segunda é que a Igreja católica se encontrava num estado de depravação. Concretamente, estava num estado de reforma, mas essa reforma também criou tensões inevitáveis. É neste contexto que surgiu o catarismo.

III. O catarismo: Protesto? Heresia? Nova religião?

1. O impulso dos pregadores itinerantes

O movimento de reforma da Igreja medieval foi acompanhado por uma série de fenômenos: criação de numerosas comunidades religiosas sob nova forma, algumas delas desaparecendo depois rapidamente; presença de muitos eremitas; expansão da pregação itinerante. Este último ponto é um elemento importante para nosso assunto. Viram-se homens que percorriam as cidades e os povoados, em geral associados a companheiros, pedindo aos clérigos e aos leigos que se convertessem. Três expressões parecem caracterizá-los: *Tenere forman primitivae Ecclesiae* (viver conforme a Igreja primitiva); *Sequela Christi* (seguir Cristo); *Vita apostolica* (vida apostólica, viver como os Apóstolos).

Alguns pregadores tiveram grande influxo, como o bem-aventurado Roberto d'Arbrissel (entre 1047-1117), fundador da Ordem de Fontevraud, ordem mista entregue ao governo de mulheres; Santo Estêvão d'Obazine (entre 1085-1159) e o bem-aventurado Pôncio de Léras, que acabaram fazendo-se cirtercienses. Em Lião, sob o mesmo ponto de vista, nasceu um movimento chamado "*os Pobres de Lião*", fundado por um comerciante, Pedro Valdo, ou Valdes (1140-1217), que se tinha convertido. Seus discípulos queriam ser "homens nus que seguem Cristo nu", numa pobreza radical. No início bem acolhidos pela Igreja e mesmo pelo papa, um pouco como os primeiros Franciscanos (São Francisco de Assis morreu em 1226), uma parte do movimento radicalizou, separou-se da Igreja, foi condenado e se refugiou nos altos vales do Piemonte, onde seus membros receberam o nome de *valdenses.*

Ora, pesquisas muito recentes mostraram que o "valdeísmo" se difundiu no Sul, de modo especial na diocese de Tolosa, onde se implantou em profundidade. Um pregador valdense, Durando de Huesca, que em seguida haveria de voltar para a Igreja Católica, entre 1190 e 1194 compôs um tratado, *Liber Antiheresis,* que detalha as principais críticas feitas à Igreja Católica. No fundo, os valdenses pensavam que a Igreja Católica tinha cometido traição e estava perdida, que ela devia ser renovada de ponta a ponta, mas eles não envolviam nisso os fundamentos dogmáticos da fé. Em 1207, em Pamiers houve um grande encontro entre católicos e valdenses, após o qual, tanto imediatamente quando um pouco mais tarde, muitos dos grandes pregadores valdenses da região voltaram para a Igreja Católica: mestre Arnaldo de Crampana, Durando de Huesca, já citado, e Bernardo Prim.

Aqui é preciso fazer diversas observações. Em primeiro lugar, a pregação itinerante não sofria obstáculos, visivelmente obtinha sucessos, o que mostra que correspondia a uma expectativa. Em seguida, foi um passo errado qualificar as teses dos que criticavam a Igreja. Assim, falava-se de "heréticos" a respeito dos valdenses, o que não parece exato, pelo menos quanto à origem do movimento. Por fim, e isto é muito típico da Idade Média, imaginava-se possível um debate público entre pessoas competentes das partes opostas (sendo a *sanior pars*, a parte mais sensata da sociedade). Com efeito, seguindo nisto os gregos, em particular Aristóteles, os intelectuais medievais acreditavam muito na capacidade da inteligência humana de ser esclarecida e de encontrar a verdade objetiva. Esta atitude marcou toda a Idade Média e explica os debates públicos dos quais se esperava que brotasse a luz.

2. Aparição e expansão do catarismo

No contexto que acabamos de descrever, vê-se aparecer uma pregação diferente da anterior, porque possui uma forma mais radical e ataca a fé da Igreja. Ocorre no momento em que Raimundo IV (+ 1105) está na cruzada. Com efeito, o concílio de Tolosa de 1119 declara que na região há pessoas que negam o batismo das crianças, o casamento e o sacerdócio. Certamente o movimento tinha precisado de certo tempo para surgir: alguns anos, quem sabe algumas dezenas de anos, para que se tornasse tão importante a ponto de um concílio se ocupar dele. A situação agravou-se rapidamente. Um pregador muito radical, Henrique de Lausanne (ou Henrique de Bruys, + 1148), percorre livremente o Sul, é ouvido por grande número de pessoas, conquista numerosos adeptos, a tal ponto que em 1145 o próprio São Bernardo de Claraval é solicitado a vir pregar naquela região. Mal acolhido em Tolosa e Albi, ele restabelece a situação. Graças a um de seus companheiros, nós temos o texto de sua pregação aos habitantes de Albi:

> Bernardo dirigiu-se a eles com estas palavras: "Eu vim para semear, e encontro uma terra já semeada com má semente. Trata-se, porém, de uma terra dotada de razão, pois vós sois o campo do Senhor. Eu vos apresento, portanto, dois tipos de semente, a fim de que possais saber qual delas escolher". E começando pelo sacramento

da Eucaristia, ele se pôs a explicitar ponto por ponto, levando-os a comparar as verdades da fé com o que o herético tinha pregado. Depois perguntou-lhes o que eles escolheriam... "Para saber concretamente quem se converte e acolhe a Palavra de vida, levantai para o céu vossa mão direita, manifestando assim vossa adesão à unidade católica". Então, todas as mãos se levantaram para o céu com entusiasmo.

Todavia, São Bernando não pôde pregar na localidade de Verfeil (hoje no Haute-Garonne), totalmente dominada pelos cátaros: isso já diz muito quanto à força que eles já tinham conquistado. No fim de tudo, foi preciso reconhecer que seu sucesso só era parcial. Pouco depois, em 1165 sabe-se que o movimento se tinha estendido na Gasconha. Em 1167 organiza-se em Lombers, na região de Albi (hoje no departamento de Tarn), uma disputa pública entre 5 bispos e um pregador "cátaro".[2] Saltava aos olhos que os pontos de vista eram irreconciliáveis e que não se estava diante de um simples protesto evangélico, como queria fazer crer Olivier, o "perfeito", que representava os cátaros. Isto foi confirmado logo pelo teor de um importante encontro cátaro em Saint-Félix-de-Caraman (hoje Saint-Félix de Lauragais), entre 1167 e 1172, encontro do qual teria participado Niquintas, "papa" dos cátaros vindo dos Bálcãs, durante o qual se esclareceu a doutrina sob a sua forma mais radical e se organizaram seis "bispados" no Sul.

Nesse momento teriam existido 800 "Igrejas" (quer dizer, comunidades) cátaras. Em 1181 sabe-se da existência de um bispo cátaro em Tolosa, Bernardo Raimond, que voltará à Igreja Católica e revelará muitas coisas. Os bispos cátaros se sucederão na cidade até 1280. Cátaros que voltaram para a Igreja Católica explicaram até que ponto o catarismo estava implantado clandestinamente na cidade. No fim do século XII há grupos cátaros em todas as paróquias do departamento de Lauragais e o movimento está muito difundido no Comminges e de modo geral no Sul. Em compensação, não se difundiu na Aquitânia vizinha, a não ser um pouco em Périgord. De fato, o rei da Inglaterra e duque da Aquitânia reprimiu imediatamente as primeiras manifestações, quando o movimento da Reforma Gregoriana afeta tanto a região quanto o Sul tolosiano. Isto prova que a difusão do movimento está ligada, pelo menos em parte, a causas locais.

O início do século XIII parece marcar o apogeu do movimento. Tem-se a impressão de que exerce verdadeira dominação nas regiões de Carcassone e do condado de Foix, sob a proteção dos viscondes. Ele não está ativo somente no sul da França. Encontra-se também sob formas semelhantes na região de Champagne, nos Flandres, na Renânia e no norte da Itália. O catolicismo é confrontado com

2. Usamos o termo "cátaros" que é usado hoje, recordando que os "cátaros" da Idade Média não o usavam. Eles se serviam de outros apelativos, como "homens bons", "verdadeiros cristãos", "bons cristãos". Os cátaros são chamados também com frequência de "Albigenses" – da cidade de Albi – quando seu número parece ter diminuído nessa região.

uma verdadeira concorrente sob a forma de uma nova Igreja. Todavia, ao contrário do que se poderia crer, o número total de cátaros nunca foi muito grande no Sul: estima-se de 3% a 10% da população. O essencial das cidades e das povoações permaneceu católico.

3. O que sabemos da doutrina cátara?

Muitas questões se colocam aqui, em primeiro lugar: qual é a doutrina cátara? Donde ela vem?

Quanto à doutrina, nós a conhecemos mal, mas pode-se afirmar que existiu realmente: não foi inventada pelos católicos em função da repressão. Todavia, parece ter sido revelada aos seus adeptos por etapas. Assim, os que aderiam deviam referir-se a ela de forma muito diversa. Alguns, sem dúvida, se deixavam convencer diante dos argumentos anticlericais, quer porque achavam que a Igreja estava rica demais, quer porque deviam devolver posses eclesiásticas (era o caso dos *milites*, da pequena nobreza das cidades). Nesse caso, estamos diante de um protesto, de um anticlericalismo mais do que de uma religião: é a razão pela qual eles podiam qualificar-se como «verdadeiros» ou «bons» cristãos. Outros possuíam um conhecimento parcial. A outros, finalmente, a doutrina era completamente revelada. Notemos que os quadros qualificados como «perfeitos» (embora estes não usassem essa expressão) eram de homem cultos, que usavam particularmente o evangelho de São João, lido à luz de seus próprios escritos. Eram pouco numerosos. É preciso prestar atenção quando se fala em geral dos cátaros, porque eles se situavam em níveis diferentes de fé.

A base da doutrina era o desprezo do mundo terrestre. Para eles, existia um mundo espiritual, ao passo que o mundo terrestre era mau, criação do diabo. A matéria pertencia ao diabo, portanto, em cada homem havia uma parte espiritual aprisionada no corpo que provinha do Maligno. Assim, o mundo não podia pertencer a Cristo e o que a Igreja dizia a respeito da encarnação – Deus assumindo uma natureza humana – era uma mentira.

> Se o mundo está posto sob o império do mal, é proibido amá-lo, assim como as coisas que ele contém; não se deve crer que pertence a Cristo, porque não procede do Pai. Nós sabemos que o mundo é mau em seus séculos, em seus dias, em suas obras, em seus homens... em seus alimentos e em suas bebidas.

O Cristo era um enviado de Deus, mas tinha assumido somente uma aparência humana, era uma espécie de anjo que não podia se sujar com a matéria. Neste ponto, os cátaros se ligavam ao docetismo.

A Igreja propõe sacramentos para viver no mundo como cristãos. Os cátaros recusavam absolutamente que fosse possível amar o mundo criado e, portanto, os sacramentos, em particular o batismo e a união do homem e da mulher em função do casamento, porque transmite a vida corporal. Um só "sacramento" (mas a palavra não é muito adequada) é admitido: o *Consolamentum*. Tratava-se de uma recriação do ser humano, que então se tornava "espiritual" e abandonava de algum modo a vida material. Assim, os que o recebiam deviam viver uma existência sem nenhuma falta, particularmente sexual. A Igreja cátara era dirigida por aqueles que tinham recebido o *Consolamentum*, quer dizer, por uma elite restrita que compreendia particularmente "bispos" e "diáconos". A organização ficou sempre opaca. Os fiéis cátaros viviam em graus diversos de compromisso com regras que lhes eram propostas. A vida depois do *Consolamentum* era tão exigente que geralmente só era recebido no momento da morte.

Embora os cátaros tenham usado com frequência um vocabulário cristão, que tenham sido apresentados como um movimento evangélico, tal como surgiu na época, que muitos dos seus fiéis tenham pensado serem simples opositores aos abusos da Igreja..., o fundo do catarismo não era absolutamente cristão. Ele sempre conservou «o caráter específico de sua inspiração oriental, estranha ao verdadeiro cristianismo.»[3] Mesmo que o julgamento possa parecer severo, o movimento lembra a maneira de funcionar das seitas. Em compensação, tudo isso nada tem a ver com o arianismo, contrariamente ao que diziam os clérigos católicos da época, que não possuíam essa referência possível na cultura teológica do tempo.

Essa doutrina se aproxima mais da gnose, tal como conhecemos hoje, que então era largamente ignorada. Ora, nós sabemos que movimentos desse tipo existiram em Constantinopla e nos Bálcãs do séculos X ao XII, mesmo até o XIV,[4] porque monges (mesmo do Monte Athos) e membros da alta sociedade tinham sido "contaminados". Desde então é extremamente provável que tenha havido contatos entre os bogomilos e os cátaros do Sul, entre estes e os movimentos semelhantes que apareceram na Europa. Isto nada tem de surpreendente quando se conhecem as viagens na Idade Média.

Todavia, matizemos mais uma vez o que acabamos de escrever. Felipe Wolf observa:

> Um estudo recente e documentado sobre a região da Tolosa cátara evidencia muito bem a resistência dos católicos, a flutuação de numerosos adeptos, a distância que separa, como sempre, o homem de doutrina do homem praticante de base.[5]

3. M. H. Vicaire, "*Les cathares albigeois vus par les polemistes*", dans Cahiers de Fanjeaux, *Cathares en Languedoc*, n° 3, Toulouse, Privat, 1968, p. 127.

4. Perguntou-se se as conversões ao Islão nos Bálcãs não tenham sido nos inícios de antigos grupos bogomilos.

5. Philippe Wolff (dir.), *Histoire du diocèse de Toulouse*, Paris, Beauchesne, 1983, p. 65.

Também o dualismo puro, na realidade, deve ter sido muito raro.

Nessa época, a que se deve atribuir o sucesso do catarismo? Mais acima já apresentamos razões de ordem social e política, mas não se pode negar que pode ter havido também uma busca espiritual real em duas direções. Alguns podiam querer viver um cristianismo mais puro, um pouco como os *Pobres de Lião*, os pregadores itinerantes ou os Franciscanos. Para outros, essa busca espiritual podia voltar-se para formas mais "esotéricas", se nos for permitida esta palavra, em função de uma visão tão espiritual do mundo que ela se tornava desencarnada. O que se sabe é que a Igreja da época não era tão tola e compreendeu a situação. Ela enxergou direito e viu a amplidão da ameaça.

Com efeito, em última análise, ela se viu diante de uma concorrente, com outra visão do mundo. Se esta tivesse triunfado, a sociedade ocidental, tal como tinha sido constituída pouco a pouco, estava acabada. Alguns autores, às vezes muito distantes do cristianismo, deram-se conta disso. Passar-se-ia para outro mundo.

No fim das contas, por quê? Por que era necessária uma oposição frontal entre as duas religiões? Tentemos fornecer alguns elementos de resposta.

Em primeiro lugar, podemos alegrar-nos que a ideia de tolerância tenha feito progressos na sociedade ocidental (ainda que relativos...), mas é preciso constatar que ela não existia na cultura da Idade Média, como aliás na maior parte das civilizações. Com frequência apresenta-se a Andaluzia muçulmana (*Al Andalus*) como uma espécie de sociedade feliz, pluralista e tolerante, mas a realidade é muito menos positiva: os não muçulmanos, os *dhimmis*, não se encontravam em posição de igualdade com os muçulmanos; em particular pagavam o imposto do qual os muçulmanos estavam isentos; possuíam um direito penal mais severo em certos domínios; e houve entre eles mártires cristãos especialmente em Córdoba. Haveria muito a dizer sobre este ponto. Os católicos e os cátaros partilharam um ponto de vista largamente difundido: nenhum deles era tolerante.

Em segundo lugar, a Igreja Católica, então, ocupava o lugar do que nós chamamos Estado, em vários domínios: a assistência, em primeiro lugar. Não somente em favor dos pobres e doentes, mas também para uma boa parte da população num período de carestia e de fome. Braudel dizia que os famintos faziam parte da vida diária dos homens desse tempo. Era preciso, portanto, garantir a subsistência das populações durante esses tempos de penúria e além disso guardar grãos para a nova semeadura. Cluny alimentava até 20.000 pessoas. As numerosas abadias do Sul tinham, dentro de suas possibilidades, uma função semelhante, embora a situação climática parece ter melhorado após o século XII.

A Igreja, assim, garantia em parte o serviço das vias de comunicação, em particular das pontes, bem como o da instrução. Neste último campo havia muitíssimo a fazer e tinha-se consciência disso. O IV concílio de Latrão de 1215 lançou um movimento que, em seguida, se desenvolveu consideravelmente. O confisco dos bens eclesiásticos pela nobreza, não somente sobrecarregava o culto, mas toda essa atividade social da Igreja. Além disso, se as terras da Igreja, em particular as dos Hospitalários do Sul, tivessem sido confiscadas, como poderiam ter-se defendido contra a pressão constante do Islão? Ora, a pressão dos reis almóadas, fundamentalistas, que tinham unificado a Espanha do Sul e o Marrocos, era constante na Espanha, visando Toledo, a pouca distância do sul da França. Em 1212, a batalha de Las Naves de Tolosa, na Sierra Morena, iria aliviar a pressão muçulmana, mas certamente não se sentia inveja do fato de a cristandade meridional ter sido enfraquecida pelo catarismo, quando a ameaça islâmica continuava próxima.

Por fim, a doutrina cátara mostrou-se perigosa em geral para a sociedade. A recusa da sexualidade, por exemplo, podia ter consequências dramáticas na vida social. Além disso, o direito medieval costumeiro se apoiava largamente sobre o juramento, isto é, sobre a crença de que quem jurou era confiável porque acreditava que Deus o julgaria. Mas como fazer repousar a validade do juramento e finalmente de uma sociedade por inteiro sobre um Deus que odiava a criação?

Todas essas razões não são fáceis de compreender por uma pessoa do século XXI. É preciso atenção para evitar os anacronismos. Mas esse esforço de reposicionamento é necessário, desde que se queira compreender certos países que não possuem os mesmos critérios de vida como os nossos. E existem.

4. As reações ao catarismo

Em face dessa situação, qual foi a reação das autoridades locais? Em 1177, o conde Raimundo V, que desposou Constança, irmã do rei da França, Luís VII, enviou ao soberano e ao abade de Cister uma célebre carta na qual declara sua impotência:

> Devo confessar que os meios me fazem falta... os mais nobres de minha terra, atingidos pelo mal da infidelidade, deixaram-se corromper e com eles uma grande multidão de pessoas, de modo que eu não ouso e nem posso tomar nenhuma medida.

Decidiu-se, então, enviar uma missão eclesiástica para converter os "heréticos", caso contrário seriam expulsos do condado. O cardeal de São Crisógono, legado pontifício, assistido pelo abade de Claraval, Henrique de Marcy, veio então para o Sul. Eles são mal acolhidos em Tolosa, mas a conversão do bispo cátaro da cidade, Pedro Mauran, inverte a situação. Em Lavaur, o processo é o mesmo e dois dos maiores responsáveis cátaros retornam à fé católica. Todavia, os acontecimentos políticos impedem o seguimento da pregação e em 1194 Raimundo VI sucede a seu pai num condado que está entregue à desordem.

A partir desse momento, a situação se complica e se degrada. Apenas eleito, em 1198 o papa Inocêncio III lança uma nova campanha de pregação no Sul, e a confia aos Cistercienses no momento em que era abade de Cister Amauri, um meridional, assistido por uns trinta companheiros. Na mesma época, membros de comunidades religiosas austeras: Cistercienses, Beneditinos, Premonstratenses tornam-se bispos no Sul. Um jovem castelão, Domingos de Gusmão, e seu bispo Diego d'Osma, pregam na região, pondo em perigo a própria vida. Em Prouille, abaixo de Fanjeaux, constroem uma casa para acolher os "perfeitos" e crentes convertidos: é a primeira origem das Irmãs Dominicanas. Tem-se ainda a esperança de que a pregação medieval clássica, os debates públicos com os adversários, melhorem a situação. Mas em 1208, o legado pontifício Pedro de Castelnau é assassinado por um escudeiro de Raimundo VI. Percebe-se, então, que não é mais possível pregar. Não há mais segurança. O catarismo acabou mostrando quem era, se esta expressão nos for permitida. O drama começa.

De fato, desde o início de seu reino, a posição de Raimundo VI levantava problemas: não seria ele cúmplice da "heresia"? Pedro de Castelnau estava convencido disso e o papa Inocêncio III tinha excomungado o conde depois de lhe enviar uma carta cujos termos não eram infelizmente feitos para acalmar a situação. O assassinato do legado pontifício parecia ser o sinal da duplicidade do conde. Raimundo VI tinha também uma vida matrimonial complexa: casou-se cinco vezes e possuía várias concubinas. Sua posição política era também pouco transparente: deu de presente suas terras ao rei de Aragão, o que constituiu uma ruptura com o reino de França. Em suma, um personagem sobre o qual muito se escreveu e debateu, incensado por uns, desprezado por outros, mas que de toda forma era opaco e muito pouco seguro. Também o papa fez de tudo para que ele e os chefes da aristocracia local, em particular os Trencavel de Carcassone, comprometidos com os cátaros, fossem substituídos.

Então, em 1208, dá-se início à guerra ou cruzada, chamada erradamente dos Albigenses, que não podemos detalhar aqui. De cruzada, ela rapidamente se torna uma verdadeira guerra de resistência ao estrangeiro por uma parte das populações, mesmo não sendo cátaras. O suserano do conde, Felipe Augusto, não se envolve diretamente; ele deve vigiar os ingleses e o Império alemão, com os quais as relações são mais do que delicadas: a batalha decisiva de Bouvines contra os alemães do imperador Otão IV e a de La Roche-aux-Moines contra os ingleses de João sem Terra ocorrerão em 1214. Ele deixa sua nobreza partir para a cruzada, sob o comando de Simão de Montfort. Não se trata de uma guerra de conquista, pois, segundo os costumes medievais, os senhores voltam para casa depois de quarenta dias, deixando Simão de Montfort no lugar com um punhado de fiéis. Com as alternativas de sucessos e derrotas e a intervenção de Aragão, a guerra continua até o tratado de Paris (ou de Meaux) de 1229, que encerra a questão, embora outros episódios ainda tenham acontecido. A guerra teve episódios dramáticos, como as sangrentas tomadas de assalto de Béziers (1209),[6] Lavaur (1211), Marmande (1219) e a batalha decisiva de Muret (1213), onde o rei de Aragão, Pedro, o Católico, aliado de Raimundo VI, é morto. A situação é confusa, mutante e violenta. Finalmente, o último dos condes de Tolosa, Raimundo VII (+ 1249), casa sua filha e única herdeira, Joana, com o irmão de São Luís, Afonso de Poitiers, que por sua vez se torna conde de Tolosa e herda seus outros numerosos títulos. Por ocasião da morte deste em 1271 o condado é ligado diretamente à coroa.

Se o condado não tivesse sido unido ao Reino de França, ter-se-ia tornado uma parte do reino de Aragão – que finalmente renunciou a suas pretensões em 1258 – ou então teria sido anexado pelos reis da Inglaterra, duques da Gasconha, que tinham pretensões diretas sobre ele. De qualquer forma, era o fim de uma época. A nobreza meridional tinha perdido parcialmente a partida e os apoios dos cátaros tinham desaparecido. Assim, o catarismo diminuiu para desaparecer no fim do século XII ou no início do século XIV.

Mas a guerra não foi o único fato do desaparecimento do catarismo. Dois outros elementos desempenharam um papel importante. O primeiro é a renovação da pregação pelas ordens mendicantes. Nesse campo São Domingos de Gusmão é uma figura dominante. Durante sua permanência no Sul, de 1205 a 1215, em meio a muitos obstáculos, testou uma forma de pregação direta, popular, que se revelou completamente "prática". Um bispo de Montpellier tinha dito desde 1206 a Domingos e a Diego d'Osma: "Quando vós pregardes o Evangelho, se primeiro o praticardes pessoalmente, (os cátaros) vos escutarão". Vivendo pobremente no meio do povo, ele era mais bem recebido por eles do que os padres cirtercienses que só se limitavam a passar. Em 1216 começou em Tolosa com 16 companheiros uma nova Ordem Religiosa, a dos Frades Pregadores. Devia haver uma imensa expectativa no Ocidente porque, entre 1216 e na data de sua morte em 1221, Domingos fundou nada menos do que 60 conventos. O de Tolosa não demorou a desempenhar um papel maior na cidade. Em 1231, só a província dominicana de Tolosa contava já com 11 conventos.

Por sua vez, os Franciscanos não demorarão a chegar ao Sul: Santo Antônio de Pádua (melhor, de Lisboa) fundou um convento em Brive desde 1226. Antes do fim do século XIII, já havia 8 conventos de Franciscanos só na diocese de Tolosa, mais 3 mosteiros de Clarissas. Mais tarde chegaram os Carmelitas e os Agostinianos, bem como os Mercedários e os Trinitários, que se ocuparam com o resgate

6. Onde o legado pontifício Arnaldo Amaury teria dito: "Matai-os todos, Deus reconhecerá os que são seus". Como o demonstrou Tamizey de Laroque, esta frase jamais foi pronunciada, o que não impede que seja escrita até sobre os muros de uma igreja de Béziers.

dos cristãos prisioneiros no Islão; além de pequenas Ordens Religiosas que pouco duraram. Seguindo o exemplo já dado no século XI pelos Premonstratenses na Europa do Norte, os Mendicantes praticamente ocuparam todo o país. Assim, os Franciscanos fundavam sistematicamente um convento a cada etapa da viagem, a cada 30 ou 40 quilômetros. Os Dominicanos fundavam menos conventos (no Sul os principais eram Tolosa, Montpellier, Albi, Agen), mas eram mais numerosos (100 irmãos aproximadamente em Tolosa ou Montpellier) e cada um deles era um centro de ensino. Não havia cidade pequena que não tivesse um convento. Ao lado de cada um desses conventos havia uma Ordem Terceira, masculina e feminina, que podia contar às vezes nas cidades importantes várias centenas de pessoas. As Ordens Terceiras organizavam serviços de caridade, ajudavam nos hospitais, ocupavam-se com os pobres, garantiam as exéquias. Famílias inteiras ao longo de diversas gerações ligavam-se a uma Ordem ou a outra. Os religiosos que possuíam talento para a pregação reconhecido pela Ordem iam para as cidades e os povoados onde pregavam na língua do lugar. Os Dominicanos, para nomear as circunscrições de pregação, usavam a palavra "término" e "pregadores terminais". Assim, a busca do absoluto espiritual era tornada possível por religiosos pobres e competentes, até mesmo nas menores cidades e povoados do Sul.

O segundo fator para o desaparecimento do catarismo foi a Inquisição, criada em 1199 e que funcionou no Sul de 1229 até o início do século XIV. Não se trata de defendê-la em nada. Já se escreveu enormemente a esse respeito e foram apresentadas as coisas de forma às vezes paródica. O nome vinha do processo criminal do direito romano que substituiu o processo acusatório utilizado antes, o qual facilmente podia resultar em linchamentos, num período de relações tensas. O processo era inteiramente por escrito, aplicado segundo as regras do direito romano tardio, que tinha sido redescoberto. No que tange à Inquisição do Sul, não era a Inquisição espanhola, que dominou mais tarde durante um período muito mais longo e com uma estrutura bem mais organizada. O que se pode observar no caso do Sul é a fragilidade relativa da organização: somente dois tribunais fixos, em Tolosa e Carcassone, cada qual empregando umas poucas pessoas. Havia inspeções itinerantes; foi assim que em 1242 quatro inquisidores e os sete companheiros que viajavam sem escolta foram massacrados em Acignonet; o raide fora acionado por um grupo cátaro refugiado no castelo de Montségur, que no ano seguinte foi destruído. Estudamos um muito grande número de documentos da Inquisição, mas não nos permitiram constatar a cifra exata de pessoas que foram abordadas por ela. O de que temos certeza é que ela pouco ou nada usou de tortura e que o número de pessoas condenadas à morte gira em torno de 10%. Foi observado também que seu funcionamento teria sido impossível sem o apoio das populações locais. Isso mostra que o clima tinha mudado. Sua eficácia, sem dúvida, é devida ao fato de que agiu diretamente em relação aos quadros do catarismo. Era um tribunal sábio e preciso que não envolvia grandes massas. As grandes fogueiras, na maior parte, foram iniciativa dos oficiais régios que tinham a mão muito mais pesada.

5. A reconstrução do Sul

Para encerrar este assunto, é preciso dizer uma palavra sobre a reorganização do sul da França no século XIII e início do século XIV: é importante compreender o "pós-catarismo" no Sul.

Quem tivesse visitado a região no início do século XIII e a visse novamente no início do século XIV não a reconheceria. O período foi assinalado por grande expansão demográfica e econômica, ajudada – hoje se sabe – por condições climáticas favoráveis, o que levou a um crescimento considerável.

Este se traduzia numa verdadeira reorganização do espaço. Em todo o grande sul e sudoeste da França foram fundadas entre 350 a 400 "*bastides*"[7] a partir do século XIII, das quais algumas se tornaram cidades muito importantes, como a cidade baixa de Carcassone, as de Revel ou de Mirepoix. Muitas se tornaram nossas sedes administrativas de cantões. Não se contam menos de 41 no atual departamento do Haute-Garonne, 16 no Aude, 34 no Gers, 25 no Tarn, 26 no Tarn-et-Garonne, 21 no Ariège, etc. Os condes de Tolosa, no início do movimento, fundaram 21, o irmão de São Luís, Afonso de Paris, pelos menos 54, os reis de França fundaram 188 e a Igreja 86, quer diretamente, quer em parceria. Este esforço gigantesco marcou a paisagem até hoje e é sinal de uma vitalidade humana transbordante. Cada "*bastide*" tinha uma igreja gótica, às vezes bastante grande; muitas, como já dissemos, possuíam um convento, a malha rodoviária local reorganizada.

Para melhor atender à população que aumentava, o papa João XXII, que era de Cahors e conhecia a região, decidiu criar novos bispados. Entre 1316 e 1318 erigiu 16 novos bispados na França, a maior parte no Sul. Já em 1295 tinha sido criada a diocese de Pamiers a partir da de Tolosa, que era imensa, e, portanto, pouco governável. O desmembramento continuou e surgiram as dioceses de Montauban, Rieux-Volvestre, Mirepoix e Lavaur. Em compensação, Tolosa se tornou arcebispado. Da diocese de Narbonne saíram as dioceses de Saint-Pons-de-Thomières e de Alet. Saint-Papoul foi desmembrada de Pamiers, Vabres de Rodez, Castres de Albi, Condom de Agen. Na maior parte do tempo, as catedrais foram antigas abadias beneditinas. Esse conjunto de bispados permitiu aos bispos estarem muito mais perto do seu povo.

7. *Bastides*: cidades novas, com base numa planta geral regular, para onde era atraída a população, abolindo a servidão, doando terrenos para construção, terras e franquias (N. T.).

Outro elemento que desempenhou um papel importante foi a renovação do ensino, tanto a partir dos conventos quanto a partir das duas universidades de Tolosa e Monpellier. Criada em 1229 por Raimundo VII após o tratado de Meaux-Paris e sustentada pelo bispo Foulques, Tolosa foi a segunda universidade da França. O objetivo era claramente ensinar a fé por causa dos cátaros. Quatorze mestres foram recrutados imediatamente, o que era um feito considerável e, desde 1230 se começou a construção do grande convento dos *Jacobinos*[8] como centro de pregação e de ensino. Criada em 1289, a universidade de Montpellier era a continuação de uma célebre escola de medicina, mas ela oferecia também outros cursos.

Outro fator importante na reorganização das mentalidades foi fornecido pelo direito romano. A passagem do direito tradicional da Idade Média para o direito romano, sob a influência da universidade de Bolonha, onde este era ensinado, não foi qualquer coisa de banal ou indiferente no contexto que estamos descrevendo. Com a chegada de um direito escrito, sábio e objetivo, pressente-se uma mudança de mentalidade e a abertura para um mundo diferente.

Outro mundo! É o que certamente o que se viveu no sul do século XIII e no início do século XIV. Em todo caso, um tempo de paz durante quase um século.

6. *Um acontecimento esquecido*

Embora os historiadores estejam a par do que se segue, é impressionante ver como o assunto foi pouco valorizado da maneira como hoje se apresenta a história do Sul. Trata-se da grande expedição anglo-gascã de 1355. É preciso dizer uma palavra sobre isso.

Quando a guerra dos Cem Anos começou em 1337, o Sul se tornou região de fronteira com os domínios de Guyenne. Os ingleses possuíam excelente exército. Suas relações com os escoceses e os irlandeses, havia muito tempo, eram tumultuadas e eles tinham enviado para esses dois países expedições de pilhagem e terror extremamente cruéis. Não era interessante ser vizinho dos ingleses na Idade Média. Em 1355, Eduardo de Woodstock, mais tarde chamado de "príncipe negro", filho mais velho do rei da Inglaterra Eduardo III, enviou uma grande expedição militar ao sul da França. O objetivo principal era sabotar as bases econômicas do rei da França. Partindo de Bordéus, chegou sem ser barrado até Narbonne e Béziers. Não atacou o centro dessas duas cidades, nem de Tolosa ou da cidade alta de Carcassone, mas devastou a campanha entre a Guyenne e o Mediterrâneo. Incendiou mais de 500 povoados, destruiu tudo o que estava ao seu alcance, saqueou Mirepoix, a cidade baixa de Carcassone e queimou inclusive a colegiada de Castelnaudary,

8. *Jacobinos*: nada a ver com os da Revolução Francesa. Aqui, trata-se dos Frades Dominicanos, chamados também de "Jacobinos", por causa do convento de Saint-Jacques (Jacques = Jacó, Tiago) que eles tinham em Paris (N. T.),

onde a população se tinha refugiado. Chegou a Bordéus com 1.000 carretas de despojos e 5.000 prisioneiros.

Na época, os estabelecimentos eclesiásticos: bispados, abadias, colegiadas, hospitais pagavam imposto ao papa. Depois dessa cavalgada, os bens de muitos estavam arrasados. Escreveram, então, ao papa para pedir redução ou dispensa dos impostos. Os Arquivos do Vaticano conservaram centenas desses pedidos, editados pelo dominicano alemão Denifle, que descrevem, com frequência de forma muito precisa, as desgraças que tinham desabado sobre eles. É impressionante! Pode-se imaginar o que sofreram, não só os eclesiásticos, mas também o povo do Sul. Foi terrível.

Assim, não é de estranhar que o Sul, em seguida, tenha ajudado o poder régio na continuação da guerra dos Cem Anos. Observou-se que o exército de Joana d'Arc tinha sido largamente financiado pelo Sul, dado que as províncias do Norte, fiéis tradicionais dos reis de França, tinham passado tanto para os ingleses (a começar por Paris) quanto para os bogonheses. Assim, quando Orleães foi libertada em 1429, fogueiras festivas foram acesas em todo o Languedoc. Em Montpellier, chegou-se até a construir, em recordação do acontecimento, uma capela a Nossa Senhora das Boas Novas. Ainda existe uma instituição que traz esse nome.

Se se dissesse aos residentes no Languedoc de então que, alguns séculos mais tarde, ao se reescrever a história no século XX, eles viviam num país cátaro, teriam arregalado os olhos de espanto!

Bibliografia

Biget, Jean-Louis, *Hérésie et inquisition dans le midi de la France,* Paris, Picard, 2007.

Dumont, Jean, *L'Église au risque de l'Histoire,* Paris, Éditions de Paris, 2002.

Collection des Cahiers de Fanjeaux (indispensáveis, iniciados em 1965), Toulouse, Privat : mais de 850 comunicações sobre a história religiosa do Sul, feitas pelos melhores especialistas, em particular: 1965, *Saint Dominique en Languedoc*; 1966, *Vaudois languedociens et pauvres catholiques*; 1967, *Cathares en Languedoc;* 1970, *Le Credo, la morale et l'Inquisition,* sous la présidence de Paul Ourliac; 1972, *Les mendiants en pays d'Oc au XIIIe siècle,* sous la présidence de Raoul Manselli; 1978, *Historiographie du catharisme,* sous la présidence de Charles-Olivier Carbonell; 1984, *Effacement du catharisme? (XIIIe-XIVe s.),* sous la prési- dence de Philippe Wolff ; 1993, L'Église et le droit dans le Midi (XIIIe-XIVe s.), sous la présidence d'Henri Gilles; 1996, *La prédication en Pays d'Oc (XIIe-début XVe s.),* sous la présidence de Michel Zink; 2008, *Moines et religieux dans la ville,* sous la présidence de Nicole Bériou; 2012, *La réforme « grégorienne » dans le Midi (milieu XIe-début XIIIe s.),* sous la présidence de Florian Mazel ; 2019, *Le « catharisme » en questions,* sous la présidence de Jean- Louis Biget.

Meuse, Pierre de, *L'Église et les cathares,* Perpignan, Tempora, 2008.

Weill-Parot, Nicolas, Sales, Véronique, *Le Vrai Visage du Moyen* Âge. *Audelà des idées reçues,* Paris, Vendémiaire, 2017.

Wolff, Philippe (dir.), *Histoire du Languedoc,* Toulouse, Privat, 1967.

Id., *Histoire de Toulouse,* Privat, 1958, rééd. 1986.

Id. (dir.), *Histoire du diocèse de Toulouse,* Paris, Beauchesne, 1983.

Terceira parte

AS CRISES DOS TEMPOS MODERNOS E CONTEMPORÂNEOS

Em história, o período que começa entre1450-1500 e termina com a Revolução Francesa tradicionalmente é chamado de "Tempos modernos", e o período seguinte, de "Época Contemporânea". Bem entendido, trata-se de convenções; por outro lado, não se pode negar que na história haja viradas, momentos decisivos: de modo que essa qualificação dos períodos não é totalmente sem sentido.

Na cultura dominante ocidental, essas épocas são apresentadas como tempo de expansão, de libertação do indivíduo, de progresso constante e definitivo, de triunfo, em última análise, de valores ocidentais. Os chineses, que não apreciam o declínio de seu império nesses períodos, falam de "parêntesis ocidental", o que não é correto e até mesmo inquietante em vista do que veremos.

Nos próximos capítulos não pretendemos propor uma história completa desses tempos complexos. Recordemos simplesmente o título desta obra e focalizemos, o melhor possível, as dificuldades da Igreja, assinalando de passagem os principais fatores positivos de seu passado e de sua força de resiliência pouco comum.

Capítulo VI

A explosão da cristandade ocidental (século XVI)

No dia 31 de outubro de 1517, vigília da festa de Todos os Santos, um religioso agostiniano alemão, Martinho Lutero, 34 anos, ensinando na jovem universidade de Wittenberg,[1] afixa na porta da igreja da universidade um documento no qual estão escritas 95 teses. São 95 frases que correspondem a 95 afirmações teológicas referentes às indulgências, às orações de sufrágio pelos mortos, teses sobre as quais ele propõe um debate. É um procedimento normal no mundo universitário do tempo. Embora não tenha sido contestada a realidade factual, esse manifesto é provável; em todo caso, as 95 teses foram redigidas por Lutero e correspondem perfeitamente a seu pensamento. Diante da surpresa geral, esse gesto deslancha uma verdadeira explosão! As teses são logo impressas em milhares de cópias, difundem-se por toda a Alemanha e provocam uma espécie de revolução contra a Igreja Católica. No fim do século XV, praticamente todos os países do Norte, *grosso modo* a metade da Europa, abandonaram a fé católica; essa evolução entre outras consequências provocou uma série de guerras extremamente violentas. Concretamente trata-se de uma crise gigantesca! A Europa ocidental cortada em duas metades. O que aconteceu?

I. Um mundo em expansão, mas fragilizado

Consagraram-se milhares de livros à história da Reforma Protestante. Naturalmente as tomadas de posição dessas obras são extremamente diversas. Nisso como em outras partes somos ameaçados por uma espécie de princípio "politicamente correto", que campeia mesmo no seio da Igreja Católica, onde sob silêncio vão acontecendo fatos embaraçosos. É preciso fazer um esforço para se desligar, pensar e escrever livremente. É um verdadeiro serviço a ser prestado à sociedade. Modestamente tentemos prestá-lo também nós.

1. Situada no Saxe. É a sede do eleitor do Saxe, um dentre os grandes príncipes alemães que elegem o imperador.

Mais uma vez, não é possível compreender o assunto em debate sem se referir ao contexto, que é bastante conhecido, mas cujos aspectos facilmente fogem da atenção.

1. A ampliação dos horizontes

Em primeiro lugar é preciso livrar-se de uma teoria que não é de hoje, continuamente repisada, que fala da "interminável agonia" da Idade Média, agonia para a qual o protestantismo teria aberto uma porta de saída. A época tinha seus problemas – voltaremos a esse ponto – mas a Europa ocidental conhecia também uma fase de mudanças inovadoras e decisivas. Seus horizontes se ampliaram rapidamente. Essas inovações vão desempenhar um papel fundamental nos séculos seguintes; entretanto, já se desenham muitas de suas linhas nos séculos XV e XVI. Citemos as principais.

Materialmente a primeira mudança é o alargamento e o "desbloqueio" do espaço geográfico. Desde o século XIII o mundo cristão ocidental encontra-se limitado a Leste pela expansão do Islão. Não há ou há poucos contatos com o Oriente. Sabe-se que existe outro mundo "do outro lado da terra", mas que não se pode alcançar. Todavia, os aperfeiçoamentos da navegação dão a esperança de contornar por mar o mundo islâmico. Os italianos, os ingleses, os cidadãos da cidade de Dieppe (França), mas sobretudo os espanhóis e os portugueses organizam uma série de expedições marítimas que vão sempre mais longe, rumo ao Oeste e ao Sul. Financiada com os antigos bens dos Templários, dos quais obteve a gestão, a monarquia portuguesa faz uma política sistemática de avanço para o Sul. Os obstáculos vão caindo um depois do outro: a ilha da Madeira, conhecida desde 1351, é ocupada a partir de 1419; os Açores em 1427; em 1434 é ultrapassado o cabo Bojador, ao sul do Marrocos. Em seguida, não sem problemas, vai-se até o golfo da Guiné, e a costa africana é sistematicamente explorada. Em 1486 chega-se ao cabo da Boa Esperança, ultrapassado por Vasco da Gama em 1497.

Por sua vez os espanhóis não ficam inativos. Em 1492, Cristóvão Colombo descobre a América. Em 1520-1522, a expedição de Magalhães, em três anos, faz a primeira circum-navegação da história, rumando para Oeste e voltando pelo Leste. Em trinta anos toda a costa oriental americana é percorrida, do estreito de Magalhães até a Groelândia. A geografia do globo, sobretudo marítima, é completamente revista. As cartas de navegação e os mapas-múndi que se sucedem fornecem testemunhos impressionantes: basta comparar o atlas catalão de Abraão Cresque (1375) e o planisfério de Guilherme le Testu (1556) para se convencer disso. A Europa respira. Surgem imensas novas fontes e não demoram a modificar e fazer explodir seus circuitos econômicos e financeiros. A Europa saiu de uma espécie de prisão em que se encontrava havia dois séculos.

Esse mesmo desbloqueio ocorre em outros setores, tanto no fim do século XV quanto ao longo de todo o século XVI. Isso é verdade no domínio da astronomia, quando, desde 1543 surge o heliocentrismo, muito antes de Galileu. É verdade também no domínio das matemáticas, especificamente no da álgebra. De maneira espetacular é verdade na difusão geral do conhecimento por causa da invenção da imprensa. Entre 1452 e 1455, em Mogúncia, Gutenberg imprime seu primeiro livro, a Bíblia latina, conforme a *Vulgata* de São Jerônimo, em 180 exemplares. Antes eram necessários três anos de trabalho de um copista para fazer um só exemplar da Bíblia. Após inícios difíceis, a imprensa se torna um imenso sucesso e multiplica as bases do conhecimento de maneira prodigiosa. Desde 1470 há impressoras em Paris. Em 1487 é editada uma primeira Bíblia completa em francês. Entre 1452 e 1500 estima-se que se tenham impresso aproximadamente 20 milhões de livros (os incunábulos), quando a população do continente é aproximadamente de 100 milhões de habitantes. No século XVI serão impressos 200 milhões, no século XVII 500 milhões, um bilhão no século XVIII. Note-se que os turcos, que dominam o mundo muçulmano e querem controlar sua cultura, interditam a imprensa em seu Império. A cópia dos livros continua manual e, portanto, muito limitada. Por sua vez, os chineses praticamente já tinham inventado a imprensa, mas não puderam superar uma série de obstáculos que Gutemberg solucionou; também seu interesse pelas inovações era menor do que na Europa.

Todavia, o sentimento de desbloqueio ou de inovação não se exprime somente por seus aspectos "técnicos". Com o que se costuma chamar de Renascença, vai-se além. Os impressos são o suporte e os difusores de um movimento de pensamento que começou antes da invenção da imprensa. Esse movimento nasceu na Itália, que ficou sendo sua pátria, e desabrochou no chamado *Quattrocento* (o século XV) e de lá conquistou toda a Europa no século XVI.

De que se trata? A definição não é fácil. Para simplificar, digamos que se trata de um retorno aos clássicos antigos, à cultura greco-latina, considerada como a fonte da cultura europeia. Sem dúvida, a Idade Média conhecia e até venerava os clássicos antigos, mas em certo momento teve-se a impressão de que a luz da Antiguidade, de algum modo foi interceptada, ficou enfraquecida. Quis-se, portanto, voltar às origens em sua pureza. Donde surgiu entre os chamados "humanistas" a expressão "Renascença" e a invenção da palavra pejorativa "Idade Média", qualificada como um período bárbaro, "gótico". Esse modo de ver as coisas, evidentemente, era parcial e polêmico; nem todos pensavam assim. Seja como for, esse movimento de redescoberta, que não pretendia ser absolutamente revolucionário, muito pelo contrário, propiciou para a Europa formas de pensamento e de arte inéditas. Basta visitar Florença, Sena, Urbino, o Vaticano, que conservam traços fascinantes da época para dar-se conta. Muitos tiveram a sensação de uma lufada de oxigênio penetrando o pensamento e na cultura.

No alargamento de horizontes, nada há de anticristão, pelo contrário, 75 a 80% dos humanistas eram padres. Os homens de Igreja, em primeiro lugar os papas, favoreciam essas evoluções. Inventando a imprensa, Gutenberg queria facilitar a evangelização. Ele dizia:

> Deus sofre na multidão de almas às quais sua palavra sagrada não pode chegar; a verdade religiosa é prisioneira de um pequeno número de livros manuscritos que guardam o tesouro comum em vez de difundi-lo. Quebremos o selo que oculta as coisas santas, demos asas à verdade e que por meio da palavra, não mais escrita com enormes despesas pela mão que se cansa, mas multiplicada como o ar por uma máquina incansável, ela vá procurar toda alma que vem a este mundo.

Os navegadores não buscavam somente a glória e o dinheiro, também queriam difundir a fé. Falou-se mesmo (com certo excesso) de abrir a causa de canonização de Cristóvão Colombo. Os renascentistas – artistas, intelectuais e mecenas – tinham fé e não pensavam certamente em ir contra a Igreja. O problema é que este grande movimento, forçosamente desestabilizador, ocorreu numa Igreja que se revolvia em séria crise.

2. Os problemas que se arrastam

Os séculos XIV e XV são afetados por uma série de problemas que pouco a pouco tornaram o clima pesado e nos tempos de Lutero quase explosivo. Como sempre, os problemas eram de diversas ordens. Tentemos resumi-los.

Embora a história das mentalidades, que é uma disciplina muito recente, não deva pretender dispor de certeza absoluta em suas afirmações, aqui ela é preciosa para nós. De fato, nos séculos XIV e XV houve uma mudança de mentalidade na cristandade no que tange ao sentido da vida, à confiança na existência, à relação entre a vida e a morte. Tem-se a impressão de que uma inquietude coletiva se tenha difundido um pouco por toda parte. As questões: "Será que eu me salvarei?", "Quais são os atos que permitem minha salvação?", "Qual é o peso do pecado?", "Qual é a força da graça e da misericórdia de Deus?", "Onde está a alma dos que morreram"?... essas questões se tornaram opressivas a ponto de deixar as pessoas angustiadas.

Na história não é o único caso desse gênero de fenômenos. Encontramos o traço desse medo intenso, às vezes muito marcante, nas representações artísticas, como nas danças macabras a partir de 1424 e nas representações dolorosas da Paixão de Cristo que se medita com grande compunção. A morte, que antes era vivida como uma passagem normal, até mesmo banal, agora se torna assustadora.

A que se deve tudo isso? Em primeiro lugar à irrupção da peste negra, ou grande peste, em 1347-1352, que contagiou toda a Europa, com exceção de algumas regiões, como a de Béarn na França ou a Polônia. Pensa-se que em pouco tempo a peste tenha matado entre 30 a 50% da população. Povoados inteiros foram riscados do mapa, cidades ficaram desertas, grandes projetos de construção foram abandonados. Por exemplo, só na metade do século XIX é que a Toscana consegue recobrar a densidade populacional que tinha em 1300. A população inglesa diminuiu pela metade. O choque foi comparável a uma guerra atômica, tanto mais que em seguida se deu a difusão de diversas doenças. A ameaça estava no ar. Aliás, a peste não contagiou somente a Europa. No século XIV ela teria matado no mundo entre 75 e 200 milhões de pessoas. A terra inteira foi devastada.

A isso se somaram as guerras e os problemas sociais. A guerra dos Cem Anos com razão ocupa um grande lugar na história da França, porque foi menos uma guerra de sucessão do que um empreendimento de pilhagem e, portanto, de terror. Eis o que dizia em 1414 o duque de Exeter diante de seu sobrinho Henrique V no Parlamento de Leicester. Tratava-se de saber se se rompia ou não a trégua com a França. Ele descreveu o país assim:

> Um país fértil, agradável e cheio de recursos, com cidades ricas, algumas magníficas, inumeráveis castelos, vinte e quatro ducados poderosos, mais de vinte e quatro províncias abundantemente povoadas, cento e três bispados famosos, mais de mil polpudos mosteiros e oitenta mil paróquias.

Tudo isso a ser pilhado! Entre 1.000 e 3.000 povoados foram destruídos na França durante a guerra dos Cem Anos. As próprias batalhas não mataram tanta gente.[2] Foram sobretudo as pilhagens por obra dos exércitos regulares e dos bandos de assaltantes, as "grandes companhias", que devastaram cidades e campos e causaram pesadas perdas. Ora, a guerra dos Cem Anos foi exportada também para a Escócia e Castela, e suas consequências sociais e ideológicas afetaram a Europa inteira; o resto da Europa não foi isento de conflitos.

O que é importante notar aqui é que esses empreendimentos golpearam rudemente o ideal da cavalaria, não somente na Inglaterra, mas na Europa. De repente, o uso da força não é mais considerado a serviço do direito. A força é qualquer coisa em si mesma, autorreferencial. Ela se torna inquietante e até angustiante para as populações. A nobreza, que a utiliza, é vista como impotente para proteger os humildes, somente capaz de os oprimir. O sistema social foi atingido.

2. Nas vitórias inglesas: em Crécy, 4.000 mortos franceses; em Poitiers, 2.500; em Azincourt, 6.000 (a maior parte degolados depois da batalha). Nas vitórias francesas: em Patay, 2.500 mortos ingleses; em Formigny, 3.800; em Castillon-la-Bataille aproximadamente 4.000.

Essa perda do sentido de solidariedade das diversas categorias da população levou a uma série de revoltas populares, das quais se sublinhou a amplidão: os "*maillotins*" em Paris, os "*jacques*" na França, os "*ciompi*" em Florença, a revolta de Wat Tyler na Inglaterra, as revoltas de Gand, da Espanha, da Alemanha e particularmente dos hussitas. A revolta hussita, entre 1420 e 1434, que atingiu a Boêmia, a Morávia, mas também o Saxe, a Hungria e a Baixa Áustria foi um acontecimento considerável. João Hus (+ 1415), pregador checo, se opôs ao mesmo tempo à riqueza da Igreja e a uma prática desviada das indulgências,[3] mas também à dominação germânica sobre a Boêmia. Foi apoiado pela nobreza checa que viu nele um meio de se apoderar (classicamente!...) dos bens da Igreja. Ele não tinha a intenção de fundar uma nova Igreja, entretanto, cometeu-se o crime de queimá-lo em Constança, para onde ele tinha vindo com a promessa de garantia de vida, defender suas teses perante o concílio. A revolta, então, assumiu uma amplidão formidável e foi marcada por grandes atos de violência. Os hussitas se dividiram rapidamente em seitas opostas; finalmente se chegou a uma paz de compromisso, mas o movimento deixou suas marcas. Aconteceu uma grande revolta que durou longamente e obteve certos resultados, mas a Igreja não foi reformada.

A tensão social se manifestou também particularmente na Inglaterra e na Alemanha, após uma dura e excessiva pressão fiscal, considerada insuportável. Não é aqui o lugar para dar uma explicação detalhada, mas as consequências existiram mais uma vez: deu-se a ruptura de confiança entre as diversas classes da sociedade. Os mais humildes não se sentiam protegidos, mas explorados. A expansão econômica e financeira era real sobretudo nas cidades, mas não foi proveitosa para todos, o que era muito visível.

Nesse contexto, aliás, muito pesado, a confiança em relação à Igreja diminuiu. Há várias razões para isso. Duas são muito visíveis: a crise do papado no fim da Idade Média e a evolução negativa do sistema beneficiário. Uma palavra sobre a primeira causa. A vida do papado em Roma, na Idade Média, nunca foi fácil. Além do mais, os papas passaram grande parte do seu tempo, não em Roma, mas nas cidades de seus Estados, como Viterbo e Agnani. O número de cardeais, que era reduzido, não facilitava as eleições pontifícias, tanto mais que com frequência eram membros de grandes famílias nobres muito interessadas, em todos os sentidos da palavra, na eleição pontifícia. O papa Clemente V, natural de Bordéus, pôs um ponto final nesses problemas transferindo o papado para Avinhão, onde permaneceu de 1309 a 1377. O papado de Avinhão, dirigido essencialmente por Franceses do Sul, organizou a Santa Sé de maneira marcante (mas custosa) no plano administrativo. De forma geral, os papas foram homens capazes e cuidadosos

3. Ele retomava em parte as críticas de um teólogo inglês, João Wycliffe (entre 1330-1384).

de seus deveres. Todavia, Avinhão não é Roma, e o papa em primeiro lugar é bispo de Roma.

Santa Catarina de Sena (1347-1380) trouxe de volta o papado para a cidade de Pedro. Mas a primeira eleição pontifícia havida em seguida foi tão contestada que resultou em cisma. O grande cisma do Ocidente duraria de 1378 a 1417, com um papa em Roma e outro em Avinhão, cada qual sendo sustentando por potências opostas, o que levou a diversas guerras, particularmente na Itália. Para tentar dar uma solução a esta situação, concílios se reuniram em Pisa (1409) e depois em Constança (1414-1418). A solução final foi difícil de encontrar: em certo momento houve três papas ao mesmo tempo. A universidade de Paris, que em parte era quem os orientava, desempenhou uma função contestável, tanto que se convocou o interminável concílio de Basileia (1431-1439) que pretendia governar a Igreja acima do papa. A eclesiologia medieval, que provinha da Reforma Gregoriana, foi completamente transtornada. Os príncipes aproveitaram a oportunidade para meter as mãos, pelo menos parcialmente, na questão da nomeação dos bispos.

Os papas que foram eleitos após o grande cisma foram de qualidade variável. Alguns, como Pio II (papa de 1458 a 1464), foram grandes humanistas, muito atentos ao que a Renascença podia trazer, não somente no domínio artístico, mas também em todas as formas da cultura. Muitas vezes foram censurados. Em compensação, o sistema de eleições e de pressões diversas promoveu para o trono de São Pedro vários personagens problemáticos, que causaram escândalo. Foi o caso de Inocêncio VIII (1432-1492), Alexandre VI, Borgia (papa de 1492 a 1503), um debochado que deixou uma péssima fama, e Júlio II (papa de 1503 a 1513), mais militar do que pastor. Sisto IV (papa de 1471 a 1484) administrou mal as finanças da Igreja: os impostos eclesiásticos aumentaram. Em 1448, uma concordata foi assinada entre o Império e a Santa Sé. Mas deu motivo a queixas, as *Gravamina nationis germanicae*, que deveriam ter sido discutidas pela Dieta (assembleia dos Estados do Império). As *Gravamina* de 1479, após a reunião de Coblença, foram particularmente severas para com Roma. Por todas essas razões, a confiança no papado enfraqueceu consideravelmente.

Uma palavra sobre o sistema beneficiário. A cada cargo eclesiástico era praxe corresponder uma compensação pecuniária que permitia ao titular viver e exercer seu ministério: chamava-se benefício. Alguns eram polpudos, como para os grandes bispados, outros eram mais modestos, como para as simples capelanias. Pouco a pouco, o que atraiu as pessoas a exercer um cargo eclesiástico não foi mais a vocação, quer dizer o serviço a Deus e aos homens, mas os honorários do benefício. Ser padre, cônego ou bispo tornou-se uma questão de dinheiro, de carreira. Daí resultou uma queda na qualidade do pessoal, como tinha acontecido antes da Reforma Gregoriana. Em muitos mosteiros os cargos como abade, prior, celeireiro (ecônomo) foram transformados em benefícios. A comunhão de bens desapareceu e ser religioso não foi mais o fruto de uma conversão, mas o objetivo de uma carreira. A lógica religiosa estava transtornada. Não foi afetado o mundo inteiro, mas o mal era profundo porque era sustentado pelo conjunto da sociedade da época, que se aproveitava da situação.

Todavia, as questões não se referiam somente a problemas de pessoas ou de estruturas de governo. Havia uma questão ao mesmo tempo espiritual e teológica, ligada à angústia que descrevemos acima: a questão das indulgências. O problema era o seguinte: quando alguém morre, "carrega" consigo toda sua vida, quer dizer, suas ações boas ou más, e isto é julgado por Deus. A misericórdia de Deus permite a cada pessoa, mesmo que seja o maior pecador, que vá para o céu; mas as consequências dos atos humanos permanecem e é preciso repará-las. É por isso que há uma espécie de "salva-vidas", que é o purgatório. A nova visão da morte, mais dolorosa, deixou os cristãos da época mais sensíveis aos sofrimentos dos falecidos no purgatório e se perguntava como ajudá-los.

A oração é o melhor meio. Mas não haverá algumas orações mais eficazes do que as outras? Desde o século XII julgava-se que a Igreja, em virtude do que se chama "o poder das chaves" dado a São Pedro, poderia estabelecer certas orações, certas peregrinações ou certas boas obras: é o que se chamou de "indulgências". Até aqui nada de extraordinário, porque é uma simples aplicação da "comunhão dos santos", quer dizer, é a solidariedade dos cristãos na vida e na morte. Mas o problema é que o papado, especialmente o papa Leão X (1513-1521), começou a vender as indulgências para conseguir contribuições pecuniárias, dado que os impostos pontifícios ordinários não eram mais suficientes. Para isso era preciso o acordo com os príncipes e os prelados locais, a quem tocava uma parte das arrecadações, e mesmo com banqueiros, a fim de gerir o sistema. Isso era autêntico tráfico e na medida em que o número de indulgências se multiplicava, a coisa ia se tornando incompreensível. Além disso, os prelados que faziam parte desse tráfico estavam longe de ser irrepreensíveis, como Alberto de Brandenburgo, que aos 24 anos já embolsava os honorários de dois bispados e ansiava por um terceiro, o de Mogúncia. A isso se somava um tráfico de falsas indulgências, que aumentava ainda mais a confusão.

Esses excessos caíam muito mal entre o povo, tanto mais que o sistema universitário da época, ao qual se costumava recorrer prioritariamente para questões delicadas, também estava perturbado e não podia regular essas práticas duvidosas. Assinalemos em primeiro lugar o crescimento numérico considerável do mundo universitário: no fim do século XIII havia na Europa 13 universidades; no fim do século XV havia 56. O número de professores e de estudantes multiplicou-se e a imprensa facilitou a difusão do conhecimento. Ora, as universidades medievais, começando pela principal, a de Paris, passavam por uma verdadeira crise do pensamento desde o século XIV. Esse fato está ligado à expansão da filosofia nominalista, devida em particular a Guilherme de Ockham (entre 1285-1349). Para simplificar tudo de forma extrema, o nominalismo é uma filosofia da ruptura, que isola cada ser e cada coisa em sua própria esfera. A comunicação entre os elementos é reduzida, fraca e exterior. O mundo é de algum modo atomizado. Ali está um dos fundamentos do individualismo ou do que foi chamado a "virada subjetiva" da filosofia e, na realidade, de toda a cultura ocidental até os nossos dias. Voltaremos a falar disso. Nesse contexto falar de comunhão dos santos e, portanto, de indulgências era incompreensível. Mas os universitários tinham fé e, apesar de tudo, acreditavam na autoridade da Igreja. Dessa forma, não houve críticas dramáticas até Martinho Lutero, com exceção de João Hus.

Por fim, não esqueçamos que na Alemanha havia um passado relacional difícil com o papado. Já falamos disso mais acima. Existia, portanto, certo lastro de hostilidade mais ou menos difundida que poderia vir à tona na ocasião. A mesma situação se repetia em outros países, como na Inglaterra.

Para ser justo, é preciso observar que a Igreja tinha consciência de que as coisas não iam bem. Um pouco por toda parte, e isto desde o século XIV, havia um desejo de reforma *in capite et in membris:* na cabeça e nos membros. Esse movimento, chamado de "Pré-Reforma Católica", manifestou-se de múltiplas formas, em particular pela renovação interna das antigas Ordens Religiosas. Entre os Franciscanos o movimento era muito forte no ramo dos Observantes. Encontramos o mesmo impulso entre os Dominicanos ou em certos mosteiros beneditinos, como no de Santa-Justina de Pádua. Formas de espiritualidade potentes, como a *devotio moderna*, abriam novos caminhos para a vida de união com o Cristo. Nessa ótica criavam-se novas comunidades, como os Irmãos e as Irmãs da Vida Comum ou os Cônegos Regulares de Windesheim. Um livro como *A Imitação de Cristo* conheceu um sucesso inaudito: logo se tornou a obra mais editada na Europa (em seguida, no mundo) depois da Bíblia. Haveria muito a dizer nesse campo: é um universo muito vasto. Um apelo à renovação religiosa era, portanto, muito forte e mesmo ardente, mas não se conseguia fazê-lo desabrochar.

Todavia, certas formas do movimento de reforma também cometeram seus excessos. Os pregadores medievais não mediam suas palavras. Assim, o discurso podia tornar-se injusto e desequilibrado. Um orador de nome João Geiler de Keysersberg (1445-1510) atraía multidões à catedral de Estrasburgo, onde sua cátedra ainda existe. Ele batia tão forte que certo número de seus discípulos abandonaram a Igreja Católica. Além disso, no mundo tão estimado pelos humanistas que inspirava os príncipes e os jovens estudantes das universidades, é preciso não subestimar a influência de Erasmo. O holandês Erasmo (1466?-1536) – dever-se-ia dizer – "o europeu Erasmo", foi um dos sábios mais estimados de sua época. Sua obra é imensa. "Príncipe dos humanistas", "alma da República das Letras", amado pelos poderosos, foi um notável epistoleiro: ele trocou cartas com mais de 600 pessoas a respeito de tudo o que interessava na Europa. Feito cônego regular, era uma vocação forçada por seus tutores, o que o fez sofrer por toda vida: praticamente nunca celebrou a missa. Partidário da reforma da Igreja, atacou sem medir palavras a vida monástica e contribuiu assim a criar um clima de dúvida. Observou-se que com isso ele preparou o terreno para Lutero, embora tenha recusado ligar-se a ele.

Dessa forma, a atmosfera da Alemanha – e, sem dúvida, em outras partes – tornou-se revolucionária. E um dia explodiu o episódio das teses de Wittenberg.

II. Martinho Lutero e os inícios do protestantismo

Falar de Lutero não é coisa evidente. Para começar, o personagem é cheio de contradições. Por exemplo, ele é dotado de uma capacidade de amar que se aproxima, pelo lado contrário, de forte disposição a odiar. Em seguida evoluiu, mas suas atitudes nem sempre são coerentes. Foi apresentado como um inovador, o que de fato ele é, mas sobretudo trata-se de um personagem medieval. As apreciações inclusive no meio protestante são muito diversas. No mundo católico elas vão do terrível retrato feito pelo dominicano Denifle em 1904, usando fontes inéditas ou pouco conhecidas, retrato que fez "a Alemanha protestante emitir um grito de horror", às apreciações mais matizadas de Hartmann Grisar e de José Lortz e, por fim, à apreciação entusiasta do dominicano Yves Congar, em 1975, que fez dele um personagem maior que o próprio Santo Agostinho! A celebração do 500º aniversário da Reforma em 2017 foi marcada por uma "quase canonização" de Lutero por algumas grandes autoridades católicas, a ponto de se poder perguntar se ponderaram bem o que disseram. Entre o realismo histórico bastante cru e a idealização, tentemos orientar-nos, seguindo nisto a frase atribuída a Vauvenargues: "Os comentários são livres, mas a realidade é sagrada".

1. Os inícios de Lutero

Martinho Lutero nasceu em 1483 em Eisleben, na Turíngia, numa família em ascensão social. No começo orientou-se para uma carreira civil, mas após alguns acontecimentos traumatizantes sobre os quais ainda se discute, entrou repentinamente para os religiosos agostinianos em Erfurt em 1505. Já tem 4 anos de estudos universitários e está com 22 anos, o que na época é uma idade um tanto tardia para fazer o postulantado como candidato a religioso. Conquistou o mestrado em artes, quer dizer, cursou a filosofia nominalista na escola de Ockham e de Gabriel Biel, o grande nominalista alemão. Absorveu um espírito crítico muito agudo, mas também a conclusão de que a razão é impotente perante as questões divinas. Só Deus pode esclarecer o ser humano a respeito da realidade das coisas. Lutero é então um ser em discussão.

A província dos Agostinianos para a qual entrou Martinho Lutero é um ramo reformado da Ordem. É animada por João Von Staupitz (entre 1460-1524), que se torna seu amigo e orientador. No princípio a vida é exigente e severa. Atormentado pela questão da própria salvação, o jovem Lutero se entrega à ascese e ao trabalho. Ordenado padre em 1507, é doutor em 1512, leciona a partir de 1514, mas continua infeliz e atormentado; não encontra na vida exigente que ele leva, com uma atividade excessiva, a serenidade da alma. Prega de forma talentosa, mas com violência; conservam-se alguns dos sermões dessa época; sente-se neles uma grande tensão. Basta ler o que ele mesmo diz a respeito do seu emprego do tempo:

> Sendo monge, eu não queria omitir nada de minhas orações. Muitas vezes sobrecarregado de compromissos por causa dos meus cursos e de meus trabalhos escritos, eu agrupava minhas Horas,[4] minhas orações de uma semana inteira, até mesmo de duas ou três semanas. Cheguei a me trancar no quarto três dias inteiros, sem comer nem beber, até que eu tivesse terminado meu breviário. A cabeça ficava tão pesada que eu não podia fechar os olhos durante cinco noites. Eu estava em agonia.

Evidentemente, essa não é nenhuma vida religiosa (ou humana) normal. Sabe-se também que não foi orientado pelos seus superiores. Ele diz ainda:

> Apesar da irrepreensibilidade da minha vida de monge, eu me sentia pecador diante de Deus; minha consciência estava extremamente inquieta e eu não tinha nenhuma certeza de que Deus tivesse sido aplacado por minhas obras de satisfação. Assim, eu não amava esse Deus justo e vingador; na verdade, eu o odiava.[5]

Tudo muda e se esclarece para ele quando estuda com muita atenção a Carta aos Romanos de São Paulo. Compreende então que o esforço do homem para a salvação, a pressão que daí deriva e que o acabrunha pessoalmente, no fundo é inútil. Tudo isso não serve para nada. Só Deus pode salvá-lo, por pura graça. "Então eu me senti um homem nascido de novo e pelas grandes portas abertas entrei no próprio paraíso. No mesmo instante, a Escritura me apareceu sob outro aspecto". Portanto, não há motivo para se atormentar pelo seu pecado: este é conatural ao homem e nisso não haverá mudança alguma. O homem comete continuamente pecados, mesmo graves. É assim mesmo, a natureza humana é corrompida: "O

4. Horas: Ofício, Liturgia das Horas, Breviário (N. T.).

5. O cardeal Ratzinger, futuro papa Bento XVI, escreveu que a questão central de Lutero na época era "o terror de Deus, pelo qual Lutero foi atingido até o fundo de seu ser, em tensão contínua entre a exigência divina e a consciência do pecado. Foi afetado de tal forma que seu conceito de Deus era visto por ele *sub contrario*, como o oposto dele mesmo, um demônio que quer aniquilar o homem. A libertação desse medo de Deus é o verdadeiro núcleo da redenção".

homem, tornou-se semelhante a uma árvore apodrecida, não pode querer e fazer outra coisa senão o mal". A salvação não acontece por meio das obras; a Carta de São Tiago, que insiste sobre a ação virtuosa e caritativa na vida do cristão – "Mostra-me tuas obras e eu te mostrarei minha fé" (Tg 2,18) – é qualificada como uma "Carta de palha". Com enfeito, a fé é independente das obras. Eu sei que estou salvo sejam quais forem minhas obras, e eu o sei pela minha fé. Portanto, toda boa ação é sem valor objetivo real para a salvação. Inútil dizer que as indulgências nesse contexto e, de modo mais geral, a oração pelos mortos, são sem interesse. Os mortos estão salvos ou não, isso depende unicamente da graça de Deus; nossas orações não servem para nada.

Se a Carta aos Romanos nos dá o único verdadeiro sentido de toda a Escritura, isto significa para Lutero que a Igreja católica, que recomenda sem cessar as obras, é uma embromação, uma enorme mentira. Vivendo por suas obras, ela se alimenta de uma ação inútil e pesada. É um sistema estruturalmente opressor. Portanto, não pode ser reformada: é preciso destruí-la. Muito rapidamente as posições de Lutero se radicalizam, ele compara a Igreja à prostituta da Babilônia do Apocalipse e o papa ao Anticristo do fim dos tempos. Gravuras violentas de tipo escatológico são publicadas a respeito do papa com textos de Lutero. A revolta é total.

Se a Igreja é um erro histórico, o que sobra? A fé que Deus dá a cada um, o contato direto com a Escritura. Deus dá a cada pessoa que ele salva gratuitamente a revelação direta da fé, para além de toda a razão: *Sola Scriptura:* só a Escritura, revelada a cada um em seu coração, torna-se a regra da vida cristã. A razão não é mais uma regra, um elemento de sabedoria e de discernimento útil para a fé. Lutero pensa que, assim, ele acaba com o domínio da razão, simbolizado por ele em Aristóteles. O nominalismo de Lutero ajudou-o a adotar essa posição. É evidente que a Igreja da época, enquanto organização, não ia bem. Mas havia uma apresentação mais profunda e tradicional da Igreja como comunhão dos santos, quer dizer, como fraternidade dos cristãos no Cristo, unindo o primeiro mandamento: o amor de Deus, e o segundo: o amor ao próximo. Em outras palavras: a Igreja tem uma organização, mas ela *não é* uma organização. Lutero pensa diversamente: cada um está sozinho diante de Deus, a relação é de tipo absolutamente vertical.

Se a Igreja é uma embromação, os sacramentos que ela administra foram inventados por ela. Lutero suprime-os e só conserva dois: o batismo e a eucaristia. Ele crê na presença real, mesmo se se afasta do vocabulário católico quanto a este ponto.

Todavia, é preciso que a Escritura seja transmitida, que haja um mínimo de ensino para compreendê-la. Lutero preconiza, então, uma Igreja diferente. Para ele a Igreja é uma organização prática, não um órgão místico. Ela pode muito bem ser dirigida pelos leigos e no mais alto nível pelos próprios príncipes. Ela não tem mais a necessidade de todos os bens que permitem as obras de caridade ou sociais. Os príncipes podem confiscá-las. Basta conservar as igrejas estritamente necessárias para o culto. Em compensação admite pouco a pouco que os príncipes chefes da Igreja tenham um poder constritivo em relação aos heréticos, que não é conveniente admitir.

2. A explosão

Os estudantes de Lutero, segundo seu próprio testemunho, assumem o caso e a causa em seu favor com entusiasmo. Eles queimam os textos do dominicano Tetzel encarregado de pregar as indulgências. Num primeiro tempo, Lutero, que ainda não quer separar-se da Igreja, acha que eles exageram. Mas a imprensa está lá! Os textos de Lutero são publicados em toda a Alemanha, onde provocam um movimento de contestação contra Roma. Entre 1517 e 1525 há 2.000 edições dos escritos de Lutero. Nunca se tinha visto um homem publicar tanto em tão pouco tempo. Os editores, os mascates, são os melhores aliados de Lutero. Ele se torna o campeão religioso da Alemanha, aquele que finalmente desafia o papado. O barulho aumenta tanto que o papa, prevenido, envia um legado a Augsburgo para discutir com Lutero e tentar obter sua retratação. Esse legado é o cardeal dominicano Caetano (1469-1534), um dos melhores teólogos da época e um comentador de Santo Tomás de Aquino, ao qual todos se referiam durante a época moderna e mesmo até os dias de hoje. É sábio, não é um extremista. Mas os dois homens não chegam a se compreender: é uma verdadeira tragédia intelectual.

O papa Leão X (um homem da Renascença, mecenas, filho de Lourenço, o Magnífico, de Florença), ensaia então uma política de conciliação, que no começo parece dar certo, mas Lutero radicaliza sempre mais. Em junho-julho de 1519, quando de um encontro organizado em Leipzig com o objetivo de encontrar um entendimento, ele declara que a Igreja não precisa de um chefe sobre a terra porque é governada por Cristo, que é a única rocha sobre a qual está fundada. Portanto, o papa e os concílios podem perfeitamente se enganar, mesmo a respeito da fé. Lutero acentua então sua atividade polêmica e escreve com incrível rapidez o *Apelo à nobreza cristã da nação alemã*, o *Prelúdio sobre o cativeiro babilônico da Igreja* e o tratado *Da liberdade Cristã.*

O *Apelo à nobreza cristã da nação alemã,* publicado em 1520, é um texto capital porque o essencial do que vai ser escrito em seguida já se encontra aí. É preciso, portanto, dizer uma palavra sobre ele. Lutero aboliu a distinção entre laicato e sacerdócio: "Entre leigos, padres, príncipes, bispos e, como eles dizem, entre o clero e o século, no fundo não há nenhuma diferença a não ser a da função ou da tarefa". É toda a constituição da Igreja que é posta em questão. Ele se mostra extremamente duro contra o papado e propõe diminuir seus poderes de forma considerável, em particular quanto à nomeação dos bispos. Da mesma forma o papa deve perder toda a autoridade sobre as potências temporais. Bem entendido, ele perde igualmente a autoridade de interpretar legitimamente a palavra de Deus. O número de Ordens Religiosas deve ser reduzido. Isto significa que, abolida a legitimidade do papa, são os poderes civis que devem decidir a respeito dessas supressões e do destino dos bens. Os padres devem casar-se. A mendicidade deve ser suprimida, mas não é dito com que meios.

O fato de o texto ser explicitamente dirigido à nobreza alemã mostra que é a ela que cabe aplicar essas sugestões:

> É preciso deixar o poder temporal cristão agir livremente... A autoridade temporal tornou-se membro do corpo cristão e embora ela tenha uma tarefa material pertence ao estado espiritual. [...]. Acordemos, caros Alemães! É tanto mais necessário despertar, quanto o papado «sugou até a medula» os país *welche* (quer dizer, em alemão da época, os não germânicos), e agora se prepara a arruinar os alemães, que ele de passagem qualifica como "beberrões" (quer dizer, inconscientes), "até seu último *heller* e seu último *pfennig*", pois foi predito que o Anticristo (o papa) "deve apoderar-se dos tesouros do mundo". "Por que nós, alemães, nos deixamos enganar e roubar dessa forma?

Como se vê, o apelo de Lutero é preciso e radical. O sucesso é imenso. O texto é impresso em 4.000 exemplares desde a primeira edição, o que então é considerável, e reeditado imediatamente, prelúdio de numerosas outras edições. Não se está mais somente numa querela religiosa a respeito da justificação pela fé, começa-se a caminhar para uma reorganização geral da Igreja pela nobreza alemã.

Em 1520, o papa condena Lutero. Ele queima em público a bula pontifícia de condenação. Em 1521 ele comparece em Worms perante o Imperador Carlos V. Conseguiu um salvo-conduto e reafirma com orgulho seu propósito:

> Vossa Majestade sereníssima e Vossas Senhorias me pediram uma resposta simples. Aqui está sem rodeios, nem artifícios. A menos que eu seja convencido do meu erro por testemunhos da Escritura ou por razões evidentes – porque eu não creio no papa, nem nos concílios, pois é evidente que muitas vezes se enganaram e contradisseram – eu estou ligado pelas palavras da Escritura que citei e minha consciência é cativa da palavra de Deus; eu não posso, nem quero retratar-me de nada porque não é seguro nem honesto agir contra a própria consciência. Aqui estou, pois, neste dia. Eu não posso agir de forma diversa. Que Deus me ajude.

Lutero é banido do Império, o que é uma forma de condenação à morte. Mas, de fato, ninguém irá persegui-lo. Porque Lutero, na realidade, sabe que não está sozinho. Recebeu o apoio do landgrave de Hesse e sobretudo do príncipe eleitor do Saxe, Frederico III, o Sábio. Este o faz desaparecer: esconde-o durante dois anos no castelo de Wartburg, dominando a cidade de Eisenach, na Turíngia. Ali Lutero começa a traduzir a Bíblia em alemão. Essa tradução se tornará uma das bases literárias da cultura germânica. Em 1522 volta a Wittenberg. O mosteiro, dito Convento Negro, foi secularizado, os religiosos expulsos, o eleitor do Saxe deu o convento a Lutero, que nele viverá tranquilamente pelo resto de seus dias. Em 1523 ali acolhe 9 religiosas que fugiram do seu convento, e desposa uma delas, Catarina Von Bora, que cuida dele e lhe propiciará uma vida organizada. O eleitor João de Saxe, que sucede em 1525 a seu irmão Frederico, protege-o. Wittenberg, para onde acorrem agora os estudantes, em boa parte sob a batuta de Melanchton (1497-1560), torna-se um centro de formação segundo o pensamento luterano que se expandirá por toda Europa.

No seu tratado sobre *A liberdade de um cristão*, Lutero escreve: "Um cristão é senhor de todas as coisas e não está sujeito a ninguém". Esta ideia é retomada como uma revelação, um pouco por toda parte, por camponeses, animados por um discípulo de Lutero, Tomás Müntzer. Oprimidos pela nobreza, os camponeses se revoltam em 1524 e agridem os nobres. É uma revolta imensa (a *Bauernkrieg*, ou guerra dos Camponeses) que chega a aproximadamente 300.000 camponeses em toda a Alemanha, na Lorena germânica e no Tirol. Ora, Lutero faz uma espécie de aliança com a nobreza alemã, de quem se tornou mestre de consciência, em particular com Felipe I de Hesse (1504-1567), que ele conheceu desde 1521. Todos, então, se voltam para ele. Depois de recomendar por certo tempo a moderação, em 1524 ele publica dois escritos: *Carta aos príncipes de Saxe sobre o espírito sedicioso* e em janeiro de 1525 o libelo *Contra os profetas celestes*: "Por minha vez, eu devo indicar à autoridade civil come ela deve se comportar nesta situação". Expõe, então, uma teologia da obediência absoluta ao poder, autorizando a repressão em caso de revolta:

> De novo, as hordas de camponeses, prontos a matar e saquear, [...] é preciso pulverizá-los, estrangulá-los, sangrá-los, em segredo e em público, sempre que possível, como se deve fazer com os cães doidos. Este tempo é de tal modo excepcional que um príncipe, ao versar sangue, pode conquistar o céu.

Certas passagens são ainda mais duras. Cerca de 100.000 pessoas são massacradas, inclusive Tomás Müntzer. Mais tarde, Lutero levantará questões a respeito de sua atitude. Em 1533, ele diz durante uma refeição:

> Os pregadores são os maiores assassinos. Com efeito, eles exortam a autoridade a dispor firmemente, segundo o próprio gosto, do cargo e a punir os elementos noci-

vos. Por ocasião do levantamento, eu matei todos os camponeses; todo seu sangue está sobre minha cabeça. Mas eu o derramo sobre Nosso Senhor Deus: foi ele a exigir que eu falasse desse modo.

Esta posição sela a aliança de Lutero com a nobreza. Os senhores secularizaram os bens da Igreja, fecharam os conventos, se apossaram dos bens dos mosteiros. Seus ganhos aumentaram enormemente. A Reforma Protestante é, assim, uma imensa transferência de propriedade. Felipe I de Hesse é um dos grandes organizadores dessa nova Igreja. A vida paroquial num primeiro tempo não é tocada. A liturgia pouco a pouco, a partir de 1526, passa do latim para o alemão, mas sua estrutura pelo menos exteriormente não parece mudar. Quando se visitam velhas igrejas luteranas (como em Nuremberga), ainda encontramos nelas a decoração interior do fim da Idade Média.

Também as ideias de Lutero se difundem na Alemanha muito rapidamente, sustentadas por diferentes autores como Felipe Melanchton, Ulrico Von Hutten ou André Rodolfo Bodenstein. Muitos príncipes ou corporações dirigentes das grandes cidades as adotam. Em 1525 produz-se o que Lutero qualifica de "milagre": os cavaleiros teutônicos criaram às margens do Báltico um Estado poderoso. Seu Grande Mestre, Alberto de Brandeburgo-Ansbach, abandona a vida religiosa, declara-se proprietário da ordem, casa-se e, seguido por seus cavaleiros, funda o que se tornará a Prússia.

Em 1526 os príncipes alemães, assustados com a guerra dos Camponeses, se reúnem na primeira Dieta de Spire, proclamam uma espécie de urgência, põem-se de acordo a respeito do princípio: *Cujus regno, ejus religio.* Dito de outra forma, as pessoas deverão adotar a religião do príncipe ou abandonar seus Estados. Nesse mesmo ano João I de Saxe declara o luteranismo obrigatório em suas terras; o catolicismo praticamente desaparece, pois o movimento continua. O Mecklemburg (1533), a Pomerânia e o Würtemberg (1534), o Brandeburgo e o ducado de Saxe (1539) adotarão a Reforma. Nas cidades livres, as corporações municipais votam, às vezes por pequena maioria, para decidir qual religião adotar e os opositores são solicitados a vender seus bens e partir. É o caso, por exemplo, de Nuremberga. Escreveu-se mesmo que a reforma era antes de tudo um "fenômeno urbano". O mesmo rigor é adotado para com os religiosos, homens e mulheres, cujas casas são fechadas, não sem resistência de muitos religiosos, que às vezes sofrem durante vários anos uma verdadeira perseguição.

O novo imperador Carlos V, eleito com dificuldade em 1519, ocupado com a guerra contra a França e contra os turcos, tem dificuldade de se impor e não é capaz de estancar o processo. Em 1529, na segunda Dieta de Spire, 6 príncipes e 14 cidades tomam o partido de Lutero e protestam contra as medidas a seu respeito:

é a origem do termo "protestantes". No ano seguinte, durante a Dieta de Augsburgo, Felipe Melanchton lê uma profissão de fé com a qual se comprometem os príncipes protestantes, que se unem na liga defensiva de Esmalcalda em 1531. O imperador está paralisado, nenhum de seus esforços chegará a reverter a situação. Por seu lado, o papa no início quer ameaçar o eleitor de Hesse. Depois, na Dieta de Nuremberga de 1522-1523, Adriano VI envia o núncio Chieregati, que reconhece os erros da Igreja. O texto pontifício é muito forte, pode-se verificar:

> Desde alguns anos, nós sabemos que numerosas abominações foram praticadas no coração da Santa Sé, de modo que se cometeram abusos nos assuntos espirituais e excessos nas ordenanças e nos decretos emanados; sim, de fato, tudo foi pervertido. Não é, pois, de se espantar ao ver que a enfermidade se tenha difundido da cabeça aos membros, isto é, dos papas aos pastores. Nós todos, prelados e padres da Igreja, nos desviamos... Dado que a própria cabeça da Igreja está envolvida nisso, é nosso dever prometer que faremos todos os esforços necessários para que esta Cúria que sem dúvida é a fonte de todo esse mal seja reformada em primeiro lugar. Assim, na mesma medida em que ela contribuiu para perverter todos que dependiam dela, trabalhará para se converter e se levantar. Esta reforma nos parece tanto mais imperativa quanto, nós o constatamos, o mundo inteiro a solicita com seus votos.

Muito tarde! O movimento continua. Em 1540-1544 organizam-se em Haguenau, Worms, Ratisbona, colóquios de teólogos na presença do legado pontifício Contarini, para reaproximar os pontos de vista sobre a justificação. Sem enfeito nenhum. A reação católica parece inapropriada, insuficiente. Todavia, uma parte das cidades e dos príncipes decide conservar a fé tradicional.

Lutero morre em 1546. Trabalha até o fim, publicando em 1529 seu *Pequeno Catecismo*, seguido pelo *Grande Catecismo*. Em 1534 terminou sua tradução da Bíblia em alemão. Compôs cânticos litúrgicos nessa língua. Seu gênio literário está no auge. Às vezes Lutero é visto envelhecer como "um homem sensível e bom, de coração novo, olhos de criança", como escreveu gentilmente Luciano Febvre, descrevendo uma espécie de patriarca pacífico e benfazejo. Todavia, isso é olhar a realidade só desde certos ângulos. Na realidade, Lutero permaneceu até o fim um impertérrito polemista. Em 1543 publica *Dos judeus e de suas mentiras* (*Von den Juden und ihren Lügen*) e em 1545 *Contra o papado de Roma, inspirado pelo Diabo* (*Wider das Papsttum zu Rom, vom Teufel gestiftet*).

Essas últimas obras, é preciso reconhecer, não são mais irenistas do que as precedentes. Desde 1522, ele escrevia:

> "Veja minha obra! Não arranquei do papa, dos bispos, dos padres e dos monges mais do que jamais arrancaram os imperadores, os reis e os príncipes com todo seu

poder? E isto, não como eles, pela espada, mas pela boca!". Mais tarde: "É preciso prender o papa, os cardeais e toda a canalhada que o idolatra e... arrancar-lhes a língua do fundo da garganta, pregar todas essas línguas uma depois da outra no patíbulo. Em seguida, que se deixe que elas organizem um concílio ou o que quiserem no patíbulo entre os diabos".

O papa era qualificado por ele como "grande pai infernal", "apóstolo do diabo", "porco epicurista", "excremento do diabo" etc. Ele nunca recuou dessa posição. Pelo contrário, pensava que uma nova Igreja tinha nascido com ele e se felicitava por isso. Para ele, a antiga tinha morrido.

Quanto aos judeus, por muito tempo tolerante, com a idade Lutero radicaliza, tratando-os de

> cães sanguinários e assassinos de todos os cristãos. Evite os judeus como se se tratasse da peste, e saiba que em todo lugar onde eles têm suas sinagogas, nada mais existe do que um reduto de demônios. Cada vez que você vir um judeu, lembre-se de que só pelo seu olhar, ele infecta e mata os homens.

Ele elabora um plano de ação contra o "odioso e satânico povo dos judeus" em sete pontos, visando praticamente sua supressão. Sua última pregação, três dias antes de morrer, consagrou-a a eles, na mesma ótica. Na Alemanha deverá haver quem se lembre do que ele escreveu...[6] Em todo caso, são inevitáveis os questionamentos.

3. Algumas observações

Não se pode ver Lutero de uma maneira inteiramente "polida", como uma espécie de santo profeta, em nome de um falso irenismo denunciado pelo Vaticano II, sob pena de violar a verdade histórica. Mas também não se pode estudá-lo sem tentar compreendê-lo, em particular no domínio de seu pensamento. É o que foi feito em diversas tentativas nos últimos anos e esse trabalho tem dado frutos.

Após estudar a parte referente ao vocabulário e às consequentes polêmicas, o que já representa um esforço importante, percebeu-se que, na realidade, algumas posições teológicas não eram tão distantes das tradicionais, como se pensava. Boa parte do que Lutero dizia sobre a justificação, sobre os sacramentos é suscetível de uma interpretação aceitável por parte dos católicos. No dia 31 de outubro de 1999, o cardeal Eduardo Cassidy e o bispo Cristiano Krause, presidente da Federação Luterana Mundial, assinaram em Augsburgo,

6. Léon Poliakov, *Histoire de l'antisémitisme*, t. I, Paris, Le Seuil, p. 365-373. O autor afirma que as posições de Lutero na Alemanha moderna têm uma dimensão "incalculável".

em nome de suas respectivas Igrejas, uma *Declaração comum* sobre a questão da justificação pela fé. Após séculos de controvérsias e de violências verbais, finalmente verificava-se um entendimento.[7] Mas na época de Lutero, a impossibilidade de alcançar tal entendimento foi uma verdadeira tragédia! É um dos naufrágios da inteligência na história do mundo europeu, quando se toma conhecimento das consequências que teve esse desacordo! Como poderíamos ter evitado essa crise?

Tanto mais que essa aproximação teológica não trouxe os frutos que se podiam esperar. Pensou-se que os luteranos e os católicos teriam reencontrado a unidade perdida. Não se chegou a nada. Para isso há pelo menos duas razões. A primeira é que com frequência o modo como os luteranos veem os católicos continua muito negativo e marcado, pelo menos para a teologia, por uma polêmica que ainda não se extinguiu. A segunda é que o luteranismo se afastou enormemente do pensamento de Lutero e se recompôs sobre outras bases. A questão da justificação se tornou secundária na maior parte das Igrejas luteranas. Desde então, um acordo com os católicos sobre este ponto não é mais algo de grande importância.

III. A difusão do protestantismo

Em todo caso, o que é evidente é o imenso impacto de Lutero. Não somente na Alemanha, mas na Europa toda (e depois no mundo), sob formas muito variáveis. Aqui daremos somente uma rápida síntese.

1. Os países luteranos

O luteranismo se difundiu muito depressa de modo especial nos países sob o influxo da cultura germânica, pelas mesmas razões pelas quais se difundiu na Alemanha. Tornou-se a religião oficial na Suécia em 1529 sob o reinado de Gustavo I Vasa, e na Dinamarca em 1530 graças ao rei Frederico I; depois, de lá passou para a Noruega e a Islândia. O luteranismo foi imposto pelos príncipes; as pessoas eram obrigadas a se submeter, os reis se tornaram chefes de Igrejas nacionais, na linha do cesaropapismo do qual já falamos. Como na Alemanha, a população nos inícios não se deu conta exatamente do que acontecia. Não foram tocadas as igrejas, as cerimônias permaneceram as mesmas, idem as vestes litúrgicas, só a língua litúrgica mudou. Fecharam-se os conventos, os padres se casaram, mas seu ministério continuou o mesmo. Só pouco a pouco é que as evoluções de base na questão de doutrina se impuseram.

7. Adriana Von Speyr (1902-1967), protestante suíça convertida ao catolicismo, quis integrar em sua teologia, que inspirou o grande teólogo Hans Urs von Balthasar (1905-1988), tudo que havia de válido nas intuições de Lutero, distanciando-se completamente de seus excessos: http://terredecompassion.com/2017/12/06/dossier-adrienne-von-speyr-2-luther-et-adrienne-23

2. O calvinismo

Nesse contexto de explosão geral, a questão da adesão a esta ou àquela Igreja ocorreu em muitos lugares. Os cantões suíços em boa parte votaram pela adesão à Reforma, em particular os mais importantes (Zurique, Basileia); todavia, eles não se ligam ao luteranismo, mas à doutrina de Ulrico Zwingli (1484-1531). Desde 1532 Guilherme Farel prega a Reforma em Genebra e em 1535 o catolicismo é praticamente suprimido. João Calvino (1509-1564), reformado desde 1533, começou seu ministério em Genebra em 1541, tornando-se mais tarde o mestre e o inspirador da Reforma. Ali fundou uma República regida por princípios religiosos muito estritos e difundiu uma teologia sob muitos pontos de vista mais radical que a de Lutero, em particular quanto à predestinação, à organização da Igreja, aos sacramentos e mesmo à organização da sociedade civil.

O mundo calvinista é muito mais rigoroso e poderíamos dizer elitista do que o mundo de Lutero. Ora, é importante observar: a Genebra de Calvino vê a si mesma como uma espécie de cidade ideal, de modelo para toda a Europa. João Knox dirá que ela é "a mais perfeita escola de Cristo que jamais tenha existido na terra desde os tempos dos Apóstolos". É uma teocracia: Deus ali reina diretamente. Com efeito, para Calvino o ser humano não vale nada. É "completamente insignificante". Sua salvação e a de toda a sociedade só se baseia "nos eleitos, escolhidos para executar os planos de Deus". Suas regras de vida e de culto são imperativas e a disciplina de vida é tal que as casas são inspecionadas, os cozinheiros visitados, as vestes censuradas, as pessoas interrogadas. O sermão na hora marcada e o culto do domingo são obrigatórios.

Os adversários desse modo de vida são, segundo Calvino, "piores que os turcos e os judeus... cães, touros, diabos". Também a repressão é constante. Falou-se até mesmo de "terror". Cada 15 genebrenses, 1 foi inquietado no tempo de Calvino (1 sobre 8 afirma: algumas vezes) e um grande número foi excomungado: mais de 50 em 1554, uma centena em 1555, 250 por ano entre 1557 e 1560, entre 300 em seguida: no total, 1 genebrês cada 25. As penas disciplinares são pesadas: centenas de pessoas morreram na fogueira durante os 24 anos de governo de Calvino, sendo o mais conhecido o médico Miguel Servet, considerado como herético, queimado a fogo lento. Os crimes sexuais (adultério, incesto, sodomia) com frequência são punidos pelo afogamento no lago ou no rio Ródano. Só durante os 5 primeiros anos do ministério de Calvino, 13 pessoas são enforcadas, 10 decapitadas e 35 queimadas. Procuram-se com insistência no campo os idólatras e as bruxas. No povoado de Peney, 43 habitantes são levados à justiça e 38 são executados. A oposição política genebresa a Calvino não é tratada melhor: 66 pessoas são perseguidas por esse chefe, 22 condenadas à morte (com frequência, por contumácia) e 8 executadas. Mais culpáveis ainda são os seguidores de seitas protestantes dissidentes, em particular os anabatistas: "Em relação às outras seitas de heréticos, diz Calvino, esta difere, não só por ter errado em certos pontos, mas por gerar um mar de loucos devaneios".

As mudanças culturais de Genebra se traduzem em particular – não somente, porém – nos nomes dados às crianças. Antes da Reforma, 46% das crianças tinham nomes de santos; em 1550-1560, somente 2%. Criou-se um mundo novo, ideal. Não é sem sofrimento que mais tarde Genebra se tornará uma cidade de diálogo, de humanitarismo e de ecumenismo. Os tempos de Calvino estão longe.

Os Países Baixos, opositores da dominação espanhola, se tornam calvinistas a partir de 1550. A Escócia,em 1560. O calvinismo ali é organizado particularmente por João Knox (entre1505-1572) que funda a Igreja presbiteriana sob uma forma mais democrática. Penetrará na Renânia e no Palatinado e em boa parte da Hungria no fim do século XVI. O calvinismo procura implantar-se na França, apoiando-se na nobreza. Aproximadamente, em 1561 há no país 670 Igrejas calvinistas. Não se conhece a totalidade da população atingida, as cifras fornecidas muitas vezes provêm da propaganda. Mas o que é certo é que uma proporção notável da nobreza se tornou protestante. As guerras de religião arrasam o país de 1562 a 1598, com consideráveis perdas de vidas humanas: a população francesa diminuiu de um milhão de pessoas entre 1562 e 1596.

3. A emergência da Igreja da Inglaterra

Na Inglaterra o rei Enrique VIII (1491-1547), no princípio fervoroso defensor do papado contra Lutero, afasta-se da Igreja católica e funda a Igreja da Inglaterra entre 1527 e 1549 por razões de ordem pessoal. Ele pretender anular seu casamento com Catarina de Aragão, que não lhe deu um herdeiro, para casar com sua amante Ana Bolena.[8] O papa recusa. Henrique VIII faz-se proclamar pelo Parlamento chefe da Igreja da Inglaterra e um tribunal eclesiástico *ad hoc* invalida seu casamento. O papa Clemente VII ameaça excomungá-lo, mas Henrique VIII faz votar pelo Parlamento o *Ato de Supremacia* que reforça sua autoridade sobre a Igreja. Os mosteiros são suprimidos e, como em outras partes, seus bens confiscados pelo poder. A repressão contra os que não querem seguir o rei atinge um raro grau de crueldade. Em alguns anos, 2 cardeais, 2 arcebispos, 18 bispos, 13 abades, 500 religiosos são executados, com 12 duques e condes, 164 cavaleiros, sem falar do grande humanista da Inglaterra, Tomás Moro etc. No plano doutrinal, muitos documentos se sucedem entre 1536 e 1563, assumindo uma posição oficial que

8. Como se sabe, Henrique VIII teve seis mulheres. Mandou decapitar duas. Nessas condições, ele precisava de um clero sob medida.

varia. A liturgia continua de inspiração tradicional e católica, mas o dogma é largamente inspirado no protestantismo.

Em compensação, a Itália, a Espanha, Portugal continuam na órbita católica. No caso da França, a questão será regulada com a ascensão ao trono de Henrique IV (1589), que não somente fará a escolha do catolicismo, mas contribuirá a iniciar no país a Reforma da Igreja galicana. A Polônia, depois de um período complexo, permanece católica.

IV. Questões sobre as consequências da crise protestante

Na fase em que estamos surge uma série de constatações e de questões. Vamos examiná-las rapidamente; os assuntos não têm fim.

1. A renovação da Igreja católica

Lutero e Calvino julgavam que a Igreja católica tinha acabado. Entretanto, ela não desapareceu. Pelo contrário, "reagiu" e foi capaz de se renovar amplamente, mediante o que se chama a Reforma Católica ou também a Reforma Tridentina, do nome do Concílio de Trento, que se reuniu, não sem problemas, entre 1542 e 1563 para renovar a Igreja em plena tempestade.

O Concílio de Trento tomou uma série de decisões doutrinais e disciplinares. Mas fez melhor ainda: teve a coragem de olhar as coisas como elas são e de dar nome aos abusos. Na realidade, é quase toda a Igreja Católica que empreendeu esse trabalho de revisão. Assim, a Reforma Católica se deu em todos os níveis, do papado (em particular com São Pio V, papa de 1566 a 1572), ao colégio cardinalício, às dioceses (com o modelo de São Carlos Borromeu, 1538-1584), aos padres, aos religiosos, ao povo cristão. A ação dos grandes santos, cujo influxo foi imenso, como Santo Inácio de Loyola (1491-1556), São Francisco Xavier (1506-1552), São Felipe Neri (1515-1595), São João da Cruz (1542-1591), Santa Teresa d'Ávila (1515-1582) etc., a fundação de Ordens Religiosas, como os Jesuítas, ou o Carmelo teresiano, a reforma-fundação das Ordens antigas, o desenvolvimento da instrução em todos os níveis e do catecismo, a ação caritativa, tudo isso contribuiu a dar ao catolicismo uma face nova que as missões "exportaram" para fora da Europa. Na América Central e do Sul, no Canadá, na Ásia, criaram-se cristandades que se desenvolveram e que duram até hoje. O catolicismo chegou às extremidades do mundo conhecido.

Tudo isso traduzido pela arte barroca, que é uma espécie de exultação pela vida. Pensava-se que morrera. Mas, vivia! E Deus se manifestava na fé do povo cristão, um pouco por toda parte, com uma força inegável. O barroco, que foi descoberto na França em particular graças ao historiador Victor-Luciano Tapié, é uma arte que, na realidade, tem uma lógica: é a alegria de existir, um cântico de alegria, de força sem medida. Vinha-se de tão longe! Foi uma das formas artísticas mais populares de todos os tempos.

Na França a Reforma Católica começou mais tarde do que em outras partes por causa das guerras de religião: sessenta anos de atraso pelo menos. Mas ali ela assumiu formas muito originais, graças a excelentes nomeações episcopais que continuaram sem interrupção sob Henrique IV, Luís XIII e Luís XIV, e a personagens de uma amplidão espiritual pouco comum, como Pedro de Bérulle (1575-1629), São Francisco de Sales (1567-1622), Jean-Jacques Olier (1608-1657), São Vicente de Paulo (1581-1660), São João Eudes, (1601-1680), Santa Margarida Maria Alacoque (1647-1690) etc. Entre outras coisas notemos que a Igreja da França elaborou uma teologia e uma espiritualidade sacerdotais notáveis e praticamente inventou os seminários em sua forma atual. A vida religiosa das mulheres e a assistência aos pobres foram completamente reformadas. O culto ao Coração de Jesus se difundiu da França para o mundo inteiro, oferecendo aos questionamentos humanos uma solução fundada no amor.

No fim do século XVII a crise que tinha levado à Reforma Protestante, nos países católicos, parecia resolvida e, na Europa, o catolicismo tinha reconquistado suas posições, na própria França, na Alemanha, na Áustria ou na Hungria.

A Reforma Católica criou também as bases para o futuro. A crise das Luzes, de que falaremos mais adiante, sacudiu consideravelmente a Igreja católica. Mas foi sobre os fundamentos da Reforma Católica que a Igreja pôde tomar um novo impulso no início do século XIX. Sem dúvida, nada mais podia ser como antes, mas muitos problemas tinham encontrado sua solução, as opções principais permaneceram as mesmas e elas duraram até a metade do século XX, quando uma nova crise as sacudiu. Mas disso falaremos mais adiante.

2. A implosão das Igrejas protestantes

O princípio do *livre exame* imposto por Lutero não podia ser tomado a sério pelos teólogos ou pelos homens espirituais, que não pensavam obrigatoriamente como ele, mas que como ele se sentiam eleitos de Deus e inspirados. Daí heresias na heresia. A questão surgiu desde os primeiros anos da Reforma Luterana, embora Lutero não tenha demorado a pedir ao braço secular que obrigasse ao silêncio seus adversários que "protestavam". As teses de Zwingli (1484-1531), que se difundiram na Suíça, depois as de Calvino, não podiam ter a aprovação de Lutero. Mas o zwinglismo e o calvinismo, ou também os anabatistas e os irmãos morávios, só foram o começo. A Reforma se fragmentou cada vez mais. A organização levada a cabo pelos príncipes ou também pelas corporações municipais que desempenhavam o papel de guardiães da fé limitou a implosão, mas não conseguiu impedi-la.

Ela assumiu pelo menos duas formas. Por um lado, traduziu-se em divergências doutrinais que foram (e são) inumeráveis e desembocaram na criação de milhares de Igrejas; por outro, levaram uma busca de vida espiritual mais profunda, tanto em Igrejas novas quanto em correntes que atravessam as diversas denominações, como o pietismo ou como outras que, para própria admiração, acabam às vezes sentindo-se próximas do catolicismo. O "despertar" protestante nas múltiplas Igrejas dessa denominação, com frequência, tem pontos comuns com a "renovação" católica, e chega até mesmo a se servir dos mesmos autores espirituais.

Em 1688 Bossuet escreveu um célebre livro sobre *A História das variações das Igrejas protestantes.* Ele mostrava que o movimento de divisão iniciado por Lutero não podia parar. Como estamos hoje quanto a isso? Atualmente o catolicismo abrange aproximadamente 1,3 bilhão de fiéis e o protestantismo cerca de 900 milhões, dos quais um pouco menos de 70 milhões são luteranos, 80 milhões calvinistas, 85 milhões anglicanos (estas são ditas as Igrejas "históricas"), 40 milhões metodistas, 500 a 600 milhões evangélicos e pentecostais. Trata-se de cifras sujeitas a caução.

O que é certo, é que as Igrejas tradicionais perdem fiéis. Às vezes é até mesmo espetacular, como no caso da comunhão anglicana ou dos metodistas, ou então, como no caso dos Países Baixos, na Alemanha ou na França. As antigas denominações se reúnem, então, entre si, para subsistir, sejam quais forem suas divergências doutrinais. Assim, a Federação Protestante da França compreende uma união de umas trinta Igrejas, incrivelmente diferentes umas das outras. Em compensação, o movimento evangélico é uma das grandes forças religiosas e missionárias do mundo. É o que mais cresce. Mas como se passa facilmente de uma Igreja para outra, todas as cifras são aproximativas: foram contadas muitas vezes. Nos Estados Unidos, criam-se muitas Igrejas, em geral evangélicas, todas as semanas. Muitos pastores fazem questão de ter uma Igreja pessoal que com frequência dura tanto quanto eles ficam lá. O fenômeno é o mesmo na África, na América Central e na América do Sul. Os fiéis mudam de Igreja sem problemas, em função dos pastores, pela vontade de mudar ou por evoluções de ordem pessoal. É um universo instável onde a crença flutua.

A que se deve tudo isso? Evidentemente, à posição de Lutero, que faz do ser humano o único juiz pessoal da verdade, desacredita toda a verdade objetiva. No limite, cada um cria a própria religião em função das circunstâncias. Notemos, porém, também um ponto em geral pouco percebido: o influxo do projeto de Calvino de criar a cidade ideal. Acreditou-se, com ele, que a cidade perfeita podia existir sobre a terra; ou mesmo a Igreja perfeita. Essa tentação levou a criar seguidamente novas formas religiosas que fossem sem defeitos. É um nunca acabar. E sem esperança, dado que o ser humano é o que é.

Não é o caso de aqui fazer uma apreciação moral ou teológica do protestantismo. Como historiadores, nós só podemos constatar o fenômeno de divisão constante e constitutiva. Dito isso, do ponto de vista da teologia católica, também não é questão de demonizar o protestantismo. Ele foi, e é atualmente, atravessado por poderosas correntes espirituais que respondem às necessidades dos homens deste nosso tempo. Suscitou personagens que evidentemente não foram canonizados, mas que são verdadeiros santos, como Ricardo Hooker (1554-1600), simples pastor do campo anglicano; Lancelot Andrewes (1555-1626), um dos pais da liturgia anglicana; o *Quaker* João Woolman (1720-1772), "o maior dos grandes místicos americanos"; João Wesley (1703-1791), fundador do metodismo. Suscitou também heróis, como Martin Luther King (1929-1968) ou Nelson Mandela (1918-2013); profetas como o sul-africano Davi du Plessis (1905¬1987), apelidado "Senhor Pentecostes"; ou Roger Schutz (1915-2005), fundador de Taizé; sem falar de artistas, como Johann-Sébastian Bach (1685-1750).

3. A influência do protestantismo no mundo de hoje

É assunto a discutir. O mundo atual, queiramos ou não, é um produto da Europa e dos Estados Unidos que são, de certo modo, um derivado. O fim do comunismo e a irrupção da globalização marcaram (ou parecem marcar) o triunfo do capitalismo liberal de tipo anglo-saxão. É preciso, por isso, refletir nas teses do alemão Max Weber (1864-1920), sintetizadas no seu livro *A Ética protestante e o espírito do capitalismo (1904-1905).* Para ele, no mundo da Reforma ganhar dinheiro é um objetivo em si mesmo: "O lucro se tornou um objetivo em si, que o homem se propõe; não lhe está mais subordinado como meio para satisfazer suas necessidades materiais". De certo modo, é uma espécie de vocação, um fim constitutivo da vida. Segundo esse autor, o protestantismo modelou o mundo atual e transmitiu seu espírito ao capitalismo.[9]

Weber não foi conhecido na França a não ser quando se traduziu sua obra principal nos anos 1960. Teve logo um grande sucesso nos meios intelectuais dominantes, tanto de esquerda, quanto capitalistas, e o livro de Alain Peyrefitte (1925-1999), *O Mal francês* (1976), mergulhou nesse sucesso; no fundo, o autor pensava ter encontrado no catolicismo a causa dos males da França. Finalmente se tinha encontrado a chave de todos os problemas! Dizer o quê?

Em primeiro lugar, uma simples constatação. Não foi o protestantismo que inventou o capitalismo. Ele só lhe conferiu um colorido particular. As cidades de Veneza, Gênova, Florença, Pisa, entre muitas outras, desenvolveram um capita-

9. Interessante colocação dos pingos nos is de um autor de origem luterana em: Rodney Stark, *Faux Témoignages. Pour en finir avec les préjugés anticatholiques*, éd. fr. Paris, Salvator, 2019, p. 229-252.

lismo comercial, irrigado e sustentado por um sistema bancário considerável. Na Alemanha, os banqueiros Fugger de Augsburgo, para citar somente estes, foram grandes capitalistas e apoiaram o catolicismo no tempo da Reforma Protestante. Mas no século XVI o comércio mediterrâneo foi amplamente destruído pelas guerras com os turcos e o fechamento do Mar Mediterrâneo. O capitalismo tradicional declinou. Em compensação, o rápido enriquecimento dos nobres e dos burgueses nos Países Baixos, na Alemanha, na Inglaterra, graças à espoliação dos bens da Igreja, liberou capitais que antes eram investidos na caridade, ou seja, em formas de solidariedade. Lutero estava bem convencido de que os nobres e os burgueses que se tinham beneficiado com os bens dos conventos iriam fundar novas instituições de assistência para socorrer os pobres – isto é, uma boa parte da população – instituições que ocupariam o lugar das antigas fundações católicas. Mas isso não aconteceu. Os pobres foram o preço da Reforma.

Vamos mais longe, embora isso possa parecer severo. Nesse domínio, a questão da predestinação desempenhou seu papel. Se minha vida é determinada pela pura graça de Deus, seja lá o que for que eu faça, como vimos, as obras são nulas. Isto significa que se eu sou rico é porque sou um eleito de Deus. Esta afirmação que parece enorme para um católico é ainda hoje corrente nos Estados Unidos. Se eu sou um eleito, eu pertenço naturalmente a uma espécie de gente que é superior à classe dos pobres. Daí uma tendência ao desprezo das raças e categorias sociais, consideradas inferiores. Alguns fatos significativos. Os protestantes das origens recusaram fazer missões entre populações não cristãs. Enquanto a Reforma Católica enviava missionários para o Japão, o Tibet e a Indonésia, os primeiros missionários protestantes só começaram a missionar nas Índias, graças a missionários dinamarqueses, no início do século XVIII, dois séculos depois das teses de Lutero. Os não cristãos, com efeito, não eram "eleitos". Antes do século XIX, procura-se inutilmente um São Francisco Xavier reformado. A situação mudou quando, nos meios pietistas que tinham feito a experiência da conversão interior e o reencontro com Jesus pensaram que os não cristãos podiam fazer a mesma experiência que eles. Houve então uma forte expansão das sociedades bíblicas que enviaram pelo mundo inteiro missionários admiráveis.

Um segundo elemento a tomar em consideração é o racismo, que foi desenvolvido pelos anglo-saxões, em particular em relação aos índios da América do Norte e do Canadá, racismo que conduz a atitudes próximas do genocídio. Na Austrália, aconteceu o mesmo com os aborígenes, e a liquidação das populações da Tasmânia é de fato o genocídio mais bem-sucedido da história: não sobrou ninguém! Por sua vez, a maneira como foram tratados os irlandeses não foi muito melhor. O modo como a Irlanda foi administrada pelo governo inglês e como os grandes proprietários de terras administraram a Irlanda durante a doença das batatas (1845-1848), que resultou num milhão de mortos e obrigou um milhão e meio de pessoas a emigrar, é uma vergonha para a humanidade. Sem falar do que ocorreu por muito tempo na África do Sul. Notemos também que Malthus, que queria destruir a pobreza pela erradicação das populações pobres, era pastor. Isto sem esquecer que os espanhóis, os portugueses e os franceses, é preciso reconhecê-lo, não foram sempre senhores gentis e equânimes. Entretanto, eles não desenvolveram o mesmo racismo sistemático. Esses são assuntos sobre os quais já se escreveu e ainda se escreverá por muito tempo. A Reforma Protestante tem muito a se fazer perdoar nesse ponto.

O capitalismo de tipo anglo-saxão não se impôs imediatamente. A riqueza permaneceu amplamente nos países católicos até o século XVIII. A França em 1789 estava envolvida num movimento de pré-revolução industrial, certamente depois da Inglaterra, mas avançou rapidamente. O mundo, então, era amplamente dominado pelas potências católicas. A Espanha possuía toda a América do Sul e a América Central. Suas possessões se estendiam ao sul dos atuais Estados Unidos e ao longo da costa californiana, até o Canadá atual. A França estava a ponto de dominar as Índias. Na América do Norte, a América francesa compreendia o Canadá, boa parte das grandes planícies americanas, a cordilheira dos Apalaches nas Montanhas Rochosas, e no sul da Louisiana, até o golfo do México. As possessões inglesas (as 13 colônias) não compreendiam a parte que ia do Atlântico até o Oeste das Apalaches.

O tratado de Paris de 1763, que determinou o fim da calamitosa guerra dos Sete Anos, arruinou tudo isso. Não nos damos suficientemente conta desse fato: esse tratado fez balançar o mundo. A França perdeu o Canadá ("alguns alqueires de neve", dizia de forma irônica Voltaire) e as grandes planícies americanas. Ela pôde conservar a Louisiana, que vendeu para os Estados Unidos sob Napoleão, e abandonou as Índias para os ingleses. Por outro lado, a vergonha da derrota da guerra dos Sete Anos, não por nada está no desencadeamento e encarniçamento das guerras da Revolução e do Império: Iena foi a revanche de Rossbach (Áustria). Todavia, essas guerras intermináveis tiveram uma consequência: a invasão da Espanha por Napoleão levou ao fim do império colonial espanhol. Os novos Estados independentes da América do Sul, na realidade, eram colônias econômicas dos ingleses. A riqueza tinha passado para os ingleses e os americanos. A isso somou-se a descoberta das minas nesses dois países e na Alemanha. Pensou-se então que Deus tinha abençoado os protestantes, pois as fontes de matérias-primas estavam em suas mãos. Quanto aos países católicos, estavam arruinados pelas guerras que acabamos de evocar. Os textos a respeito da superioridade moral dos anglo-saxões são inumeráveis, encontram-se até mesmo nas narrativas a respeito do naufrágio do *Titanic*!

Esta expansão do capitalismo de tipo anglo-saxão teve um preço, e é pesado. Além do que padeceram as populações dominadas e humilhadas, a classe operária sofreu enormemente. Os pobres foram explorados, é justiça dizê-lo. Felizmente, o protestantismo não se reduziu à própria *satisfação* pela sua alegada superioridade; houve dentro dele também grande número de pessoas que se bateram para melhorar a situação. Mas a ideologia que está embutida no capitalismo liberal anglo-saxão não morreu. Ela vai até muito bem. Sendo assim, não é irracional ler ou reler o que se refere ao catolicismo social, em textos como os de João Paulo II, por exemplo. Não é o dinheiro o centro da economia e da existência, mas o ser humano. Mudar as perspectivas de acordo com Max Weber, injetar um sentimento de solidariedade e de serviço no mundo econômico não seria absolutamente um luxo.

4. Necessidade do ecumenismo

Como sair de semelhante crise, que continua e se renova sem cessar por novas implosões? A fragmentação progressiva das Igrejas protestantes não diminui, pelo contrário, cresce. Por seu lado, a ortodoxia tem a maior dificuldade de encontrar uma coesão. A Igreja Católica é sacudida atualmente por uma crise interior. O peso dos prejuízos recíprocos entre Igrejas, interna e externamente, parece esmagador. Assim, a noção de unidade dos cristãos significa ainda alguma coisa? Se se responder negativamente a essa questão, então é preciso desmentir o Evangelho em que Jesus pede "que todos sejam um" (Jo 17,21).

Uma sentença atribuída a Churchill diz: "Todos sabiam que era impossível fazer; um dia, chegou alguém que não sabia, e fez". Madre Teresa, por sua vez, dizia: "O impossível começa por um pequeno passo". Um número reduzido de homens de coração, nas diversas confissões, assumiu essas perspectivas. Eles quiseram dar um pequeno passo na direção dos cristãos separados. E pouco a pouco, deu-se início a um imenso movimento.

O movimento ecumênico é, sem dúvida, o caminho para avançar. Iniciado na Grã-Bretanha em 1846, caminhou longamente pelo mundo protestante. Criou o Conselho Ecumênico das Igrejas em 1948. Depois, encontros de todo tipo se multiplicaram e no Concílio Vaticano II, a própria Igreja Católica entrou oficialmente para nesse movimento. Surgiram declarações comuns e se criou um clima de amizade e de confiança. Diante de certas evoluções, quase se poderia acreditar num milagre. Por ocasião das exéquias do papa João Paulo II, que tanto tinha feito pelo ecumenismo, havia representantes de todas as confissões cristãs que vieram rezar junto a seus despojos.

Todavia, compreende-se que os obstáculos são muitos, não somente entre protestantes, ortodoxos e católicos, mas também dentro dessas grandes denominações. Coisa que pode se agravar ainda mais. Não se abandonam de repente séculos de combates. "Entra-se para o ecumenismo na esperança, declarou alguém comprometido com ele, e ali se permanece contra a esperança". Mas, "a esperança não decepciona" (Rm 5,5), diz a Escritura. Nenhuma situação é irreversível. Quando a oração une os que creem, por sua vez os pensamentos, o interesse pela verdade e o desejo de compreensão podem evoluir. Manzoni dizia: "Jamais o Senhor começou um milagre sem levá-lo a termo, do jeito que ele sabe fazer".

Enquanto o mundo atual estiver em plena crise, será preciso que as Igrejas cristãs se inclinem com misericórdia e amor sobre ele e que para isso se mostrem mais unidas. O que será que o futuro nos reserva?

Bibliografia

Baumer, Remigius, *Martin Luther und der Papst,* Münster, Aschendorff, 1970.

Chaunu, Pierre, *Le Temps des réformes : La crise de la chrétienté, l'*éclatement *(1250-1550),* Paris, Fayard, 1977.

Id., Église, *culture et société (1517-1620), Essai sur Réforme et contre-Réforme,* Paris, Société Enseignement supérieur, 1981.

Krumenacker, Yves, *Martin Luther,* Paris, Ellipses, 2017.

Peyrous, Bernard, *Histoire de la spiritualité chrétienne,* Paris, L'Emmanuel, 2010.

Rapp, Francis, *L'Église et la vie religieuse en Occident à la fin du Moyen* Âge, Paris, PUF, 1971.

Capítulo VII

A crise das Luzes e suas consequências (séculos XVIII-XXI)

Não se aborda sem mais a crise das Luzes (Iluminismo), certamente a mais grave que o cristianismo (e também a sociedade humana) teve de enfrentar. Por isso, é preciso começar fazendo uma série de observações.

I. Algumas premissas

Em 1982 apareceu um livro de Jean-Marie Paupert muito significativo: *As Mães Pátrias: Jerusalém, Atenas e Roma.*[1] A obra mostrava que é nessas três cidades, nessas três terras, que afundam as raízes da Europa. Todavia, é preciso acrescentar que a Europa, inclusive o mundo atual, de modo geral, é muito dependente de outra fonte: das Luzes, do Iluminismo. Há até quem afirme que as Luzes substituíram as três primeiras. Assim, as próprias Luzes são uma crise; pelo menos são responsáveis por uma série de danos graves. Tudo isso pede um discernimento que, todavia, só pode acontecer depois de uma exposição dos fatos. Retomemos, então, a expressão familiar do marechal Foc: "De que se trata?"

Diversamente das três "Mães" que acabamos de citar, que são culturas, as Luzes são uma ideologia. Uma cultura, segundo a Unesco, é "o conjunto de traços distintivos, espirituais, materiais, intelectuais e afetivos, que caracterizam uma sociedade ou um grupo social. Além das artes, ela engloba as letras e as ciências, os estilos de vida, as leis, os sistemas de valores, as tradições e as crenças". Portanto, uma cultura é algo que une, que se reconhece, que se vive, algo coletivo que possui sua própria história, uma espécie de tecido humano. Uma cultura tem densidade, pode ser verificada, reconhecida como portadora de valores. Uma ideologia, pelo contrário, é um sistema de pensamento organizado, um conjunto predefinido de ideias, que parte de certa análise da realidade e que quer refazer o homem e a so-

1. Paris, Grasset.

ciedade segundo a lógica do que anteriormente foi pensado. Pode ser inventada por um homem sozinho num escritório, sem nenhuma verificação prévia baseada na realidade. Nesse caso, o contexto não é o mundo da vida, mas o mundo dos intelectuais. Todavia, esse mundo é muito poderoso, exerce enorme influência, em particular na sociedade ocidental.

Mais uma vez notemos que tudo que se refere a esse contexto é complicado porque envolve muitos tabus. A ideologia das Luzes, especialmente na França, mas em outras partes também, tornou-se uma espécie de dogma inconsciente, muito penetrante, que impregna diariamente os discursos político-midiáticos. A ideologia das Luzes possui seus templos, como o Panteão, onde "se canonizam" (ou se "panteonizam"), às vezes ainda em vida, os heróis das Luzes e seus sucessores. Eventuais críticas feitas a seu respeito provocam enormes ondas de reprovação, ás vezes de forma histérica. Por exemplo, discutir uma das consequências das Luzes: a repressão da oposição à Revolução Francesa no oeste da França, particularmente na Vendeia, seria qualificada de "revisionismo", o que se tornou uma forma de ofensa muito grave. Soljenitsyn, com razão dizia em seu célebre Discurso de Harvard:

> O Ocidente não tem censura, no entanto, faz uma minuciosa seleção, separando as ideias que estão na moda das que não estão. Embora estas não caiam sob o golpe de alguma interdição, não podem exprimir-se realmente, nem na imprensa periódica, nem no livro, nem no ensino universitário. O espírito de vossos pesquisadores é muito livre juridicamente, mas está completamente tomado pela moda.[2]

Não se pode tocar nas Luzes e em suas consequências...

Pois então, vamos tocar um pouco!

II. A "virada subjetiva" da sociedade ocidental e o nascimento das Luzes

1. De um mundo objetivo a um mundo subjetivo

As três "Mães Pátrias" de que falamos acima ensinaram de forma coerente certa visão do ser humano em seu liame com o universo no qual está inserido. Globalmente, essa visão repousa sobre a ideia de que o ser humano possui uma relação de alguma forma normal, natural, com o mundo e que, portanto, é capaz de conhecê-lo e interagir com ele. Em outros termos: o homem é feito para conhecer o universo que o rodeia e ele possui os instrumentos para isso. Em outros termos ainda: a verdade é naturalmente acessível ao espírito humano. Reconhece-

2. Alexandre Soljenitsyne, *Le Déclin du courage. Discours de Harvard,* 1978, Paris, Seuil, 1978, p. 30-31.

-se nisso o pensamento dos grandes filósofos gregos, pelo menos da maior parte deles, o bom senso romano e a doutrina do Evangelho, onde a noção de verdade está nitidamente presente na Paixão de Cristo: "Para isto vim ao mundo, para dar testemunho da verdade", diz Jesus (Jo 18,37).

Por séculos esta posição nunca foi posta em dúvida. Na Idade Média, já o dissemos, crê-se firmemente na capacidade da inteligência e dos sentidos de captar a realidade objetiva. Naturalmente, é necessária uma educação e isso não é sem dificuldades. Mas acaba-se chegando. Ora, se existe uma verdade objetiva, dois seres humanos que a procuram podem encontrá-la juntos, se tiverem boa fé e usarem os métodos adequados. Portanto, um diálogo não é somente uma troca de opiniões, tende a uma comunhão numa verdade que ultrapassa os interlocutores. Nada é mais estranho ao pensamento clássico do que dizer, como fazemos diariamente: "Você tem sua verdade, eu tenho a minha". Tudo pelo contrário: "Cada um de nós procura descobrir uma verdade comum, não somos nós que a criamos". Isso pode parecer muito otimista, quer dizer, um pouco simplista, mas vivemos durante séculos baseados nesta ideia que, aliás, já existia no mundo judaico. Ela não é tão estranha como pode parecer atualmente. Além disso, foi fecunda.

A contestação progressiva dessa atitude nasceu nas universidades medievais, já o dissemos antes, graças à filosofia nominalista, a respeito da famosa disputa "dos universais". Vamos rever o assunto. Seu fundador, Guilherme de Ockham (entre 1285-1349), apelidado de "doutor invencível" e "venerável iniciador", era um franciscano inglês bastante contestador. Sua teoria se impôs amplamente na universidade de Paris, de modo especial na faculdade das artes, onde se ensinava filosofia. Na realidade, a doutrina tradicional mais comum a respeito do conhecimento da realidade dentro das possibilidades do ser humano tinha sido formulada por Santo Tomás de Aquino (1225-1274). Mas, em razão de algumas incompreensões, o tomismo foi condenado (ou pareceu ser condenado) em 1277, condenação renovada em 1284. A canonização de Santo Tomás de Aquino em 1323 e a abolição da condenação em 1325 não impediram que permanecesse no ar certa suspeita que favoreceu a expansão do nominalismo que, aos poucos, foi invadindo todas as universidades europeias. Bem que se percebeu certo perigo porque as bases objetivas da teologia podiam ser postas em causa. Em 1474 o rei Luís XI proibiu em Paris o ensino da *via moderna* e determinou que se ensinasse a *via antiqua*, quer dizer, o realismo filosófico. Entretanto, a partir de 1481 a proibição não foi mais respeitada.

Já dissemos acima: Martinho Lutero era nominalista. Sua teologia traz nitidamente essa marca, de modo especial sua antropologia. Para ele o ser humano tem uma falsa relação com o mundo exterior, quer se trate da natureza, quer do próprio Deus. Só Deus concede a luz à inteligência humana que, sozinha, não vê a realidade. A relação com os outros torna-se incerta: a "comunhão dos santos" entre os cristãos não é mais um termo adequado, menos ainda a comunhão com as outras pessoas. Dessa forma, o protestantismo assinala uma etapa decisiva do nascimento do individualismo europeu. De que posso ter certeza eu? Só de mim e mesmo assim... Eu não estou conectado com o exterior: os outros, a natureza, Deus. Estou conectado comigo mesmo.

Essa virada rumo a si mesmo só tinha inconvenientes. Um estudo mais aprofundado do ser humano era desejável e houve católicos que se dedicaram a ele. Montaigne pôde ajudar a psicologia a dar passos decisivos, fazendo dele mesmo "a matéria de [seu] livro". Pascal dizia que sua leitura lhe tinha feito ganhar anos de vida. Mas com René Descartes (1596-1650) o subjetivismo se tornou um dogma. A célebre frase sobre o *cogito, ergo sum*: "Eu penso, logo, existo" virava de ponta-cabeça a ordem tradicional, que teria dito: "Eu existo, logo, penso". O "eu" assumiu o estatuto de centro do mundo. A partir dele o universo seria repensado e reorganizado.

A evolução da filosofia ocidental ocorreu no mesmo sentido do idealismo alemão. Para citar alguns nomes, essa foi a linha seguida por Kant (1724-1804), Fichte (1762-1814), Schelling (1775-1854) e Hegel (1770-1831). Notemos que para eles ainda subsiste no ser humano certa capacidade de agir sobre o mundo material: subsiste certa "razão prática". Esses autores foram e ainda são largamente considerados os mestres do pensamento do mundo filosófico. Até aqui o movimento não mudou de direção, mesmo para a corrente fenomenológica que queria reencontrar as bases objetivas da realidade.

Todo o pensamento atual está embebido de subjetivismo sob formas diversas. Jaurès dirá: "Não existe verdade sagrada. [...] O que há de maior no mundo é a liberdade soberana do espírito. [...] Toda verdade que não vem de nós é uma mentira". Mais próximo de nós, Jean-Paul Sartre exalta de tal modo o "eu", que para ele "o inferno são os outros". Portanto, o ser humano não é senão uma liberdade absoluta e é preciso destruir tudo o que se opõe a ela, especialmente o que se compromete com o que pretende ser duradouro: amor, família, pátria, Igrejas... (filhos?). Na mesma direção vai o pensamento desconstrucionista francês de Jacques Derrida ou de Roland Barthes.

Essa hipertrofia do "eu" desembocou na seguinte conclusão: eu tenho o direito absoluto de ser feliz. Aliás, eu sou um ser "carregado" de direitos, nada de deveres. Meu "eu" deve sair-se bem em tudo.

Por sua vez, a evolução cultural desde Lutero foi dar no avesso do que ele professava. Agora não é mais questão de salvação: eu não devo ser salvo. Não, isso seria confessar que sou fraco e em parte dependente. Eu sou suficiente a mim mesmo. Dizer que Deus me salva é um atentado, um insulto ao meu "eu". Eu não quero um Deus salvador. Nem se deve levantar essa questão.

Assim, vivemos na época do "culto ao eu", do desenvolvimento pessoal que se torna a nova religião do nosso tempo.

2. A ideologia das Luzes

A história da humanidade é complexa. Enquanto a evolução dessa filosofia ia progredindo, o contexto se modificava, a sociedade evoluía e em certos domínios progredia. Antes de tudo, aqui queremos falar do universo científico e técnico, provocando por sua vez fenômenos sociais, financeiros, estilos de vida etc. Já observamos que no fim da Idade Média e na Renascença a sociedade europeia se tinha empenhado num poderoso movimento positivo de expansão, afetando numerosos setores. Essa situação ficou ainda mais forte nos séculos XVII e XVIII. Nessa época, pela primeira vez depois de mil anos, o Islão foi bloqueado em razão da vitória dos Habsburgos sobre os Otomanos em 1683. Desde então, o Islão nunca mais criou problemas militares imediatos. As descobertas que ocorreram a seguir em todos os domínios praticamente ofereceram o mundo à Europa. No campo do conhecimento não se via o que poderia barrar o esforço da razão. A humanidade ocidental sentia estar próxima da solução de problemas que no passado jamais se teria imaginado remediar.

Há períodos em que se tem a sensação de um êxito coletivo, acompanhado pela ideia de que ele necessariamente vai continuar porque foram encontradas as chaves do futuro. Sem dúvida, foi o caso da Europa no início do século XIV em relação à peste negra. Mais próximo de nós, o caso dos *Golden Sixties*, dos anos [dourados] de 1960. Mais recentemente ainda nos Estados Unidos após a queda do comunismo. Sempre surgem então pensadores que captam e exprimem mais ou menos adequadamente o espírito do tempo. Foi assim que a corrente dita dos Filósofos e das Luzes (em alemão *Aufklärung*) se impôs no século XVIII de forma duradoura, porque se baseava sobre a evolução social e filosófica geral que acabamos de evocar.

O que significam as Luzes? Pelo fim do século XVII e mais ainda no período seguinte, os intelectuais europeus estabeleceram uma conexão entre si, lendo e comentando os livros de uns e de outros, mantendo ativa correspondência, viajando, encontrando-se nos salões. Eles criaram o que se chamou "a República das Letras". De certo modo ela já tinha existido na Renascença, mas o fenômeno agora assumiu muito maior amplidão. Pareceu ser uma espécie de contrapeso intelectual às potências sociais do momento. Falou-se de "democracia humanista", mas o termo "aristocracia dos intelectuais" seria mais adequado: pode-se duvidar quanto ao uso, naquela circunstância, da palavra "democracia". Constituiu-se uma espécie de opinião pública, especialmente na França, na Alemanha e na Inglaterra, cujo vetor principal foi a língua francesa. Essa opinião pública não afetou somente alguns milhares de intelectuais, mas difundiu-se nos ambientes principescos e na alta burguesia, de tal forma que para ser levado em consideração era difícil não caminhar no sentido indicado pelos mestres do pensamento dessa República. Isso é muito claro, por exemplo, em Paris, nas grandes cidades da França ou nas numerosas cortes principescas germânicas.

A evolução desses ambientes foi marcada pelo aparecimento de textos importantes, como o periódico de Bayle *Nouvelles de la République des Lettres* a partir de 1684; seu grande *Dictionnaire historique et critique* a partir de 1697; ou o surgimento de *L'Encyclopédie* de Diderot (1713-1784) e de d'Alembert (1717-1783) entre 1751 a 1772. Certos autores se tornaram uma espécie de referência, como na França Jean-Jacques Rousseau (1712-1778) e Voltaire (1694-1778). Há outros mais. Sua fecundidade parecia inesgotável. Sociedades de pensamento (dentre as quais a franco-maçonaria) desempenharam o papel de vetores e de multiplicadores. Naturalmente, a vida intelectual europeia não se resumia nesses ambientes da moda, mas o motor da evolução estava lá.

Os homens das Luzes tiveram mais ou menos a sensação de ter entrado numa nova idade da condição humana: a idade da Razão e, portanto, do progresso. É uma tendência global que exigiria algum corretivo, dependendo das pessoas. Mas tratava-se de um difuso estado de espírito. Segundo eles, até então, a humanidade tinha vivido de maneira incompleta, um pouco como numa adolescência. Ao passo que o progresso das letras, da ciência, da técnica, tinha caminhado de tal forma que era um mundo novo que se abria. Finalmente, tínhamos sido esclarecidos, iluminados! A felicidade social ou individual podia estar ao alcance da mão. As fórmulas antigas, as tradições infundadas iriam desaparecer rapidamente. Dizia-se então que, graças à sua inteligência, o homem não precisava mais de lendas, de muletas intelectuais para viver. O ser humano iria ser aperfeiçoado social e individualmente de forma decisiva. Sendo assim, como é que se explica que as pessoas não ficaram felizes? A culpa é da sociedade, que é defeituosa... Mas, organizando-a sob o feliz império da Razão, tudo estará resolvido.

Um testemunho interessante do estado de espírito "esclarecido" e otimista do tempo é fornecido por um documento escrito em 1784 em Gotha, na Turíngia, e encontrado numa igreja da cidade. Eis o texto:

> Nossos dias representam o período mais feliz do século XVIII. Imperadores, reis e príncipes descem de suas alturas, repletos de solicitude pelos homens; desprezam a magnificência e a pompa e tornam-se pais, amigos e confidentes de seus povos. A religião rasga suas vestes sacerdotais e se mostra em sua divindade. As luzes do espírito novo se propagam rapidamente. Milhares de nossos irmãos e irmãs que viviam numa beatitude santificada se consagram ao Estado. Ódio religioso e opressão

> das consciências desaparecem; o amor dos homens e a liberdade de pensamento fazem-na desaparecer. As artes e as ciências se difundem e nossos olhos penetram em profundidade os mecanismos da natureza. Artesãos e artistas se aproximam da perfeição; conhecimentos úteis se expandem entre as classes da sociedade. Aí está um quadro exato do nosso tempo. Não nos desprezeis, se vós chegastes mais alto e enxergais mais longe do que nós. Antes, reconhecei nesta descrição, com que coragem e com que força elevamos e sustentamos vossa posição. Fazei o mesmo por vossos descendentes e sereis felizes.[3]

Nesse contexto aparentemente tão afortunado, tudo o que era passado ou tradição devia ser revisitado e criticado a fundo. Tudo "funcionava" em termos de oposição: Luzes/trevas, Razão/obscurantismo, Futuro/passado. Observe-se que esse tipo de raciocínio não desapareceu e que o encontramos com frequência nos nossos dias: aí está toda a teleologia atual da história.

Ora, a Igreja Católica está fundada sobre a Tradição, isto é, sobre a transmissão de um passado reconhecido como fundador. De forma geral, o respeito pela Tradição em todos os domínios formava a antiga sociedade. Paul Hazard se expressou com exatidão em *La Crise de la conscience européenne*[4] no fim do século XVII. Estávamos entrando na era da crítica. Lamentavelmente, a resistência da Igreja Católica a essa forma de contestação, em parte foi inoportuna. O mundo da Reforma Católica certamente tinha tido bom êxito, mas se encontrava dividido internamente numa série de querelas desgastantes (questão jansenista, querelas em torno dos Jesuítas com o probabilismo e o molinismo etc.). Por essa razão, perdera o crédito.

Além disso, para responder aos protestantes, a Igreja Católica usou um argumento que não era pertinente: o argumento de autoridade. Em resumo: "Vós dizeis que cada um é inspirado por Deus, mas qual é a vossa autoridade? Donde tirais vossa pretensão? Frente à vossa iluminação subjetiva que vós provocais, existe a Igreja Católica, fundada por Deus, que diz uma palavra que não provém dela, que não muda e é objetiva". Contra o protestantismo, o argumento com frequência produziu numerosas conversões ao catolicismo; mas perante um mundo onde o "eu" se tornara absoluto, portanto, num mundo relativista que acreditava no primado da Razão e aborrecia por princípio os dogmas, o argumento não funcionava mais. Houve boas análises da situação feitas pela Igreja, em particular na França. Via-se com clareza para onde tudo isso iria levar, mas não se tinha mais credibilidade. O pensamento se tornara "livre", quer dizer, independente de tudo, menos de seu próprio dono. Evidentemente, com todos os riscos...

3. Citado em Louis Rougier, *Le Génie de l'Occident. Essai sur la formation d'une mentalité,* Paris, Robert Laffont, 1969, p. 407-408.

4. Paris, Boivin et Cie, 1935.

Como ficava Deus em tudo isso? Com raras exceções, como Bayle (1647-1706) ou d'Holbach (1723-1789), os intelectuais das Luzes acreditavam em Deus. Mas não era mais o Deus de Jesus Cristo. Professavam o deísmo. Consideravam que Deus tinha criado o mundo como um relojoeiro cria um belo relógio: "O universo me confunde, dizia Voltaire, e eu não posso sonhar que este relógio exista e não exista relojoeiro". Todavia, criado que foi o mundo, cabia aos homens administrá-lo. Para a maior parte dos pensadores, não havia motivo para Deus intervir em seu funcionamento, pois isso diminuiria o poder da Razão, embora tenha havido contradições e debates a respeito desse ponto. O que é certo, é que Deus não se revelou aos homens, não se mostrava. A noção de "milagre", por exemplo, era absurda. Essa teoria foi exposta em particular num livro de sucesso publicado sob pseudônimo pelo barão d'Holbach em 1766: *Le Christianisme dévoilé ou examen des principes et des effets de la religion chrétienne.* Portanto, as religiões reveladas (judaísmo, cristianismo, islamismo) eram mentiras; eram coisas de clérigos aproveitadores e impostores; o cristianismo era uma imensa embromação, um ninho de hipócritas. Para libertar a humanidade, era preciso destruí-lo. Voltaire assinava suas cartas com a abreviação: "*Ecr. L'Inf.*": "Esmaguemos a Infame", quer dizer, a Igreja Católica. Qualificava-a assim: "fantasma hediondo", "monstro abominável", "hidra abominável que empesteia e mata". Ele pensava que o reino da Razão tinha chegado, o adversário cristão naturalmente iria desaparecer em breve espaço de tempo. O inofensivo profeta Jesus podia subsistir como uma espécie de peça de museu, testemunha de um passado intolerante e doloroso.

III. Rumo à felicidade da humanidade?

Não bastava falar ou escrever. Era preciso aplicar as teorias formuladas indispensáveis para a humanidade. Iniciou-se então um movimento que ainda não parou.

1. Os "déspotas esclarecidos"

Num primeiro tempo ninguém pensava em derrubar o sistema social ou as monarquias vigentes. Foram os próprios príncipes, os "déspotas esclarecidos", que tentaram fazer as reformas. Na realidade, se inspiraram menos nos filósofos do que em Luís XIV, que tinha criado o primeiro Estado realmente moderno. Algumas medidas, porém, foram decididas por inspiração deles mesmos.

Um exemplo em meio a muitos outros. O imperador da Áustria, José II (1741-1790), decidiu reorganizar amplamente a administração de seus complexos Estados. Cuidou de tudo apaixonadamente. A questão religiosa era delicada. Ele não apreciava tudo na Reforma Católica. Assim, decidiu criar um *Staatskirchensystem,* quer dizer, uma Igreja de Estado submissa ao poder e de certo modo autônoma em relação ao poder pontifício. Emitiu não menos de 6.000 decretos e regulamentos[5] sobre assuntos religiosos, erigindo pessoalmente bispados, criando 800 paróquias, suprimindo como inúteis muitas Ordens Religiosas, especialmente contemplativas (763 conventos fechados, 38.000 pessoas expulsas). Ele dizia: "O monge é um indivíduo que tem a cabeça tonsurada, que o povo venera de joelhos... mas é inútil para o mundo, não pode ser agradável a Deus". Só permaneceram dois mosteiros que prestavam serviço à humanidade, pois se dedicavam ao ensino. O papa Pio VI reagiu sem firmeza e acabou sendo amplamente enganado.

Em suas numerosas tentativas de mudança, José II acabou provando um sentimento de derrota (teria dito ele mesmo: "Aqui está um homem que falhou em todos os seus empreendimentos"), mas não se deve subestimar o exemplo que ele deu para os primeiros tempos da Revolução Francesa. Houve outras tentativas, como a de Pombal, primeiro ministro de Portugal (1699-1782). Todavia, até então, não se tinha pretendido chegar a atingir o íntimo do ser humano; pretendia-se modificar a organização social. Tudo, porém, iria mudar com a Revolução Francesa.

2. A reformulação de um povo: a Revolução Francesa

A Revolução Francesa (1789-1799) é um fenômeno imenso e, seja lá o que se pensar dela de bem ou de mal, na realidade é um acontecimento de imenso relevo na história do mundo. É uma crise muito violenta de longa duração (dez anos) que gerou consequências ainda hoje visíveis no domínio social e religioso. É também um acontecimento extremamente complexo.

No início (maio de 1789), após dificuldades do governo da antiga França, de tensões sociais e influências ideológicas, tratou-se de reorganizar a nação. A Assembleia Consultiva tradicional dos Estados Gerais se transformou em Assembleia Nacional Constituinte (julho de 1789). De repente, num grande movimento coletivo ao qual o rei não se opõe, que o público apoia e que a Igreja Católica acompanha, decide-se abolir em todos os domínios as antigas estruturas, para criar novas de acordo com a Razão. Na realidade, muitas vezes retomam-se projetos do Antigo Regime que a monarquia não tinha levado a termo. Vai-se, porém, mais longe. Afirma-se a soberania do povo; a estrutura do país em três estados (clero, nobreza, terceiro estado) é dissolvida; a igualdade é proclamada como princípio. No dia 26 de agosto de 1789 são promulgados os Direitos do Homem e do Cidadão que, do ponto de vista antropológico, talvez sejam o que a Revolução deixou como herança mais durável. O sistema administrativo é reorganizado: a velha organização local do país (parlamentos provinciais, províncias) é abandonada por completo. O país é reestruturado em departamentos. A França foi "regenerada": é o que não se cansam

5. Mais de 11.000 leis e decretos nos outros domínios do governo.

de dizer e proclamar. A festa da Federação no dia 14 de julho de 1790 parece unir todos os franceses, que se alegram por ver uma monarquia constitucional governar um país que praticamente é outro.

Não se trata, porém, somente da sociedade. Vai-se mais longe ainda em relação à Igreja. A Igreja da França em sua antiga organização é dissolvida por decisão da autoridade e reconstituída sobre bases diferentes (fevereiro-agosto de 1790). Todas as Ordens Religiosas são suprimidas, salvo provisoriamente os hospitalários. O conjunto dos bens é confiscado e vendido a preço irrisório para pagar as dívidas do Estado. É o início de uma gigantesca destruição do patrimônio religioso. Também aqui não se verifica nenhuma oposição violenta; o movimento é tal que parece irresistível. As dioceses são recriadas com base numa geografia diferente, a hierarquia eclesiástica é recomposta partindo de um sistema de eleições, o clero é funcionalizado.

O mais grave, porém, para os católicos é a negação da autoridade pontifícia: esse fato é imposto ao papa. Após longa indecisão, Pio VI acabou por condenar o que se chamou de Constituição civil do clero (março de 1791). O poder então endureceu. O povo católico, sentindo-se praticamente forçado, muitas vezes não reagiu positivamente diante dessas medidas que impactam a consciência religiosa. Exige-se, assim, um juramento de fidelidade dos padres considerados "constitucionais"; os demais, considerados "refratários", são descartados, perseguidos e condenados à deportação para a Guiana Francesa (novembro de 1791), o que equivale ao que será mais tarde o *gulag*.

O rei Luís XVI, que no início fez o jogo da Constituinte, percebendo que tinha ido longe demais, voltou atrás. É sobre a aceitação ou recusa da Constituição civil do clero que tudo vai estar em jogo. Talleyrand,[6] que era um dos autores desse texto, lamentou muito: é o grande erro da Revolução. Com efeito, inicia-se então um fenômeno de radicalização, de recusa absoluta de toda contestação, tão comum nas revoluções, que vai criar uma espécie de mostro devorador de tudo que estiver ao seu alcance.

Muito rapidamente os mais radicais tomam o poder (agosto de 1792). A monarquia é abolida, o rei e a rainha são executados (1793). Agora trata-se de promover por força da autoridade a felicidade dos franceses, repensando o que significa ser francês. Decide-se reorganizar o tempo: a semana é abolida e substituída pela década republicana (semana de dez dias, com um dia de descanso: a década), o calendário é reformulado, os nomes dos meses são trocados, os nomes dos lugares, até das pessoas, são modificados: mais de 3.000 localidades são rebatizadas com novo nome. A computação cristã dos anos é abandonada. Começa-se uma era

6. 1754-1838, padre por pressão familiar, bispo de Autun, um dos principais responsáveis pela Constituição civil do clero, abandonou a condição sacerdotal; foi ministro do Exterior de Napoleão e de Luís XVIII, conhecido por sua inteligência, seu cinismo e seu oportunismo.

nova, do ano zero da República: a "era dos Franceses", inaugurada em 1792 e que será abandonada em 1806. Pensa-se até em criar horas de 100 minutos e de 100 segundos. A propaganda ensurdecedora quer penetrar até o íntimo de cada indivíduo para fazer dele um missionário da liberdade. A França quer ser a primeira nação a se tornar "racional" e declara querer libertar o gênero humano da tirania. Para isso empenham-se todos os meios da nação, guerras são feitas contra toda a Europa e os combates são conduzidos "sem preocupação pelas perdas", segundo a palavra do ministro da Guerra, Carnot.

No interior, tudo o que resiste deve ser destruído. As repressões ali são mais duras do que as guerras exteriores. Os primeiros massacres, de setembro de 1792 em Paris, são tolerados pelo poder do momento. Mas isso não é nada em comparação com o que virá depois. O comitê de saúde pública instaura o Terror (1793-1794). Quarenta mil pessoas no mínimo são executadas, 500.000 encarceradas, 300.000 em residência vigiada. O simples fato de ser suspeito pode levar à guilhotina. A Revolução provoca as insurreições chamadas "federalistas" que são afogadas no sangue. Na Vendeia, onde a Constituição civil do clero revolta o povo até então dócil às mudanças, o comitê de saúde pública, pelos decretos de 1º de agosto e 1º de outubro de 1793, decide aplicar uma política do terror absoluto. Um habitante em três é morto (estimativa baixa: 117.000 mortos), em condições às vezes atrozes. Como se chama o ato de massacrar sistematicamente uma população inteira?...

No fim, "a Revolução devora seus filhos": os dirigentes lutam entre si até a morte e são obrigados a suspender perseguições e massacres (Robespierre é guilhotinado no dia 28 de julho de 1794), sem que por isso se conseguisse restaurar o equilíbrio. Um terço dos departamentos não paga mais os impostos, talvez a metade dos convocados são refratários ou desertores, a propaganda cai no vazio. O exército colocará todo mundo de acordo, quando Bonaparte tomar o poder (golpe de Estado de 18 do Brumário do ano VIII, 9 de novembro de 1799). Mas o país não pode mais viver sem as contribuições de guerra tomadas das nações vizinhas ditas "libertadas", que de fato são Estados vassalos. O sistema militar-financeiro é organizado de tal modo que se seguirão as guerras do Império até 1815. Um total de 450.000 a 500.000 soldados franceses são mortos durante as guerras da Revolução, entre 700.000 e 1.000.000 durante as do Império, mais os civis, num país de 24 milhões de habitantes. Demograficamente não terá como se refazer.[7]

3. *Consequências*

De muitos pontos de vista a Revolução Francesa é uma catástrofe, a maior delas, sem falar dos prejuízos econômicos e humanos; talvez a que mais profunda

7. Reler René Sédiliot, *Le Cout de la Révolution française.* Vérités et légendes, Paris, Perrin. 1987.

e duravelmente dividiu os franceses. Entretanto, se ela aconteceu, é porque havia razões para isso e porque certas aspirações não tinham sido levadas na devida conta pelo Antigo Regime. Havia um trabalho a fazer em muitos setores. Em parte foi realizado por ela e sobretudo pelo Império, e a França sobreviveu até nossos dias. Nesse ponto muito devemos a Napoleão, queiramos ou não. Ele fez da França um Estado bem administrado. A Revolução foi mais longe nas reformas do que os déspotas esclarecidos que, aliás, reagiram em relação à França de forma muitas vezes inadequada e perigosa.

A Revolução quis criar outro ser humano, outro cidadão, submisso ao culto da Razão. Nesse ponto falhou. As Luzes não conseguiram criar a felicidade; pelo contrário, desencadearam forças incontroláveis.

No plano religioso, a Revolução se distinguiu em primeiro lugar pela vontade de controlar a Igreja a fim de fazer dela um instrumento do poder, o que é bastante clássico; mais gravemente, porém, distinguiu-se por uma descristianização sistemática (do verão de 1793 até a primavera de 1794), destruindo metodicamente tudo o que lembrava o cristianismo, desacreditando-o de todas as formas e criando em seu lugar uma nova religião, a da deusa Razão, com seus santos, como Brutus ou Marat. Temos dificuldade de imaginar o choque que isso representou e os danos então provocados.

Todavia, a Igreja Católica reagiu muito rapidamente e começou a resistir. Foram criadas como que redes de proteção em torno dos padres refratários, religiosas secularizadas, cristãos convictos. Nunca foi possível levar a termo o projeto contra eles. Terminado o Terror, pouco a pouco, não sem problemas, foi preciso tolerar o catolicismo. Em 1801, Bonaparte assinou com o papa Pio VII uma concordata que restitui à Igreja um lugar oficial na nação. Sejam quais forem os limites desse fato, ele permitiu uma rápida retomada religiosa que haverá de se expandir durante todo o século XIX até em torno dos anos 1870-1880. Cerca de 800 Ordens Religiosas são criadas ou recriadas na França, onde nunca houve tantas religiosas como no Segundo Império (166.000). Construíram-se 4.000 igrejas e capelas. O número de missionários é exponencial: em 1900, três quartos dos missionários do mundo são franceses. A santidade explodiu sob todas as formas (150 causas de canonização introduzidas nesse período). Grandes aparições marianas fizeram estremecer o país. Apesar disso, o espírito de descristianização está sempre ativo e deixará suas marcas na IIIª República, que dará início a violentas campanhas anticatólicas, praticamente desde sua instauração em 1875.

Entretanto, a ideia de que o povo é soberano, que os homens são todos iguais e possuem direitos, que as nações têm o direito de viver de acordo com a própria cultura, que os príncipes e governantes em geral não são todo-poderosos, tudo isto inspirou os tempos que haveriam de vir. Chesterton dizia que havia dentro da

Revolução "ideias cristãs que ficaram malucas". Nesses domínios, a Revolução não inventou, mas proclamou e solenizou de algum modo temas que se impuseram.

Outro efeito da Revolução: ela mostrou que se pode tentar mudar praticamente a sociedade. A França, em 1789, era o país mais poderoso do mundo. Não se podia imaginar que tudo isso seria posto abaixo. Sua população era a primeira na Europa, mesmo perante a Rússia, e no plano mundial ela vinha atrás da China e da Índia. Seu PIB era um terço mais alto do que o da Grã-Bretanha. Julgava-se que sua monarquia estava definitivamente enraizada: a mesma família dos descendentes dos reis Capetos, em suas diversas ramificações, tinha reinado sobre a França durante mil anos, gerando 40 filhos homens, enquanto na Inglaterra tinham-se multiplicado as querelas dinásticas de tal modo que durante esse período 9 reis e rainhas foram mortos por questões sucessórias. Depois, tudo foi completamente posto de pernas para o ar e começou uma instabilidade imensa: 12 constituições políticas se sucederam na França entre 1791 e 1875! Assim, mesmo se a Revolução tinha provocado graves consequências, o movimento se demonstrou possível. A fórmula revolucionária francesa não era perfeita, mas em nome das Luzes seriam encontradas outras!

IV. O mundo das ideologias

O congresso de Viena de 1814-1815 tentou dar à Europa bases políticas estáveis para o futuro. Mas, na sociedade, a ideia de que se podia e devia mudar o mundo era agora largamente aceita. Sem mesmo dar-se conta, não se vivia mais de fato num ambiente "conservador". Uma parte da sociedade queria algo novo. Era preciso inventar. Da mesma forma, nosso mundo atual é movido por grandes ideologias que o atravessam e inspiram. A ideia que se pode e se deve tornar o homem feliz, queira ele ou não, de bom grado ou à força, que é um dever para os poderosos e os intelectuais, inspira agora a maior parte das mídias e dos governos. Administrar simplesmente a máquina governamental com bom senso, "tornar a vida fácil e os povos felizes", segundo as palavras de Bossuet, não será mais suficiente. São as ideologias que conduzem o mundo. Elas se devoram mutuamente, desaparecem ou se enfraquecem uma após a outra, mas pelo menos no momento não parece que o movimento esteja próximo do fim. Isso é verdade pura, mesmo em países que se julgam respeitadores do passado e de suas tradições.

1. A fábrica das ideologias

Donde vêm essas ideologias? A maior parte delas, tendo como pano de fundo as Luzes (o Iluminismo), foi criada no século XIX. O século XIX em geral é um período mal compreendido. É descrito como um século sem imaginação. Isso não corresponde à verdade. Pelo contrário, é um período fecundo no domínio dos projetos. O século XX tentou aplicá-los na prática. Falta saber se eram boas as ideias que os justificavam.

Citemos algumas dessas ideologias sem entrar nos detalhes. Em primeiro lugar, o liberalismo. Trata-se de um fenômeno complexo, que toca também o domínio político e econômico, reivindicando uma autonomia completa da pessoa. No campo da economia ele se apresenta como uma descrição da realidade, uma análise das melhores condições para a vida econômica, mas, de fato, muitos autores vão bem mais longe. Ele se baseia sobre uma visão do homem como *Homo economicus*, reduzido à sua função de produtor ou de consumidor. Existe em função do nível de seus lucros.

Criou-se até uma "teologia da prosperidade": se eu sou rico é porque Deus me abençoou: é o caso de numerosas correntes evangélicas de origem americana que se difundiram na África e na América do Sul. Um pastor que ocupa o topo da escada dos pastores mais bem pagos fala necessariamente de forma melhor de Deus e oferece melhor as chaves da vida do que um pastor pobre... Isso não passa de exagero, mas há muitos economistas liberais mais humanos e mais inteligentes que, no entanto, em nome de um liberalismo absoluto, empurraram para o lamaçal da miséria e ali mantêm milhões de pessoas. Os escritos dos papas (em 1929, na *Quadragesimo Anno,* Pio XI já falavam do "imperialismo internacional do dinheiro"), reflexões como a da americana Dorothy Day (+ 1980) e de seu inspirador, o francês Peter Maurin (+ 1949), em meio a milhares de outras, viram as coisas com exatidão. A globalização acelerou e renovou os fenômenos da desigualdade e da exploração exagerada do planeta. O cardeal Bergoglio, futuro papa Francisco, dizia da Argentina, seu país, numa entrevista ao jornal *30 Giorni*, em janeiro de 2002:

> Nessa época houve um verdadeiro terrorismo econômico e financeiro que teve como consequências facilmente observáveis o aumento do número dos ricos, o aumento do número dos pobres e a evidente diminuição da classe média, além de outras consequências menos ligadas à conjuntura, como o desastre no campo educativo. Naquele momento, havia na cidade e na periferia de Buenos Aires dois milhões de jovens que não estudavam e não trabalhavam. Diante da forma bárbara como se deu a globalização na Argentina, a Igreja desse país referiu-se continuamente às indicações do magistério papal.

Evidentemente, o assunto é complexo e mesmo contraditório. Mas uma reflexão de base sobre o liberalismo não pode ser absolutamente dispensada.

Uma reação inevitável levou ao socialismo, que pôs de ponta-cabeça a escala dos valores e fez do indivíduo explorado um combatente em função de um grupo social oprimido. Uma definição simples descreve-o assim: "O socialismo pode ser definido como uma tendência política, historicamente situado à esquerda, cujo princípio de base é a aspiração a um mundo melhor, fundado sobre uma organização social harmoniosa e sobre a luta contra as injustiças". Como no caso do liberalismo, há uma quantidade de socialismos diferentes, dos quais alguns são mais moderados e simplesmente reformistas, outros, extremistas, como os libertários e as correntes utopistas. O problema é a frequente redução do ser humano a sua categoria social. Do ponto de vista extremo, chegou-se ao marxismo, para o qual toda a história da humanidade se explica pela luta de classes entre os proletários e os que dominam. Por isso é preciso refazer por completo o mundo e mesmo o ser humano. Para isso é preciso não ter medo de tomar medidas imperativas, draconianas, que chegam até à destruição física das categorias que se opõem, a fim de redistribuir os bens e os poderes. No fim, todos se sentirão naturalmente felizes. É Rousseau posto em prática.

Outras ideologias assinalaram essa época recente. A Nação em si é uma coisa excelente. É sadio e normal que um ser humano tenha um país, raízes, uma história, um patrimônio. A pátria ("a terra dos pais") é necessária. Mas pode-se extrair daí uma ideologia perigosa. A Revolução Francesa o fez, convertendo a França em nação messiânica. Em seguida, a Alemanha, a Rússia, os Estados Unidos, a Grã-Bretanha, a Turquia, o Japão, a China etc. transformaram a própria nação em ídolo. O pangermanismo, por exemplo, caminhou em seguida para o nazismo, do qual se conhecem os frutos. Depois, na Itália e por toda parte no mundo, o fascismo inspirou muitos regimes. Os nacionalismos não morreram: basta ver a China atual, por exemplo. Às vezes nos perguntamos se na Ásia não nos encontramos diante de um tipo de nacionalismo que lembra os primórdios da guerra de 1914-1918.

O nacionalismo gerou também o colonialismo. Este pode tomar a forma de uma expansão comercial ou militar de um país, mas existe outra forma de ser: a da dominação de uma raça sobre outra. No século XIX, os progressos da Europa difundiram esta ideia de que a raça branca era uma categoria humana superior. Os brancos não possuem o monopólio dessa atitude; nós a encontramos também na Ásia ou no Islão: há os eleitos e os "outros". Mas eles dominaram o mundo e difundiram por toda parte essa doutrina. O célebre poema de Rudyard Kipling, *O Fardo do homem branco*, escrito em 1899 para encorajar a colonização americana nas Filipinas, constituiu-se numa espécie de hino. Na França, Jules Ferry, fundador do sistema escola da IIIª República declarou, em 28 de julho de 1885:

> Senhores, é preciso falar mais alto e mais verdadeiramente! É preciso dizer abertamente que, de fato, as raças superiores têm um direito em relação às raças inferiores. Eu repito que existe para as raças superiores um direito, porque cabe a elas um dever. Elas têm o dever de civilizar as raças inferiores.

E o socialista Léon Blum dizia, por sua vez, em 9 de julho de 1925:

> Nós admitimos que pode haver, não somente um direito, mas um dever de as raças superiores, ao reivindicar um privilégio um tanto indevido, atraírem para si as raças que não chegaram ao mesmo nível de cultura e de civilização.[8]

O mito da superioridade da raça branca cruzou-se com as teorias de Charles Darwin (1809-1882) a respeito da evolução. A doutrina de Darwin, baseada sobre a luta pela vida, que permite a seleção das espécies, foi transportada para o domínio das sociedades por Herbert Spencer (1820-1903) e no domínio da população por um primo de Darwin, Francis Galton (1822-1911), inventor da eugenia. Trata-se de evoluir para sociedades perfeitas ou raças puras, eliminando sem remorsos o que se opõe a elas, em particular os pobres ou os deficientes. Os nazistas assumiram essas doutrinas com o mito da raça ariana superior. Se o nazismo desapareceu, a eugenia vai muito bem hoje em dia no mundo inteiro.

Outra ideologia refere-se à evolução das doutrinas sobre a sexualidade. Em bom número de autores as ideias de Sigmund Freud (1856-1939) tornaram-se uma ideologia: a felicidade é de ordem sexual e ser feliz sexualmente é um direito do homem (Herbert Marcuse, 1898-1979). Mais ainda: com Wilhelm Reich (1897-1957), o Estado deve pôr-se a serviço do orgasmo. É uma de suas funções principais. O ensino da sexualidade na Educação nacional francesa (e alhures) tem essa marca.

2. Os "trabalhos" práticos: o grande século da morte

O jornalista e ensaísta francês Jean-Claude Guillebaud, que muito se dedicou às tendências e às questões do nosso tempo, disse um dia: "Nós terminamos o século XX com cara de pau". É bem verdade. Por quê? De fato, as ideologias não ficaram trancadas nos livros. Karl Marx (1818-1883) passava seus dias na British Library de Londres a documentar e a escrever suas grossas obras. Mas seus discípulos as aplicaram na realidade concreta. Lenin traduziu-as no plano operacional, e assim vimos o comunismo invadir e dominar uma grande parte do mundo. Não é o único exemplo.

O século XX é o século mais duro da toda a história da humanidade. Morreram de morte violenta no século XX mais pessoas do que desde as origens da humanidade até o fim do século XIX. E tudo em nome das ideologias que acabamos de citar acima. Não é somente o século das grandes guerras, mas também o dos genocídios. Com efeito, ele começa com os grandes massacres perpetrados em nome do nacionalismo islâmico da Turquia contra as populações cristãs de seu Im-

8. Atualmente um racismo antibranco, a doutrina "woke", vai indo muito bem. Está mesmo em forte expansão.

pério, massacrando, de 1894 a 1896, entre 100.000 e 150.000 armênios; depois, durante a Primeira Guerra Mundial, entre 30 a 40% da população da Anatólia, ou seja, entre 1,2 a 1,5 milhão de armênios, 250.000 assiro-caldeus, por fim 350.000 gregos da província do Ponto após a guerra. O platô anatólio, que era povoado em grande parte por cristão, foi esvaziado de populações ortodoxas. A guerra de conquista americana nas Filipinas, entre 1899 e 1902, foi extremamente violenta, e levou à morte provavelmente de 100.000 a 200.000 civis filipinos. Na Europa, ninguém fala nada. Os alemães massacraram no sudoeste africano em torno de 85.000 hereros e namas, coisa que reconheceram em 2021.

A Primeira Guerra Mundial resultou em 10 milhões de mortos, se contarmos os civis; a Segunda Guerra Mundial, entre 40 e 50 milhões, contando o extermínio dos judeus, a fatídica *Shoah* (entre 5,2 e 5,8 milhões de mortos). Essas cifras são ultrapassadas pelas vítimas do comunismo: entre 85 e 115 milhões de mortos. A grande fome organizada na Ucrânia por Stalin entre 1930 e 1933, o *Homolodor*, resultou entre 4 e 7 milhões de mortos sobre um total de 20 a 25 milhões de ucranianos. Regiões inteiras, em particular no Donbass, foram esvaziadas de suas populações de origem. Como não se sentir horrorizado quando Valéry Giscard d'Estaing mandou depor um ramalhete de flores sobre a tumba de Lenin em 1975? Mas Mao Tse-Toung (ou Mao Zedong - 1893-1976) fez melhor do que Stalin. Mandou matar de 70 a 80 milhões de pessoas, mais do que qualquer homem na história da humanidade. Ele foi incensado pelos intelectuais e por homens políticos franceses, como Alain Peyreffitte, que solicitava que se saudasse a China

> por sua vontade apaixonada de criar um universo mais justo e de mudar o próprio ser humano, pela coragem com que ela suporta sacrifícios que nos pareceriam intoleráveis, pela interpelação que ela nos dirige.

Valérie Giscard d'Estaing escreveu a respeito dele por ocasião de sua morte: "Com Mao Tse-Toung apaga-se um farol do pensamento mundial".

Essas cifras, que por si já são aterradoras, não são mais do que uma parte das perdas que afetaram o gênero humano no século XX. É preciso acrescentar os conflitos ligados à descolonização. Indochina 1946-1954: franceses e aliados, 75.000 mortos; vietcongues, 300.000. Guerra entre Estados Unidos e o Vietnã do Sul, 1955-1975: 320.000 para os americanos e os vietnamitas do Sul; 1.200.000 para os do Norte, mais de um a dois milhões de civis. Guerra da Argélia: 1954-1962: 25.000 franceses, 50.000 harkis, dos quais uma grande parte de desaparecidos; 140.000 a 150.000 do lado da FLA (Front de Libération Nationale). Repressão da revolta dos Mau-Mau pelos britânicos em 1950: aproximadamente 100.000 mortos.

Certas guerras ou repressões são quase ocultadas pelas mídias e pela cultura atual, como a revolução mexicana (1911-1920): 200.000 mortos; as campanhas contra os *cristeros* no mesmo país (1927-1929): 240.000 mortos. A guerra do Gran Chaco entre o Paraguai e a Bolívia (1932-1935), a guerra do Rif (Marrocos - 1920-1927), o conflito Indo-Paquistanês quando da independência (1947-1948): 2 a 3 milhões de mortos. A isto se soma o genocídio cambojano (1975-1979): 1,7 milhão de mortos, ou seja, 20% da população; o genocídio do Ruanda (1994): cerca de 800.000 pessoas; a guerra do Iêmen de 1962 a 1969; a guerra do Sudão entre 1963 e 1972; a guerra/genocídio da Nigéria: cerca de um milhão de mortos entre 1967 e 1970 etc. Num país como o Congo democrático, explorado por seu vizinho, Ruanda, e pelas grandes companhias internacionais, os mortos desde a independência se contam aos milhões, e os massacres continuam. Chega-se, assim, a dezenas de milhões de mortos (mais de 30) nos conflitos que acabamos de citar.

Jamais, em algum período da história, ter-se-ia matado e torturado tanto, e isto continua a acontecer. A frase do especialista em genocídios, Bernard Breneteau, é exata quando diz: "O século XX pode ser qualificado como o século da violência paroxística", violência acompanhada por um dilúvio de propaganda e de desinformação.

Mais uma vez, tudo isso, para promover a felicidade da humanidade.

3. *Livrar-se do Deus de Jesus Cristo?*

Durante esse período dos séculos XIX e XX pode-se constatar que as Igrejas cristãs foram especialmente perseguidas. Faz parte da lógica do tempo. As pessoas se dizem tolerantes, mas não se toleram as instituições, consideradas como grilhões que impedem a marcha triunfal da humanidade. Sabe-se que a consciência religiosa é o santuário mais íntimo do ser humano. Se se chega a influenciá-la ou destruí-la, um sistema político não encontra mais resistência. Por isso é preciso ir até o mais profundo da alma humana para mudar a humanidade, e para isso é preciso modificar ou pelo menos calar a consciência religiosa.

O século XIX, depois da Revolução francesa, foi um período difícil para a Igreja Católica, que muitas vezes se viu em conflito frontal com o "mundo novo". Ela teve que se esforçar para mostrar, que não estava em oposição com o que a ciência e a técnica ofereciam de bom, que não fazia questão especialmente das formas políticas do passado; por outro lado, que ela tinha o direito à liberdade religiosa. Nos países anglo-saxões, o catolicismo não se impôs sem problemas nos Estados Unidos como parte integrante da nação. Foi necessária a imigração de irlandeses, italianos e poloneses para que pouco a pouco fosse tolerado. Só em 1908 os Estados Unidos foram desligados da Congregação da Propagação da Fé, o que significa que, a partir dessa data, aos olhos de Roma não se tratava mais de uma Igreja de missão, mas de uma Igreja normal definitivamente estabelecida.

Na Inglaterra e no País de Gales, a hierarquia católica foi restabelecida só em 1850. Até essa data não podia haver ali bispos católicos. E o restabelecimento da hierarquia provocou reações de grande violência. Como também, ao lado das perseguições sangrentas, houve perseguições muito fortes, mas sem ser brutais, por exemplo, na Espanha, em Portugal e na Itália.

Na França, o anticristianismo foi extremamente violento no tempo da IIIª República, a tal ponto que o país ainda hoje se sente profundamente marcado por isso. A chaga está longe de ser curada. A IIIª República só foi fundada em 1875 pela maioria absoluta na Câmara dos deputados. Os republicanos estavam divididos. Um ponto que os unia era a hostilidade violenta em relação à Igreja Católica, considerada conservadora com um passado vergonhoso. Ora, ela dispunha de uma imensa presença na sociedade do tempo: entre os padres diocesanos, os religiosos e as religiosas, havia na França 216.000 membros do clero em 1878. A Igreja garantia o essencial do ensino, do serviço social, do serviço hospitalar. E isso com despesas reduzidas. Gambetta proclamou no dia 4 de maio de 1877: "Clericalismo, eis o inimigo". Indo mais longe, Jules Ferry, fundador da escola da IIIª República, dizia por sua vez: "A República está perdida se o Estado não se livrar da Igreja, se ele não arrancar do espírito humano as trevas do dogma". Dizia também: "Meu objetivo é organizar a humanidade sem Deus e sem reis".

A caça à Igreja Católica estava lançada. Ela se desenvolveu em múltiplas direções. Marcel Pagnol, filho de professor primário, no início de *La Gloire de mon père*, diz: "Naquele tempo, as escolas normais (de ensino primário) eram seminários de anticlericalismo". Ensinou-se às crianças uma história da França revisada, republicanizada, anticristã. Para evitar qualquer oposição, entre 1901 e 1904, fecharam-se por determinação da autoridade não menos de 14.000 escolas católicas, expulsaram-se mais de 30.000 religiosos. Os magistrados que em nome de sua consciência não queriam perseguir os religiosos foram depurados: houve várias centenas de casos. Depois, no ministério Combes, a franco-maçonaria redigiu milhares de fichas de oficiais a fim de limpar o exército e controlar as carreiras. O modo como o futuro general Sarrail dirigiu a escola de suboficiais de Saint-Maixent, da qual era diretor, é um modelo de injustiça.

Em 1905 as Igrejas foram separadas do Estado, os padres católicos privados de seus vencimentos e praticamente reduzidos a uma quase miséria. A franco-maçonaria se constituiu como uma espécie de "Igreja da República" (da qual, aliás, atualmente nem sempre está separada). Apesar dos dilúvios de palavras a respeito da liberdade, a França não era um país livre. Os católicos, segundo a palavra de Jean Sévillia, eram amplamente postos "fora da lei". No total, a empresa de descristianização da IIIª República é, sem dúvida, um dos sucessos mais importantes da história contemporânea nesse domínio.

Evidentemente, isto só descreve um dos aspectos desse regime. Há muitos outros. Mas este não se pode negar, não se pode esquecer: pretendia-se criar um mundo novo, independente de Deus, e fez-se de tudo para chegar até lá. Sem dúvida, a III^{a} República não usou a violência física da Revolução Francesa, mas no que tange à descristianização, ela o fez da maneira mais inteligente.

4. As reações corajosas

Naturalmente, no que tange à França, houve reações, e o plano de liquidação de M. Combes e de seus inspiradores não alcançou todos os seus objetivos. Mas o que aconteceu com as outras ideologias mais violentas que invadiram o planeta?

Nesta altura da nossa narração, é preciso fazer uma observação que de tão simples parece tola, mas que não se costuma fazer: é que nós que escrevemos e lemos este texto estamos vivos. Nós o devemos aos milhares, quer dizer, aos milhões de pessoas que se levantaram contra os grandes totalitarismos do século XX e que empenharam e doaram a própria existência pela vida e pela liberdade. Assim, o século XX foi também o grande século da coragem e do dom dotal por um ideal. Muitas dessas pessoas não eram cristãs, fizeram-no em nome da própria consciência. Nós identificamos facilmente algumas delas, como os jovens pilotos ingleses da batalha da Inglaterra ou os que participaram da resistência na França. Infelizmente, a maior parte deles ficará desconhecida. O século XX é também o século dos heróis.

E as Igrejas cristãs como ficaram em tudo isto? A crise das Luzes é uma crise profunda e mesmo decisiva da sociedade, não diretamente das Igrejas. Mas o cristianismo não vive fora do mundo: seus membros fazem parte da sociedade. Sendo assim, pode ser afetado pela crise de duas maneiras. Ou cede à pressão, "mundaniza-se" e se torna cúmplice das ideologias, ou resiste. Há exemplos nas Igrejas cristãs que pactuaram com as ideologias. No mundo protestante, no plano teológico, é o caso da teologia liberal alemã dos séculos XIX e XX, que com frequência acabou dissolvendo a fé, "horizontalizando" a pessoa de Cristo, que dizer, colaborando com o pangermanismo, depois com o nazismo. As teologias liberais não morreram, e a tentação de ajoelhar-se diante do mundo é ativa, em particular é preciso que se diga claramente: no mundo protestante mais do que no mundo católico ou ortodoxo. Grande número de Igrejas protestantes admite agora o aborto e a ideologia de gênero sem problema algum. Mas houve também casos de demissão entre os católicos e os ortodoxos.

A segunda atitude é a da resistência. Católicos, um número importante de ortodoxos e de protestantes foram campeões da resistência aos desvios das Luzes. Escreveram-se volumes sobre isso e ainda se haverá de escrever. Nos séculos XIX e XX as perseguições contra a Igreja Católica foram numerosas, quer porque se via nela um contrapeso possível em relação ao poder (*Kulturkampf* de Bismark, 1871-1878), quer porque era vista como um obstáculo à difusão da ideologia oficial.

Com efeito, as ideologias não são tolerantes: elas representam uma verdade absoluta. Não dialogam. Não podem, portanto, admitir oposição, enquanto em geral se proclama o princípio da tolerância. Uma primeira forma de agir é simplesmente a de desprestigiar, de desacreditar o adversário. É o que acontece em muitos países, como na França, onde as mídias com frequência se voltam apaixonadamente contra o catolicismo, prolongando assim as campanhas de descristianização da IIIª República. Um segundo método é a perseguição direta, pura e simples. Não deixou de se verificar e ela continua. Houve mais mártires cristãos no século XX do que desde as origens do cristianismo. Na Rússia, 200.000 membros do clero foram executados. Entre 1927 e 1940, por exemplo, o número de igrejas ortodoxas nas Repúblicas soviéticas caiu de 29.584 para menos de 500. "No final do IIº milênio, a Igreja se tornou uma Igreja de mártires", afirmou o papa João Paulo II. Atualmente as perseguições religiosas no mundo são numerosas, especialmente nos países islâmicos, em certos países budistas e no hinduísmo. 80% das pessoas perseguidas são de cristãos de diversas confissões. O número de mártires é contado às centenas cada ano.

Evidentemente, o que acabamos de dizer não é uma descrição completa do século XX. Houve também coisas excelentes, bons momentos. Falaremos disso um pouco mais à frente. Todavia, é impossível apagar, não enxergar diante dos nossos olhos os imensos horrores desse período.

Mas o cristianismo vive. Vive numa sociedade em profunda crise, e essa crise não o deixa indiferente. Ele tenta continuar sua missão, como também curar este universo doente. Como diz o papa Francisco, o mundo se tornou "um hospital de campanha". Diante da "loucura do mundo", segundo a palavra de Thomas Gomart, loucura que não afeta somente a política, mas também as próprias almas, numa situação tão sensível como a vivida pelo Império Romano nos séculos IV e V, o cristianismo está sempre de pé.

E permanecerá, sofrendo com os que sofrem, ajudando os homens tanto quanto pode. No capítulo seguinte iremos complementar o quadro que apresentamos e também atualizá-lo.

Bibliografia

Adamov-Autrusseau, Jacqueline, *Les Lumières : le XVIIIe siècle,* Paris, Hachette, 1999.

Cottret, Bernard, *Le Christ des Lumières : Jésus de Newton à Voltaire,* 1680-1760, Paris, CNRS Éditions, 2011.

Chadwick, Owen, *The Popes and European Revolution,* Oxford, Clarendon Press, 1981.

Delon, Michel, *Dictionnaire européen des Lumières,* Paris, PUF, 1997.

Dupront, Alphonse, *Qu'est-ce que les Lumières ?,* Paris, Gallimard, 1996.

Quarta parte

ASPECTOS DA CRISE ATUAL DA IGREJA

Recordemos que esta obra fala das crises. Não é uma obra de história geral da Igreja. Não pretende, portanto, oferecer um panorama completo do que se passa na Igreja atualmente, onde se vivem situações magníficas, que com frequência não fazem barulho. Aqui analisamos somente um aspecto dessas situações. Mas este aspecto existe e é necessário encará-lo.

Capítulo VIII

A Igreja e o mundo mergulham na insegurança (final do século XX e início do século XXI)

Gostaríamos de começar este capítulo, que pode parecer um tanto duro, com uma nota de esperança. Jean Sévillia escreveu: "Quem pode afirmar com certeza que em 2030, em 2050 ou em 2100, o território europeu não se tornará o encanto do mundo"?[1] Nós creríamos de bom grado que sim.

Mas um livro sobre as crises da Igreja ao longo dos tempos não pode dispensar os capítulos sobre a situação atual do cristianismo, particularmente da Igreja Católica. Ela não está sozinha em crise. A ortodoxia também está de diversas maneiras, mesmo na Rússia, onde, no entanto, se constata uma forte renovação religiosa. As Igrejas protestantes se encontram ainda mais em crise, na medida em que muitas se ajoelharam diante do «mundo», às vezes até se distanciando da palavra de Deus. O catolicismo está sendo confrontado ao mesmo tempo com uma crise exterior e interior. Exterior, porque uma grande parte da evolução do mundo é feita contra ele e, por isso, é combatido; interior, porque o "mundo' penetra também na Igreja e tenta influenciá-la por dentro.

I. Tempos favoráveis (1945-1965)

Voltemos um pouco atrás, ligando-nos ao capítulo anterior. A crise atual da Igreja é tanto mais surpreendente quanto ela tinha sido precedida por um período positivo para a Igreja e para a sociedade (com as reservas de praxe, naturalmente). Tinha-se a impressão de que as Luzes (Iluminismo), em parte, se tinham amortecido e que começava a surgir um mundo viável.

Na história, nada é completamente preto, nem completamente branco. Nas origens cristãs, a Igreja fez um esforço de discernimento para selecionar o que na cultura greco-latina podia ser acolhido pelo cristianismo. No mundo contempo-

1. Jean Sevillia, *Quand les catholiques* étaient *hors la loi,* Paris, Perrin, 2006, p. 298.

râneo, quaisquer que tenham sido as motivações ideológicas de início, de que já falamos antes, também encontramos coisas excelentes. Rejeitar em bloco o mundo atual, como se ele fosse inteiramente diabólico, não é possível.

Um bom método de discernimento foi proposto pelo papa João Paulo II. Formado em Roma segundo a filosofia de Santo Tomás de Aquino que é essencialmente objetiva, ao voltar para a Polônia, esbarrou no idealismo alemão sob todas as formas. Perguntou-se, então, se a fenomenologia não poderia ser uma solução, uma porta de saída, diante da enfermidade do egoísmo (do "eu") do mundo. Embora a tentativa não tenha sido coroada de êxito, o papa compreendeu que era preciso levar em conta a subjetividade contemporânea, a "virada subjetiva", inclusive no pensamento teológico. É o método que ele aplicou em seus livros *Pessoa e ato* e *Amor e responsabilidade;* e depois, uma vez eleito papa, nas suas catequeses sobre corpo humano, reunidas em *À imagem de Deus, homem e mulher* e em *Uma leitura do Gênesis 1-3*, catequeses que então surpreenderam bastante.

Outro exemplo de discernimento: vindo a Paris para sua primeira viagem em 1980, o papa interpelou a França sobre sua vocação como nação: "França, filha primogênita da Igreja, que fizeste das promessas do teu batismo?" E na célebre homilia em Bourget no dia 1º de junho de 1980, mostrou como, mesmo fora da fé, há elementos positivos na cultura francesa contemporânea:

> O que não fizeram os filhos e filhas da vossa nação para o conhecimento do homem, para exprimir o homem mediante a formulação de seus direitos inalienáveis! Sabe-se o lugar que a ideia de liberdade, igualdade e fraternidade ocupa na vossa cultura, na vossa história. No fundo, trata-se de ideias cristãs. Eu o digo em boa consciência que os primeiros a formularem assim este ideal, embora não se referissem à aliança do homem com a sabedoria eterna, eles queriam agir em favor do homem.

O homem é o caminho da Igreja, dirá o papa sob mil formas. Afirmando isto, ele oferecia um espaço de encontro, um caminho para a solução de uma crise que se tinha deslanchado antes.

Há momentos de equilíbrio em que se tem o sentimento de que correntes opostas se juntam, se combinam e finalmente se põem de acordo a respeito de vários pontos. São tempos felizes. Teve-se esse sentimento no mundo ocidental após da guerra de 1939-1945. Certamente, uma parte do mundo estava sob o punho do comunismo. Mas, no "mundo livre", tinha-se mostrado a capacidade de reconstruir a sociedade convulsionada pelo conflito. Os homens políticos cristãos, um pouco por toda parte, tinham desempenhado um grande papel na reconstrução da democracia. O progresso era rápido em todos os domínios. Os direitos do homem foram admitidos por todos e globalmente honrados. Após períodos de lutas anticlericais, o cristianismo parecia integrado numa cultura que certamente não estava de acordo com ela em tudo, mas que o respeitava. Na França havia uma busca religiosa dinâmica, um crescimento da fé em muitos setores até os anos 1960, sem nenhum embate frontal com a cultura do tempo. Assim, pôde-se falar dos *golden sixties*, dos anos dourados, dos anos do otimismo.

O que parecia adquirido de forma positiva, são os direitos humanos, reescritos pela ONU em 1948; a solidariedade dos homens em todo o planeta, especialmente em períodos de dificuldades; a capacidade da humanidade de caminhar rumo a dias melhores. O catolicismo aceitava todos os valores e se interessava por eles.

Um bom barômetro da vitalidade religiosa é fornecido pelas vocações de diversos tipos. Nos anos 1960, havia na Igreja católica cerca de 3.000 comunidades religiosas femininas e 500 masculinas. Nunca as cifras de religiosos e religiosas tinham sido tão elevadas. Os Jesuítas, de 1939 a 1967, passaram de 25.000 a 35.000; os Salesianos, de 11.000 a 22.000 mil; os Irmãos Maristas das Escolas de 5.200 a 9.700; os Oblatos de Maria Imaculada, de 5.200 a 7.600. Em Roma, nos subúrbios, foram construídas enormes casas gerais. Em 1965 havia 330.000 religiosos na Igreja e 961.000 religiosas. Falava-se, então de "um milhão de religiosas".[2] Apesar das dificuldades, o futuro parecia garantido para o catolicismo.

II. A aventura do Vaticano II (1962-1965) e suas consequências

Foi quando a Igreja Católica se lançou na aventura do Concílio Vaticano II. Tratava-se de passar de uma posição defensiva em face ao mundo, posição fundada sobre o princípio de autoridade que evocamos mais acima, para uma posição de colaboração e de compreensão mútua. Como dizia João XXIII, era preciso "abrir as janelas". Não há dúvidas de que era de fato necessário fazê-lo. O momento não era mal escolhido, a situação global da humanidade parecia ser favorável. As *Atas* do concílio nessa perspectiva serão lidas e meditadas durante muito tempo.

Como muito bem explicou o cardeal Ratzinger, infelizmente, junto com o concílio dos bispos houve um concílio paralelo das mídias. Tudo que acontecia em Roma era relido, reinterpretado à luz das filosofias evocadas acima. A chave de leitura era: o passado se opõe ao futuro. Falava-se de "progressistas" e o termo era adequado. Quando hoje lemos os artigos de certas publicações ditas sérias (como *Le Monde* ou *Paris-Match*), e mesmo manchetes católicas (*La Croix, Témoignage Chrétien*...), tem-se um pouco a impressão de sonhar. O espírito do concílio foi traído pelas mídias que formaram a opinião pública. Assim, uma vez que as janelas foram abertas, não foi o ar que entou na Igreja, mas o gás sulfuroso qualificado

2. https://agensir.it/chiesa/2016/09/23/i-numeri-della-vita-religiosa-a-50-anni-dal-concilio-perche-la-crisi-non-e-ancora-alle-spalle.

por Paulo VI como "a fumaça de Satanás". Começou então uma das crises mais violentas de sua história. Nós ainda nos encontramos dentro dela.

Teólogos eminentes, como o cardeal de Lubac, Hans Urs von Baltazar, o P. Bouyer, Jacques Maritain ou Gaston Fessard enxergaram exatamente isso. Na França, na Alemanha, nos Países Baixos, na Bélgica, em Quebec (Canadá) houve uma verdadeira "traição dos clérigos". É claro que a crise não surgiu *ex nihilo*, ela se baseou em erros e insuficiências da Igreja nos períodos anteriores. O P. Laurentin escreveu:

> Com frequência os católicos levaram a própria reconversão para além do equilíbrio. Acabaram minando o concílio, em vez de ilustrá-lo. Daí numerosas consequências em muitos setores (padres, seminaristas, universitários etc.). Os desgastes foram catastróficos. Os campos de ruínas criados assim estavam mergulhados no silêncio da morte... Sufocaram-se as reações do povo cristão, muitas vezes surpreso...

Depois de tudo, em 2019 os Jesuítas já são somente 18.000; os Franciscanos 17.000; os Salesianos 15.000; as Filhas da Caridade 23.000; as Filhas de Maria Auxiliadora 15.800, os Carmelitas Descalços recuaram menos e são em torno de 3.500 etc.

O pastor André Dumas qualificou com precisão os anos de 1965-1974 de "um decênio de destruição interna muito suspeita".[3] O assunto é tão sensível que ainda hoje é praticamente impossível falar dele numa grande parte de círculos dirigentes da Igreja da França, começando pelo episcopado. Quanto aos jovens, mesmo católicos, muitas vezes sem cultura, não compreendem absolutamente do que se trata.

Não é possível desenvolver aqui todos os aspectos dessa crise. Seriam necessários vários volumes. Seguiremos outro método: analisaremos um caso particular e o estudaremos de forma mais precisa. Um dos aspectos mais dolorosos da crise é a questão do sacerdócio. Essa crise é que nós queremos focalizar. Haveremos de nos servir de um exemplo: o da França, que é bem documentado, mas nós o ampliaremos.

Todavia, não se pode compreender esse assunto, sem antes dar uma olhada sobre a virada que pouco a pouco se deu no mundo depois dos anos de relativa felicidade. Com efeito, houve uma evolução considerável.

III. Um mundo angustiado

Infelizmente, os demônios que agitavam o mundo ocidental não tinham sido destruídos. Assim, após anos que pareciam felizes (1945-1965), a sociedade empreendeu uma caminhada negativa que a conduziu a uma desorientação.

3. "Marie-Eugène de l'Enfant-Jésus. Un témoin pour notre temps", dans *Amis dans l'Esprit Saint. Marie-Eugène de l'Enfant-Jésus, Pierre Goursat,* Vénasque, Studium Notre-Dame de Vie-Paris, L'Emmanuel, 2017, p. 11-46.

Uma época não pode ter passado por semelhantes horrores, como os descritos acima, e permanecer intacta. Assim, levantou-se uma dúvida a respeito do próprio homem, a respeito do ser homem. Há vinte ou vinte e cinco anos, não se admitia em muitos meios que a sociedade ocidental estivesse em crise, a não ser eventualmente, no sentido de crises econômicas de adaptação. Pensava-se globalmente que a sociedade não ia mal; quer dizer, que ela constituía um horizonte de humanidade insuperável; isso incitava os cristãos a se inserirem o mais harmoniosamente possível, deixando de lado, se fosse o caso, os que incomodam. Desde esse ângulo as coisas mudaram muito. Por exemplo, o discurso do papa Francisco em Estrasburgo no dia 25 de novembro de 2014 a respeito da crise da Europa não surpreendeu. Em compensação, está em debate a natureza dessa crise global. O que podemos dizer de certo?

Antes de tudo, que os valores positivos sobre os quais está fundada a sociedade foram carcomidos. O próprio capitalismo liberal saiu-se mal. Sem dúvida, o fim do comunismo em 1991 resultou numa sua vitória incontestável e numa dominação sobre o mundo sob a égide dos Estados Unidos. Mas o que significou essa vitória? Era a vitória da liberdade, da cooperação internacional, do respeito pela pessoa humana, como solicitava a carta da ONU? Ou pelo contrário, iria favorecer o nascimento de novas formas de dominação, mais sutis, como a que certos autores já tinham notado desde os primeiros momentos?[4] O professor belga Michel Schooyans, de Lovaina, foi um dos primeiros perceber e demonstrar que o liberalismo ir caminhar na direção de um novo totalitarismo.[5] Sob o impulso de grupos de pressão, com os grandes *think tanks* americanos, rapidamente surgiu uma nova concepção do mundo e da governança mundial, levando concretamente a uma nova visão do próprio ser humano, visão que não ficou na teoria, mas que se difundiu muito rapidamente pelo mundo inteiro.[6]

Não é necessário entrar nos detalhes desse processo que levou a um novo desequilíbrio do mundo. O planeta é animado por grupos sempre mais ricos e

4. Como Aldous Huxley, *Le Meilleur des mondes,* aparecido em 1938 e *Retour au meilleur des mondes*, em 1958; Georges Orwell, 1984, aparecido em 1949 et *La Ferme des animaux*, em 1945; Jean-Christophe Rufin, *Globalia,* aparecido em 2004. Ver o artigo *Dystopie* na Internet. Não é bom desfazer-se muito rapidamente desse tipo de reflexão que pode verdadeiramente dizer alguma coisa.

5. Michel Schooyans, *La Dérive totalitaire du libéralisme,* Paris, Éditions Universitaires, 1991; rééd. Paris, Mame, 1999; *La Face cachée de l'ONU,* Paris, Fayard-Éditions le Sarment, 2000; *Le Terrorisme à visage humain,* Paris, Éditions François-Xavier de Guibert, 2006. Mais antigos: Jacques Ellul, *Trahison de l'Occident*, Paris, Calmann-Lévy, 1975; Jean-François Revel, *La Tentation totalitaire*, Paris, Robert Laffont, 1976.].

6. Haveria toda uma literatura sobre esse assunto, que pode ser vista sob aspectos diversos: Fumaroli, *L'État culturel. Essai sur une religion moderne,* Paris, Bernard de Fallois, 1991; Philippe Saint-Marc, *L'Économie barbare,* Paris, Éd. Frison-Roche, 1994; René Passet, *L'Illusion néo-libérale,* Paris, Fayard, 2000; Christian Authion, *Le Nouvel Ordre sexuel,* Paris, Bartillat, 2003; Alain Toulza, *Le Nouvel Ordre mondial de la sexualité.* 1. *Le meilleur des mondes sexuels,* Paris, F.-X. de Guibert, 2008. Sobre a questão significativa da ideologia do ênero: Marguerite A. Peeters et Robert Sarah, *Le Gender, une norme mondiale? Pour un discernement,* Paris, Mame, 2013.

sempre mais poderosos: 1% da população detém 50% da riqueza; a pobreza não recuou; países inteiros – poder-se-ia mesmo falar de continentes – são explorados. A própria gestão da população se tornou um desafio ideológico. Começou-se entrando em pânico por causa do superpovoamento e, como consequência, nos países que não querem crianças foi imposto o aborto. Outra etapa foi assinalada pela difusão da ideologia de gênero. Por fim, desembocou-se na utopia de um "super-homem", graças à tecnologia. Uma nova pressão instalou-se no mundo.

Ao mesmo tempo, ao espírito sistemático de crítica vindo das Luzes em relação ao passado, somou-se uma filosofia da suspeita que praticamente se aplica a tudo. As ideologias otimistas a respeito do homem foram substituídas pouco a pouco por ideologias pessimistas quanto ao ser humano. No plano literário, às utopias sucederam as distopias, das quais *1984* de George Orwell e *Admirável Mundo Novo* de Aldous Huxley são as mais conhecidas. Esse gênero literário é o que faz sucesso no momento. Diante de tudo o que houve, pergunta-se o que vai tornar-se o ser humano; se no fundo não é um predador, um produto que se desviou e não correspondeu à evolução e que não merece mais viver. Diz-se que o planeta será engolido pelo ser humano! Nessas condições é preciso reduzir seu número e em seu lugar abrir espaço para o reino dos animais. De qualquer modo, tudo o que é tradicional deve ser claramente negado e desconstruído, como o valor absoluto da vida, a diferença entre homem e mulher etc.

Nesse quadro, a eugenia facilmente se instala: só se dá atenção aos melhores. Daí o aborto que, após ter sido praticado sistematicamente nos países comunistas, foi legalizado em aproximadamente a metade dos países do mundo nos anos 1970. A partir dessa data, um bilhão de pessoas tiveram sua vida eliminada por esse meio; destes, só na França faltam 7 milhões de franceses! Atualmente há 50 milhões de abortos no mundo, cada ano. Outro modo de seleção é a eutanásia, que é largamente praticada no mundo inteiro, às vezes de forma sistemática, sem que isso seja objeto de repressão, e até mesmo é incentivada. Não é impossível que essa guerra contra o ser humano vá ainda mais longe, por exemplo, limitando autoritariamente o número de filhos. Assim, podem ocorrer novos totalitarismos fundados sobre a minuciosa vigilância de toda e qualquer movimentação, como está para ser posto em prática em particular na China. Num mundo completamente ideologizado, pode-se esperar de tudo. O III° milênio começa sob auspícios inquietantes. O cristianismo se encontra agora perante novas formas de rejeição e de perseguição. Bento XVI tem razão quando diz: "A sociedade moderna está para formular um credo anticristão, e se nos opusermos, somos punidos pela sociedade com a excomunhão social".[7] É isso o progresso?

7. Benoît XVI-Peter Seewald, *Ein Leben,* Munich, Dromer Knaur, 2020.

IV. O universo da solidão

A Suécia atualmente é o país modelo do mundo ocidental. É interessante ver para além da fachada como esse pais evolui. Uma religiosa sueca que ama grandemente seu país dá o seguinte testemunho:

> Eu nasci em Estocolmo. Vivi os primeiros quatro anos de minha vida na casa do falecido poeta Bellman, no alto das colinas de Soder, perto da passarela que leva a Katarinahissen. O balcão de nosso apartamento dava sobre Slussen e sobre a cidade velha. Não teria sido possível encontrar posição mais magnífica. Desde essa posição régia, durante os primeiros anos de minha vida, eu podia abraçar com o olhar a mais bela cidade do mundo.[8] Estocolmo se tornou para mim como uma segunda pele. Como um belo vestido exótico que se usa para exprimir uma identidade absolutamente única... Todo esse brocado azul cintilando de joias refinadas, de centros borbulhantes de cultura, de parques e lugares de encontro, era um emaranhado de mil pontes e um contínuo vaivém de uma onda humana. Eu amava minha cidade, como todo verdadeiro londrino, parisiense ou novaiorquino ama a sua.
>
> Agora já faz quase um quarto de século que eu não vivo mais ali. Mas, por que Estocolmo me faz tão pouca falta? Ao longo de meus demorados passeios pela cidade, de Norte a Sul, de Leste a Oeste, procurei encontrar o coração de Estocolmo, colocar-me dentro de sua pele para sentir o que eu sentia outrora. Mas é impossível penetrar nela: é como se eu abraçasse um cartão postal ou um papel gelado de uma loja; ou como se eu mergulhasse por baixo de uma coberta de solidão que se interpusesse entre mim e o ar que tento respirar. Até o próprio ar parece carregado de vazio e abandono. A cidade dos meus sonhos parece que se tornou como uma bela mulher, cujo grito de angústia fica sufocado na boca.
>
> A Suécia é o pais no mundo que conta com o maior número de pessoas que vivem sozinhas, e Estocolomo é a cidade que conta o maior número de pessoas que vivem sozinhas na Suécia – aproximadamente sessenta por centro. Foi chamada "a cidade mais solitária do mundo". Alguns pensam que nós não nos sentimos completamente sozinhos: só somos os mais ricos e os mais independentes de todos. No lugar de famílias unidas, dispomos de uma vasta "rede de relações". Estaríamos vivendo a vida de elétrons livres, que seria a expressão última da realização de si e da ausência de preocupações!
>
> De minha parte, não estou tão convencida. Ouça as confidências que as mulheres elegantes fazem à maquiadora da loja da beleza no NK,[9] enquanto retira a pesada camada de cosméticos e antes de aplicar uma nova... Ninguém pode viver sem raí-

8. De fato, é uma opinião que possui argumentos a seu favor... mas quando o tempo é bonito.

9. A grande loja chique.

zes espirituais... Nesta cidade, entre as mais belas do mundo, há 300 pessoas que se suicidam cada ano, quer dizer, uma pessoa cada seis dias por semana. É isso que eu sinto quando passeio pela cidade, procurando em vão sua doce melodia.[10]

É nisto que desembocará a nossa sociedade, se não reagirmos.

Bibliografia

Cuchet, Guillaume, *Comment notre monde a cessé d'* être *chrétien. Anatomie d'un effondrement,* Paris, Le Seuil, 2018.

Galinier-Pallerola, Jean-François, Laffay, Augustin,

Minvielle Bernard (dir.), *L'Église de France après Vatican II,* Paris, Parole et Silence, 2011.

Pelletier, Denis, *La Crise catholique. Religion, société, politique (1965-1978),* Paris, Payot, 2002.

Soljénitsyne, Alexandre, *Le Déclin du courage. Discours de Harvard, 1978,* éd. fr., Paris, Le Seuil, 1978.

Consultar as notas de rodapé do capítulo seguinte.

10. Sophie Hamring, *La Vie communautaire. Un trésor dans des vases d'argile*, Nouan-le-Fuzelier, éditions des Béatitudes, 2017.

Capítulo IX

A crise do sacerdócio: o exemplo francês

A questão do sacerdócio católico é uma das mais sensíveis da crise atual. Nela está em jogo em grande parte o futuro da Igreja. Tratemos, então, do assunto de maneira muito precisa. Para compreender os motivos e as consequências da situação atual é preciso partir de mais longe. Haverá alguma repetição, mas não será supérflua. Falaremos da questão particularmente em relação à França, que é um exemplo interessante e bem documentado, mas a abordaremos também em relação a outros países.

I. O legado do passado: a França e o sacerdócio

É conhecida a bela frase dos *Regrets* de Joachim du Bellay: "França, mãe das artes, das armas e das leis". A França foi também mãe dos padres e das vocações. Ela o foi na Idade Média quando o sacerdócio atraía os candidatos aos milhares, o que, aliás, acontecia em toda a Europa cristã. Mas a França foi de novo mãe dos sacerdotes no século XVII, de forma muito original desta vez, e em seguida até muito perto de nós. Aqui precisamos explicar-nos um pouco, porque não é sem importância para o nosso objetivo.

1. A "redescoberta" do padre no século XVII

Como vimos, a situação da Igreja europeia era bastante trágica no fim da Idade Média e no início da época moderna, particularmente a situação do sacerdócio. Entre 1500-1550, ser padre com frequência era mais uma "profissão", um trabalho, um meio de se inserir na sociedade, mais do que uma verdadeira vocação. Muitas vezes a finalidade era conseguir um benefício, isto é, um cargo que rendesse honorários, o que São Vicente de Paulo chamará mais tarde, referindo-se à sua história pessoal, de "uma boa aposentadoria". Dessa forma, o número de padres era muito elevado: centenas em Paris; milhares talvez em Nápoles. Não existiam lugares específicos para a formação. Alguns padres estudavam a teologia nas universidades, mas isto não lhes ensinava o que era a vocação sacerdotal e a maneira de vivê-la. Os padres seculares, em geral, não moravam juntos, mas em casas normais, com todas as tentações possíveis da vida do mundo. Um provérbio milanês chegava a dizer: "Se você quiser se condenar, faça-se padre". Mesmo que não se deva exagerar a realidade, os trabalhos em função da Reforma Católica resultaram num balancete negativo da situação do sacerdócio ocidental naquela época. Não é o caso de descrever aqui as razões completas dessa crise. Digamos simplesmente que a Igreja tinha sido absorvida pelo sistema social do momento, em outras palavras, pelo "mundo", no sentido que São João atribui a essa expressão (Para o contexto, ver o que dissemos no capítulo sobre Lutero).

Para reagir contra essa situação, o concílio de Trento quis revalorizar o estado sacerdotal e restitui-lo à sua verdadeira natureza. Para isso promulgou uma série de cânones a respeito dos padres, em particular o célebre cânon 18 do decreto *De Reformatione* da XXIII sessão, que pedia aos bispos que instituíssem colégios para formar os futuros clérigos. Neles seriam acolhidos meninos a partir dos doze anos, logo admitidos ao estado clerical e educados com vistas ao sacerdócio: esta é a origem dos seminários. Note-se que a função do bispo, muito reforçada em Trento em todos os campos, enfatizava particularmente a escolha e a formação dos padres.

O problema é que esse decreto não pôde ser posto em prática. Houve algumas tentativas, em particular na Itália e na Espanha, com êxitos parciais, especialmente na Milão de São Carlos Borromeu, mas, no conjunto, não se chegou a implantar esse tipo de colégio. Não era viável formar na mesma casa, com o mesmo regime de vida, meninos, adolescentes e adultos. Assim, na imensa maioria, os padres continuaram a ser ordenados com uma formação restrita e uma ideia de sacerdócio também bastante restrita, reduzida a um "trabalho para a Igreja", quando muito a um simples serviço eclesial, em bom número de casos.

Notemos o seguinte: é frequente a tentação de ver no padre um servidor do sistema eclesial, uma espécie de agente pastoral, ao qual a palavra "profissão" se aplica com mais precisão do que o termo "vocação", "chamado de Deus".

A solução haveria de vir amplamente da Paris do século XVII, quando a França assumiu com decisão atuar a Reforma Católica, que se difundiu naquele que foi chamado o "Grande Século das almas". Esta solução é devida a dois fatores. O primeiro é a renovação da teologia sacerdotal, ligada ao pensamento do cardeal Pedro de Bérulle (1575-1629),[1] fundador da que Bremond chamou a "Escola Francesa.[2] Bérulle e seus sucessores, apoiados na Carta aos Hebreus, renovaram a

1. Raymond Deville, *L'École française de spiritualité, Paris,* Desclée, 1987; Yves Krumenacker, *L'École française de spiritualité. Des mystiques, des fondateurs, des courants et leurs interprètes,* Paris, Cerf, 1998.

2. Na Espanha, São João d'Ávila (1499-1569) foi, por sua vez, grande promotor da santidade sacerdotal.

teologia eucarística e apresentaram uma maneira, senão nova, pelo menos muito forte, a função do padre em relação à Eucaristia, aos sacramentos e à oração, com a finalidade, segundo a palavra de Bérulle, de "restaurar o estado sacerdotal".

Eles descreveram o padre como sujeito de uma verdadeira vocação, de um chamado de Deus. Não era o padre que escolhia uma função, era o próprio Deus que a escolhia para ele. Por isso o padre era chamado à santidade, tanto quanto os religiosos, o que exigia uma vida inteiramente dedicada a seu ministério, sem reservas e compromissos, vivendo, segundo uma palavra de Olier, "a contemplação – a união com Deus – dentro do sacerdócio". Essa teologia sacerdotal produziu inumeráveis padres santos até o século XX, no mundo inteiro. Com instâncias diversas, foi aceita globalmente na França até 1945-1950. Em seguida, houve um início de rejeição. Voltaremos a isso mais à frente. Observemos que esta visão muito "espiritual" do padre não diminuía, como a experiência mostrou, seu compromisso de evangelizar e de servir ao povo fiel.

O segundo fator de renovação do sacerdócio está ligado principalmente a duas personalidades: Jean-Jacques Olier (1608-1657) e São Vicente de Paulo (1581-1660), discípulos e amigos de Bérulle. Criando os exercícios espirituais dos ordenandos e fundando o seminário de São Sulpício, associado à paróquia homônima, Vicente de Paulo e Jean-Jacques Olier resolveram, embora de forma um pouco diferente, a questão posta pelo concílio de Trento. Não se acolhiam candidatos num colégio durante todo o tempo de seus estudos, independentemente das idades; reuniam-se somente adultos que se preparavam para as ordenações; pregava-se a eles uma espécie de retiro prolongado, proporcionando-lhes uma preparação espiritual e prática, ensinando-lhes o que é um padre, como deve viver, comportar-se e evangelizar. A fórmula dos seminários finalmente tinha sido encontrada; ela iria evoluir e se aperfeiçoar entre os séculos XVII e XVIII. Com efeito, tornando-se menos confiável o ensino das faculdades de teologia, pouco a pouco chegou-se a fazer no seminário a quase totalidade do curso de estudos em dois, três ou quatro anos. A experiência mostrou que todas essas realizações podiam ser facilmente reproduzidas.

2. *A realização prática*

A partir dessas duas realizações fundadoras, a França cobriu-se de seminários. Em 1789 havia pelo menos um em cada uma das 130 dioceses francesas. Os Lazaristas dirigiam 51, o que mostra sua influência; os Eudistas 13 e os Sulpicianos uma dúzia. A quase totalidade dos padres franceses, então, fazia seus estudos no seminário, mesmo se alguns buscassem também graduações universitárias. Dessa forma foram beneficiados não somente por uma formação filosófica e teológica, mas também por uma formação prática, particularmente por uma doutrina sacerdotal. Esta podia assumir formas diversas segundo os formadores, mas estava-se amplamente de acordo a respeito do essencial. Isso proporcionou à França um bom clero.

Quando milhares de padres franceses se refugiaram na Inglaterra durante a Revolução, edificaram por suas virtudes a sociedade britânica; o próprio William Pit fez questão de render-lhes homenagem. Após a Revolução, nada foi mais urgente do que restabelecer os seminários; mais do que nunca, sem ruptura com o sistema anterior, formaram-se quase todos os padres em seminários. Depois da separação da Igreja do Estado em 1905, que confiscou pura e simplesmente os edifícios dos seminários, as dioceses da França fizeram enormes esforços financeiros para reconstruí-los novamente. Muitos existem ainda, embora sua destinação tenha mudado. Muitas vezes trata-se de edifícios enormes, destinados a acolher várias centenas de seminaristas; em cada diocese existiam também pequenos seminários; algumas tinham até dois, com várias centenas de meninos em cada um deles. Até 1940, 90% dos padres franceses aproximadamente tinham passado por esses pequenos seminários. Como se vê, tinha-se organizado uma "solução de conjunto" coerente, de acordo com a sociedade católica, e que "funcionava".

Nesse contexto, a Companhia de São Sulpício ocupava um lugar à parte, mais importante depois da Revolução do que antes. São Sulpício de Paris e Solitude d'Issy-les-Moulineaux formaram um grande número de padres e bispos de valor, franceses e estrangeiros. Os Sulpicianos se consideravam os guardiões da verdadeira espiritualidade sacerdotal. É justo reconhecer que globalmente eles se mostraram à altura de sua tarefa.

Ora, a situação francesa, contrariamente ao que se poderia pensar, era um pouco fora do comum. Em muitas dioceses estrangeiras, durante longo tempo, não havia seminários ou sua qualidade deixava a desejar, até mesmo gravemente. Em 1901, quando houve a expulsão dos religiosos franceses, muitos foram trabalhar em seminários de outros países. Ali tiveram algumas surpresas... Por ocasião do concílio Vaticano I, quando um bispo francês pediu que para ser padre fosse obrigatório receber a formação no seminário, ele não foi ouvido e sua proposta foi rejeitada. Muitos papas, mesmo um ou outro da nossa época, não frequentaram seminários. O último exemplo é Paulo VI, que estudou em casa; Pio XII só passou rapidamente pelo seminário Capranica etc.

Assim, a França era um país onde havia uma doutrina coerente a respeito do padre e que possuía a capacidade de aplicá-la. Dessa forma, em quantidade e qualidade, até 1950 o clero francês era um dos grandes cleros da Igreja: isto deve ser dito sob pena de sermos injustos. Hoje não estamos mais conscientes disso; a história recente prova-o claramente, queiramos ou não.

II. Evolução numérica recente

Quando se lê o que acabamos de escrever, tem-se a impressão de um mundo muito distante, mas ele está relativamente perto de nós. Na realidade, porém, a situação atual é muito diferente, como o demonstram as cifras. Demos, pois, uma olhada nas estatísticas, a longo e a curto prazo; elas falam por si.

1. Em longo prazo

Em 1789 havia na França 120.000 padres, dos quais 20.700 eram religiosos,[3] para aproximadamente a metade dos habitantes de hoje. Depois da Revolução, o esforço considerável para evangelizar novamente a França deu frutos, tanto que em 1880 havia em torno de 80.000 padres, dos quais aproximadamente 20.000 religiosos, mais 166.000 religiosas. A França mostrou-se, então, extraordinariamente generosa em favor das missões. Em 1900, sobre 6.100 missionários padres no mundo, 4.500 eram franceses, mais 2.600 irmãos no campo do ensino e 10.000 religiosas.[4] A descristianização do fim do século XIX e do início do século XX provocou certa retração numérica, mas constata-se que o esforço apostólico e intelectual do período entre as duas guerras, animado por um episcopado dinâmico nomeado por Pio X e Pio XI produziu frutos. Bem como, após a Segunda Guerra Mundial, e até os anos de 1950-1955, 90% dos franceses se diziam católicos; idêntica era a proporção de crianças batizadas. Havia aproximadamente 6.000 seminaristas e mais de 1.000 ordenações por ano. Embora se possa constatar uma diminuição, em 1960 há ainda 4.500 seminaristas. As dioceses possuem um efetivo de padres e de religiosas considerável:[5] 1.087 padres em Nantes e 3.700 religiosas em 1949; 1.750 padres e 2.910 religiosas em Lille em 1950; 1.019 padres e 1.983 religiosas em Bayonne; 415 padres e 690 religiosas em Mende na mesma data. Muitos são jovens.

A comparação com os efetivos das Ordens femininas é sempre instrutiva. Em 1945, no conjunto do território, contam-se não menos de 116.000 religiosas. As Ordens Religiosas de homens e mulheres buscam vocações. O hábito religioso faz parte do espetáculo da rua. Junto com os Estados Unidos, a Itália e a Espanha, a França é o país que no mundo tem mais padres, seminaristas, religiosas e missionários. A prática religiosa globalmente é de mais de 50% no conjunto do território. Há verdadeiros baluartes católicos, como o Oeste, as encostas do Maciço Central e do sudoeste dos Pireneus, a Alsácia, o Norte, onde a prática é amplamente majoritária. Em 1950, certos cantões do País basco e do Béarn é de 95% de praticantes.

3. E 37 000 religiosas.

4. A metade dos Carmelos femininos do mundo (450 sobre 900 em 2021) foi fundada por religiosas francesas.

5. http://www.catholic-hierarchy.org/country/fr.html

Sem dúvida, há cidades menos praticantes, igualmente certas dioceses, como as da Provença, Meaux ou Limoges, mas são exceções. Há também classes sociais mais afastadas, como o mundo operário, mas os trabalhos recentes mostraram que o distanciamento religioso não era absoluto e que o fracasso da evangelização não devia ser exagerado. Uma parte dos operários ainda considera a Igreja como referência. Todavia, esse desligamento em relação à fé de uma parte da nação inquieta bastante. O livro *França, país de missão?* (1943), dos padres H. Godin e Y. Daniel, entre outros, sacudiu bastante os espíritos. Também no pós-guerra a Igreja da França se distingue pela reflexão apostólica e a cultura católicas: o Vaticano II será um de seus frutos. Fundam-se novas comunidades religiosas, criam-se iniciativas missionárias para atender às periferias da Igreja. Aos olhos do mundo inteiro a Igreja da França é um modelo. Ângelo Roncalli, núncio na França, futuro João XXIII, João Batista Mondini, futuro Paulo VI, Karol Wojtyla, futuro João Paulo II, estudam de perto o que se faz, particularmente em Paris.[6]

Um aspecto importante a notar: a Igreja da França mantém contato com os jovens, não hesita em propor-lhes o caminho sacerdotal ou religioso, ela tem os meios para formá-los. Em 1950 contam-se 4.200 internatos católicos acolhendo 800.000 meninos, a maior parte provenientes de ambientes populares, muitos de origem operária. Ligados aos internatos, os Corações Valentes e as Almas Valentes alcançam um número importante de meninos e suas publicações se difundem por toda parte. As colônias de férias, em sua maior parte religiosas, recebem um milhão de crianças. A isso soma-se o Escotismo, que conhece então uma grande expansão: 84.000 escoteiros guias em 1952, 136.000 escoteiros e 70.000 guias em 1964. Por essas diversas mediações, muitos padres entram em contato com jovens. A pastoral das crianças e dos jovens faz parte do curso normal dos novos ordenandos. Assinalemos, por fim, que o ensino católico, no qual trabalham numerosos irmãos, irmãs, religiosos e padres, propõe em princípio uma pastoral para as crianças e os adolescentes dentro dos estabelecimentos. Grande parte das vocações é proveniente daí.

2. *Em curto prazo*

A ruptura se deu várias vezes. Começou após a Segunda Guerra Mundial. Em 1948, há 1.800 ordenações. Em 1056, 825.[7] Em oito anos há uma baixa; é o indicador de um problema que surge. Mas a baixa mais violenta ocorre entre 1964 e 1975.[8] Assumiu formas diversas, mas muito rápidas. A Igreja da França fez

6. Como em Colombes et Saint-Jean-de-Belleville (então na diocese de Paris): Joseph de Mijolla, *La Paroisse dans la mission. Relecture d'une page de notre histoire,* Châteaufort (France), Soceval, 2002.

7. Yves Chiron, *L'Église dans la tourmente de 1968,* Perpignan, Artège, 2018, p. 9.

8. André Manaranche, *Prêtre. Genèse d'une vocation,* Paris, Éditions du Jubilé, 2009.

a opção pastoral de que "tudo é Ação Católica".[9] Os Corações Valentes e as Almas Valentes em 1960 passam a ser a Ação Católica das crianças. Da mesma forma, abandona-se o apostolado clássico dos jovens. As fórmulas "antigas" não servem mais. Os padres são retirados dos internatos, estes são fechados ou transferidos para as prefeituras. O cardeal Villot, arcebispo de Lião de 1965 a 1967, lamentará mais tarde ter cedido a essa moda pastoral: um exemplo entre mil. O P. Vincent, professor de história, pároco na diocese de Dijon, dá este testemunho:

> Minha cidade natal, Dijon, não era um "baluarte de cristianismo", nem uma cidade anticlerical ou indiferente, ela era simplesmente uma cidade representativa da França nos anos 1960. Na chegada do outono de 1964, cursando a 7ª série, eu tinha sido inscrito num dos grupos dos Corações Valentes no sábado à tarde, na paróquia de São Pedro. Revejo aquele pátio formigando de crianças, os grupos sucedendo-se de hora em hora, os tempos de oração ou de igreja cheia e de frequentes reuniões na sala do "Despertar" e na Comba São José... Na chegada do outono de 1965, sem ter mudado de escola nem de domicílio, nada mais havia de Corações Valentes e o pátio estava deserto. Foi então que de repente me dei conta que eu nunca tinha ajudado a missa, quando meus irmãos mais velhos a tinham ajudado.[10]

Na mesma fase, um grande número de colônias de férias foi fechado e vendido. A reforma dos Escoteiros da França de 1964 confere ao movimento novas diretrizes.[11] A partir dessa data, surgirão poucas vocações. De modo geral, além disso, a opção de substituir esses movimentos pela Ação Católica levou a alcançar apenas uma pequena minoria, da qual também não surgirão vocações. Exemplo concreto: em Talence, na Gironde, grande paróquia do subúrbio e lugar de peregrinações confiado aos Oblatos de Maria Imaculada, muito ativos ali por longo tempo, a evolução é típica. A casa de colônia de férias é vendida, os internatos fechados, os coroinhas e o coral suprimidos, as peregrinações quase interrompidas, e isto em questão de alguns anos. Passa-se a uma pastoral de Ação Católica em todos os domínios, incluindo o catecismo. Novos métodos de catequese são postos em prática: o número de crianças é rapidamente dividido em dois, depois em três. Finalmente muitos jovens religiosos Oblatos deixam espetacularmente o sacerdócio, outros se reciclam na pastoral operária no porto, donde acabarão por partir também. Estudou-se em teses a evolução de outras paróquias, como na

9. Durante a Ocupação, os bispos da zona Norte ligaram a Ação Católica à Assembleia dos Cardeais e Arcebispos, para protegê-la da Gestapo que queria proibi-la. Mas, ao fazer isso, na realidade, concederam-lhe uma grande independência. Isso facilitou, em seguida, a marxização do movimento nos anos 1960, como muito bem observou o P. Gaston Fessar em sua última obra: Église *de France, prends garde de perdre la foi!,* Paris, Julliard, 1979

10. http://www.revue-kephas.org/03/2/Richard37-48.html (revue Kephas, avril-juin 2003).

11. Philippe Laneyrie, *Les Scouts de France. L'* évolution *du mouvement des origines aux années 80,* Paris, Cerf 1985; Jean-Yves Riou, *Scoutisme en crise, 1947-1957,* Chambray-les-Tours, CLD, 1987.

Gironde, a de Mérignac,[12] ou a de um lugar mais conhecido: o Petit Colombe, na curva do Sena, por muito tempo paróquia-piloto da Igreja da França: o processo é exatamente o mesmo.[13] Notemos que nesses três casos, o episcopado de então aprovou e endossou sua evolução. Outros exemplos como esses, poderiam ser dados em quantidade.

Na própria formação dos padres, dos religiosos e das religiosas, houve evoluções espetaculares. Um só exemplo: em maio de 1968, os noviços dos Padres Maristas de Lião estão em retiro silencioso por um mês. São uns trinta. Não são informados a respeito dos acontecimentos que sacodem a França – o famoso ano 68 – pede-se a eles simplesmente que rezem pelo país. Quando saem do retiro, não somente o mundo civil está mudado, mas também a Igreja. Explica-se a eles bruscamente que não vai existir mais noviciado tradicional, nem vida religiosa clássica. Eles irão deixar o convento, procurar um trabalho, viver em apartamentos, depois voltarão. A Igreja passou para o lado do mundo... Mas os jovens não voltarão e o noviciado nunca mais se encherá. A fonte secou.[14]

Muito preocupante é a evolução do número de padres: 28.694 em 1995, dos quais 6.595 religiosos; 14.254 em 2018, dos quais 3.331 religiosos. O número de ordenações passou de 1.000 cinquenta anos atrás, a 461 em 1968, 280 em 1970, 99 em 1977, 92 em 2013, 82 em 2014 (126 em 2019, contando os religiosos), 64 em 2015, 87 em 2017 (117 contando os religiosos), e 81 em 2020. O número de seminaristas passa de 3.350 em 1970, a 1.1151 em 1977, 1.155 em 1995, depois a 7411 em 2014, e 850 em 2020,[15] quer dizer, menos do que a Coreia do Sul que só tem 4 milhões de católicos ou o Vietnã que tem 7 milhões, mesmo quando, no mundo inteiro, o número de seminaristas aumenta de 77% entre 1977 e 2004. A partir de 1975, uma diocese em três não tem uma ordenação sequer. Em 2019, 53 dioceses não têm uma ordenação sequer. Algumas dioceses não têm nenhuma ordenação depois de 10 anos.

Outro elemento muito preocupante: a desistência de padres. Havia uns quarenta por ano entre 1940 e 1965, nos anos seguintes passa-se a mais de 250. A hemorragia diminui em seguida, mas ela continua e atinge em particular padres jovens recentemente ordenados. Alguns exemplos são espetaculares. Isso não ajuda as vocações. O aumento é mínimo. 800 padres morrem por ano na França, e não se dispõe de 100 para substituí-los.

Isto significa que certas dioceses daqui a pouco vão estar sem padres. Em 2019 não há mais do que 10 padres ativos na diocese de Auch, 11 na diocese de

12. Jacques Palard, *Pouvoir religieux et espace social: le diocèse de Bordeaux comme organisation,* Paris, Le Cerf, 1985.

13. Antoine Delestre, *35 ans de mission au Petit Colombe, 1939-1975,* Paris, Le Cerf, 1977.

14. No noviciado dos Jesuítas de 1961, sobre doze, somente um continuou até o fim. Os três quartos dos seminaristas de Versalhes em pouco tempo foram embora, etc.

15. Notemos a estabilização e mesmo uma ligeira retomada das vocações no período recente.

Carcassone, 30 na de Montauban. Não há mais do que 35 padres ativos na diocese de Mende, dos quais 5 com menos de 60 anos; 7 padres ativos em Creuse para atender 11 paróquias, quer dizer, um departamento inteiro. Podem-se ampliar amplamente essas cifras. *La Croix* fez um mapa da situação.[16] Não é nada menos do que dramático.

Quanto às religiosas, seu número passa de 48.000 em 2000 a 28.000 em 2012. Atualmente só há 5.000 religiosas com menos de 60 anos. As grandes casas de fundação de numerosas congregações de origem francesa são administradas por irmãs estrangeiras, em meio a uma espécie de deserto. Mesmo as contemplativas, que suportaram melhor o choque, viram seu número diminuir pela metade desde os anos 1975. Em Nantes, em 2005, as religiosas não são mais do que 529, 763 em Lille, 471 em Baoynne, e uma boa quantidade se encontra em casas de repouso.

Naturalmente, isto se situa num conjunto muito mais vasto. 90% dos franceses se declaravam católicos em 1905, 80% (ou mais) em 1960, 65% em 2006, 63% em 2014[17] (dos quais 8% praticantes "regulares" e 17% praticantes ocasionais). O futuro está extremamente comprometido em nível de crianças: as crianças catequizadas eram 90% numa classe da mesma idade em 1960, muito menos de 10% em 2014, embora não se ouse mais publicar estatísticas. O número de crianças batizadas antes dos 7 anos não vai além de 30%. Impossível avaliar exatamente a prática religiosa. Ela se tornou muito frágil: fala-se de 2%, mas o que significa isso? A informação de um livro bastante recente (e não é um caso isolado) declara: "Partindo do caso francês, J.-P. Bacot mostra que a situação da Igreja Católica é desesperadora".[18] Obras mais recentes vão no mesmo sentido.[19] Sem dúvida, algumas dioceses encontram-se numa situação diferente. A prática é um pouco melhor, há um pouco mais de seminaristas: 90 em Paris, 70 em Toulon; citemos também Avinhão e Versalhes. Mas trata-se de exceções. Felizmente, a França enviou em missão muitos padres para o exterior: isso lhe é restituído hoje, em particular pela África negra e, em menor grau, pela Polônia. Em certas dioceses, os padres africanos constituem metade do clero. Mas isso pode durar para sempre?

Perante a situação global, as declarações que procuram dar garantias não faltaram. Outra posição que se encontra aqui como em outras partes é simplesmente

16. http://periscopus.over-blog.com/article-nombre-de-pretres-et-de-seminaristes- par-diocese].

17. Segundo o IFOP: 61 % em 2007; segundo CSA em 2006: 51%; segundo o INED: 43% em 2008-2009.

18. J.-P. Bacot, *Une Europe sans religion dans un monde religieux,* Paris, Le Cerf, 2013, CR de Patrice Dartevelle, 22 de fevereiro de 2014, em http://www.atheeshumanistes.be/ blog/les-religions-en-europe-fin-et-suite-par-patrice-dartevelle/

19. Jérôme Fourquet et Jean-Laurent Cassely, *La France sous nos yeux.* Économie, *paysages, nouveaux modes de vie,* Paris, Le Seuil, 2021. Os autores constatam a perda da presença do catolicismo na nação e veem um futuro possível nos grupos evangélicos; Chantal Delsol, *La Fin de la chrétienté,* Paris, Le Cerf, 2021 (mais matizado).

negativa: a situação é tão dolorosa que se prefere não discutir, nem se pode fazê-lo. A psicologia social não ignora esse tipo de reação. D. Gaidon, bispo emérito de Cahors, publicou memórias nas quais fala muito abertamente dessa crise que ele viveu em particular em Dijon e Besançon.[20] Referiu assim as reações a seu livro: "Eu recebi muitos agradecimentos e numerosos testemunhos de muitas pessoas, mas da parte dos meus irmãos bispos é um silêncio ensurdecedor." É muito doloroso falar, mas um dia os problemas virão à tona.

Que significam essas atitudes? O que vai restar do cristianismo em regiões inteiras da França? É isso que se queria?

III. O que terá acontecido?

1. Particularidades da França

A crise proveniente do liberalismo reinante manifestou-se de formas diversas segundo os países. Na França assumiu cores diferentes por causa de elementos específicos. Gostaríamos de dizer algumas palavras sobre um ponto especialmente importante: o papel do mundo intelectual – e, por consequência, das mídias. O que iremos dizer agora, quinze anos atrás teria sido mal recebido, mas constatamos que hoje muitos concordam com essa análise.

Antes de tudo é preciso notar que na França existe uma classe intelectual numerosa, muito ciosa de si mesma e antiga.[21] É uma das particularidades do país. Nada há de equivalente, por exemplo, na Inglaterra, onde a palavra "intelectual" até assusta. Quando François de Mitterrand fez uma visita de Estado à Grã-Bretanha em 1984, pediu para se encontrar com os intelectuais. Foi-lhe respondido que eles podiam apresentar-lhe escritores ou cientistas, não, porém, "intelectuais", pois lá não havia! Nesse contexto particular, antes da Segunda Guerra Mundial, *grosso modo,* havia na França quatro famílias de pensamento: a corrente radical e socialista clássica, que tinha dominado no tempo da IIIª República; a corrente

20. Maurice Gaidon, *Un* évêque *français entre crise et renouveau de l'Église,* Paris, L'Emmanuel, 2007.

21. Régis Debray, Le Pouvoir intellectuel en France, Paris, Gallimard, 1re éd. 1979, 2e éd. 1986; Tony Judt, Un passé imparfait. Les intellectuels en France, 1944-1956, Paris, Fayard, 1992; Pascal Ory et Jean-François Sir inel li, Les Intellectuels en France (Capes, Agrégation 2002). De l'affaire Dreyfus à nos jours, Paris, Armand Colin, 2002; Emmanuel Demieux, Les Nouveaux Réseaux du pouvoir intellectuel en France, Paris, Denoel, 2003; Michel Leymarie et Jean-François Sirineiii, L'Histoire des intellectuels aujourd' hui, Paris, PUF, 2003; Bernard Peyrous, « L'évolution actuelle des intellectuels en France. Quelles perspectives pour une pensée catholique? », dans Nouvelle Revue Théologique, 2004, p. 353-379; Yves Charles Zarka, La Destitution des intellectuels, Paris, PUF, 2010; Michel Winock, L'Effet de génération, une brève histoire des intellectuels français, Vincennes, Éditions Thierry Marchaise, 2011; André Perrin, Scènes de la vie intellectuelle en France. L' intimidation contre le débat, Paris, L'Artilleur, 2016; François Dausse, La Saga des intellectuels français, I: À l' épreuve de l' histoire (1944-1968), Paris, Gallimard, 2018; Christophe Charle et Laurent Jeanpierre (dir.), La Vie intellectuelle en France, t. III: Le temps des cerises (de 1962 à nos jours), Paris, Seuil, 2019; Politique des intellectuels en France, 1944-1954, Bruxelles, Complexe, 2 vol., 1999; Eugénie Bastié, La Guerre des idées. Enquête au coeur de l'intelligentsia française, Paris, R. Laffont, 2021.

comunista, já poderosa; o pensamento católico, então extremamente brilhante; e a extrema direita, que gozava de uma grande audiência. A derrota de 1940, a Ocupação [da França pela Alemanha] e depois a Libertação simplificaram o esquema. A esquerda radical e socialista, considerada responsável pela derrota, perdeu sua audiência. Aconteceu o mesmo com a extrema direita por causa de sua colaboração. Em compensação, a corrente marxista se desenvolveu e só encontrou pela frente os intelectuais cristãos. Ela se aproveitou da depuração dos anos 1944-1947 para ocupar bom número de lugares no sistema universitário. Assim, na Escola Normal Superior, em torno de 1950, ela contava com aproximadamente três quartos de marxistas e um quarto de "talas": os católicos comprometidos. Embora certo número de comunistas pouco a pouco tenha deixado o partido, a influência do pensamento marxista, ao qual se associou o existencialismo, sobretudo sartriano, dominou uma parte do mundo intelectual francês.

Em torno de 1960 aconteceram duas evoluções consideráveis. Por um lado, o mundo intelectual católico se fragmentou: Mauriac tinha-o previsto muito bem. Uma boa parte assumiu o pensamento de esquerda e até mesmo a renovou. Não é segredo para ninguém que uma boa parte dos quadros do partido socialista e mesmo alguns dos mais duros adversários da Igreja vieram do meio católico. Os nomes seriam abundantes.[22] Além disso, com o aumento considerável do número de colégios, liceus e vagas universitárias, foi preciso encontrar muito rapidamente milhares de professores. Foram formados num ambiente marxista ou pelos menos muito à esquerda. Igualmente, com a chegada da televisão e a expansão geral das mídias, foi preciso encontrar todo um pessoal que, por sua vez, foi formado no mesmo sistema universitário de esquerda. Nesse contexto, os acontecimentos do famoso ano 68 são fáceis de explicar e a maneira como o poder gaullista gerou a universidade, sob a batuta de Edgar Faure, acentuou ainda mais a preeminência do pensamento de esquerda.

Ora, esse pensamento tendia a se tornar absoluto. Durante esse período, não se constata ou muito pouco um diálogo intelectual. Pelo contrário, assiste-se à difusão do princípio do politicamente correto, do culturalmente correto e, logo, do sexualmente correto,[23] que tendia a se impor em todas as classes da sociedade, mediante tomadas de posição de muitos homens políticos de todos os níveis e mediante a Educação nacional e as mídias. O conluio, frequentemente denunciado entre estes últimos e a classe política, cimentou este sistema esquerdista grávido,

22. Denis Pelletier, Jean-Louis Schlegel, À la gauche du Christ. Les *chrétiens de gauche en France de 1945 à nos jours*, Paris, Le Seuil, 2012. Uma parte das Ordens Religiosas, especialmente dos Jesuítas e dos Dominicanos, entrou na jogada do pensamento marxista.

23. Ivan Rioufol, *La Tyrannie de l' impudeur*, Paris, éd. Anne Carrière, 2000; Christian Authion, *Le Nouvel Ordre sexuel*, Paris, Bartillat, 2003; François Devoucoux du Buysson, *Les Khmers roses. Essai sur l' idéologie homosexuelle*, Paris, Éditions Blanche, 2003; Alain Toulza, *Le Nouvel Ordre mondial de la sexualité*. 1.

que – não é preciso se espantar – fez um bom "casamento" com o pensamento econômico neoliberal que nesses anos chegava dos Estados Unidos. O "pensamento 68" difundiu-se amplamente a partir das faculdades de sociologia. Nesse tipo de pensamento, o catolicismo era apresentado como um valor típico da classe burguesa. Por princípio, isso levou a uma rejeição sistemática de seus valores.

Outra particularidade da França é a existência de uma franco-maçonaria numerosa e poderosa, com forte passado anticlerical, que adotou completamente o pensamento dominante e serviu como seu transmissor. O sentido da laicidade como doutrina de neutralidade foi progressivamente subvertido para ser ocupado por uma espécie de religião que funciona de forma imperativa. O antigo ministro socialista da Educação, Vicente Peillon, que quanto a esse assunto fez declarações bombásticas, é somente um dos apologistas. É assim que pouco a pouco se chegou às ideologias atualmente dominantes na França e que os governos propagam, não somente os de esquerda, mas também com frequência os de direita. Tudo isso foi e é o objeto de estudos muito válidos.[24] No plano histórico, mesmo se nunca se deva simplificar demais, o movimento de conjunto não parece que possa ser negado de modo nenhum.

Assim, o que se constata é uma redução da liberdade de pensamento e mesmo de ação. Nota-se isso perfeitamente no mundo do ensino no nível dos programas, no mundo da saúde, no mundo político etc. Dessa forma, o voto a respeito da modificação da lei Veil, em novembro de 2014, foi feito sem uma verdadeira liberdade dos deputados, dos quais somente 7 ousaram, às vezes sob vaias, defender uma posição divergente.

A França por longos anos foi o país farol da liberdade. Essa liberdade foi indiscutivelmente reduzida. Seria muito ingênuo afirmar hoje o contrário. Pouco a pouco, nós passamos para uma sociedade constrangida, como em muitos outros países. Há simplesmente um constrangimento às vezes sedutor. Como dizia Henri Ford I: "Os americanos podem comprar o carro da cor que quiserem, contanto que seja preto".

Convenhamos que esse contexto social não é *a priori* favorável às vocações, nem a qualquer outro tipo de compromisso. É até mesmo difícil amadurecer a fim de se tornar homens e mulheres responsáveis verdadeiramente adultos. Isso se constata muito bem entre os jovens atuais. Uma sociedade que promete somente o bem-estar individual, não importa a que preço, muito bem fundada sobre a ideologia consumista, que ensina que a liberdade sexual absoluta é a condição necessá-

24. Jean-François Revel, *La Tentation totalitaire,* Paris, Robert Laffont, 1976; id., *La Nouvelle Censure,* Paris, Robert Laffont, 1977; Jean-Marc Chardon et Denis Lensel, *La Pensée unique: le vrai procès,* Paris, Economica, 1998; Jacques Bichot et Denis Lensel, *Les Autoroutes du mal. Les structures déviantes dans la pensée,* Paris, éd. de la Renaissance, 1999; Philippe Bénéton, *Les Fers de l'opinion,* Paris, PUF, 2000; Emmanuelle Duverger et Robert Ménard, *La Censure des bien-pensants,* Paris, Albin Michel, 2003; Mathieu Bock-Côté, *L'Empire du politiquement correct,* Paris, Le Cerf, 2019.

ria para o amadurecimento, uma sociedade assim não leva ao sacrifício e à oferta da própria vida, de modo nenhum. Ela cria personalidades frágeis, às vezes agressivas, um clima social sem confiança e por fim uma sociedade depressiva. Como os cristãos estão imersos na sociedade, isto os afeta quase inevitavelmente. Sem dúvida, tanto quanto estiverem realmente convictos, tentam não ceder ao "espírito do mundo", mas isso não é fácil. Conscientes da ameaça terrorista atual – logo mais, pode ser da ameaça chinesa – podem contribuir a mudar para melhor o comportamento e interpelar a sociedade no sentido da coragem e do compromisso.

2. A crise do catolicismo francês[25]

Em todas as crises societárias constatou-se o surgimento de oposições. Algumas, às vezes – e mesmo com frequência – chegaram a mudar o curso dos acontecimentos. Não existe uma fatalidade absoluta em história. O "sentido da história", se existir, não é um rolo compressor. A história é feita pelos homens, sobretudo por homens corajosos e lúcidos, mesmo minoritários, e ocupando posições modestas. Sabemos também que o cristianismo, em especial o catolicismo, é detentor de uma capacidade de crítica sadia que pode orientar um país na direção da vida, se ele ensinar a única verdade que salva, que possui a capacidade de curar e de transformar o mundo e a sociedade. Então, surgem homens e mulheres que querem trabalhar por um mundo novo. Ora, constata-se que, se de fato essas pessoas existem na França, nem por isso, pelo menos até aqui, esse fato resultou numa retomada no campo das vocações. Por que?

Aqui é preciso ter a coragem da lucidez. É preciso ter a coragem de dizer e repetir que a Igreja da França, nos anos 1960-1990, viveu uma das maiores crises de sua história e que os efeitos dessa crise continuam entre nós, tanto mais insidiosamente quanto se pretende evitar falar dela. Enquanto isso não for feito, enquanto a chaga não for curada, nós não teremos as vocações de que temos necessidade.[26] É verdade, todavia, que as dificuldades atuais são tais que a noção de crise é cada vez mais admitida, mesmo se com frequência ela é mal analisada.

25. Ludovic Laloux, *Passion, tourment ou espérance? Histoire de l'apostolat des laics en France, depuis Vatican II,* Paris, François-Xavier de Guibert, 2002; Gérard Cholvy et Yves-Marie Hilaire, *Le Fait religieux aujourd' hui en France. Les trente dernières années (1974-2004),* Paris, Le Cerf, 2004; Denis Pelletier, *La Crise catholique. Religion, société, politique en France (1965-1978),* Paris, Payot, 2006; *L'Église de France après Vatican II (1965-1975),* Colloque faculté de théologie de Toulouse, 2009, dir. Jean-François Galinier-Pallerola, Augustin Laffay et Bernard Minviell e, Paris, Parole et Silence, 2011; Yvon Tranvouez, *Catholicisme et société dans la France du XXe siècle,* Paris, Karthala, 2011; Jean-François Galinier-Pallerola, Augustin Laffay et Philippe Foro (dir.), *Les laics prennent la parole. Débats et controverses dans le catholicisme après Vatican II.* Actes du colloque 30 janvier-1er février 2014, Paris, Parole et Silence, 2014; Guillaume Cuchet, *Comment notre monde a cessé d'être chrétien. Anatomie d'un effondrement,* Paris, Seuil, 2018; Jérôme Fourquet, *L'Archipel français,* Paris, Le Seuil, 2019; Yves Tranvouez, *L'Ivresse et le vertige: Vatican II, le moment 68 et la crise catholique (1960-1980),* Paris, Desclée de Brouwer, 2021.

26. Uma apresentação da questão em: Éric de Moulins-Beaufort, *L'Église face à ses défis,* Paris, CLD-Nouvelle Revue Théologique, 2019.

Sem dúvida, a crise incubava havia muito tempo, embora um sopro apostólico notável atravessasse então da mesma forma a Igreja da França. Por um lado, a posição dos bispos em favor do Marechal [Pétain] durante a guerra tinha distanciado certo número deles do seu próprio clero. Muitos padres então se sentiam isolados e, portanto, vulneráveis. Por outro lado, já o dissemos, o evoluir da Ação Católica era perigoso. Seja-nos permitido citar um simples exemplo. Um dia perguntou-se a um dominicano da província de Tolosa, conhecido pela amplidão e a variedade de seu ministério, P. Ceslas Rzewuski,[27] por que os padres antes do Vaticano II rezavam tão bem a missa e agora a rezavam tão mal com a nova liturgia. Ele respondeu: "O senhor está enganado. Muitos padres rezavam mal sua missa; mas a liturgia tradicional, na qual o celebrante está longe dos fiéis, mascarava a celebração. A liturgia de Paulo VI, nesse ponto, agora mostra tudo". Essa frase diz muitas coisas, com a condição de não as entender de forma absoluta.

Seja como for, a Igreja da França, junto com as Igrejas da Bélgica, da Alemanha e da Holanda, foi um dos motores do Concílio. Os bispos voltaram cheios de alegria e esperança. Basta ler as declarações da época: daria para fazer delas um florilégio. Esperava-se uma primavera da Igreja da França. Ora, o que aconteceu foi o contrário. Não aconteceu uma renovação, mas uma ruptura imediata, manifestada pelas consequências expressas nas cifras que citamos antes. Um desastre espiritual! A decadência foi tanto mais dolorosa e angustiante quanto a esperança tinha sido muito intensa. O mesmo fenômeno se deu em outros países: na Bélgica, nos Países Baixos, em Quebec e nos Estados Unidos, cada qual segundo seu próprio modo. Voltaremos a isso mais adiante.

Aqui não temos a intenção de falar de todos os componentes do drama, um após o outro; limitar-nos-emos a alguns.

A crise começou pelo mundo intelectual católico, em específico, pelos professores de universidades católicas e de seminários, e pelas Ordens Religiosas, como os Jesuítas, os Dominicanos[28] etc. Ela invadiu a Ação Católica, que imediatamente desenvolveu uma visão exclusiva de sua função na Igreja. Nas sessões de formação da Ação Católica foram tomados como alvo os bispos, os padres, as religiosas, os capelães, os catequistas.

O fundo do problema é o seguinte: aqueles cuja função era refletir no âmbito do universo católico perderam a confiança na Igreja. Eles consideraram

27. Ceslas Rzewuski, *À travers l' invisible cristal. Confessions d'un Dominicain,* Paris, Plon, 1976.

28. Assim, a respeito de Le Saulchoir, considerado então um dos centros mais avançados do pensamento católico, ver o testemunho de Jean-Miguel Garrigues, *Par des sentiers resserrés. Itinéraire d'un religieux en des temps incertains,* Paris, Presses de la Renaissance, 2007. Ver também Yann Raison du Cleuziou, *De la contemplation à la contestation. La politisation des Dominicains de la province de France (années 1940* à *1970),* Paris, Belin, 2016.

que ela era uma "construção falha". Por trás disso havia uma perda radical do sentido do sobrenatural. Sob pressão do mundo intelectual do ambiente, não somente francês, mas também alemão, chegaram à conclusão de que a Igreja se tinha enganado, havia muito tempo, em quase todos os campos, e que era preciso dizer e fazer o contrário para abraçar este mundo secularizado onde, segundo o pensamento muito neomarxista, se encontrava o futuro. A Igreja não era mais o futuro do mundo, o Cristo Salvador não era mais o ator maior e o horizonte da história; finalmente, o mundo era autossuficiente! Um exemplo: em 1968 um jovem carmelita, François-Marie Lethel, chega ao convento de estudos de Plesse, no Anjou, onde ele vai se preparar para o sacerdócio. Eis a recordação que ele guardou:

> Angers tinha sido particularmente atingida pela crise que acabava de surgir. A Universidade Católica tinha mergulhado na revolução de 68. A faculdade de teologia, para citar somente esta, queria estar na vanguarda da contestação no espírito de 1968, com tudo o que isso comportasse. Os mestres da suspeita – Marx, Nietzche e Freud – eram as vozes dominantes. O marxismo, o nihilismo, a psicanálise freudiana e outras ideologias derivadas do ateísmo penetravam todas as mentalidades. Era a grande época da teologia da morte de Deus, inspirando-se na afirmação de Nietzsche "Deus está morto" – e que estimulava um cristianismo ateu! Eu respirei esse ar da universidade durante cinco anos. Em La Plesse, nossa comunidade caminhava na mesma direção. Alguns coirmãos apresentavam-se mesmo como líderes da revolução! Concretamente, eu caí numa das duas comunidades mais progressistas – usemos a linguagem da época – do oeste da França, sendo a outra a abadia de Boquen, nas Côtes d'Amour, na Bretanha.[29]

As mídias (o "Concílio das mídias") ampliaram consideravelmente o fenômeno. Uma parte dos maiores pensadores católicos de então: o cardeal de Lubac, Hans Urs von Balthasar,[30] Louis Bouyer,[31] Jacques Maritain[32] ou Gaston Fessard[33] não aderiram, já foi dito, a esse sistema de pensamento e publicaram livros para analisar a situação e se opor ao que eles não duvidavam em qualificar como apostasia. Mas não foram seguidos pelos responsáveis pela Igreja, salvo exceções. Na realidade, o Vaticano II era um pretexto. Nós o repetimos: a crise incubava em pro-

29. Nem todo mundo cedeu. O P. Lethel acrescenta: "Eu tive então a chance de dispor, como pai espiritual, de um admirável carmelita: o P. Lévêque, um biblista que fizera sua tese sobre Jó e seu Deus. Outra figura que muito me ajudou: o P. Maurice Paissac, professor de filosofia na Universidade Católica". François-Marie Lethel avec Élisabeth De Baudoüin, *Les saints nous conduisent à Jésus,* Paris, Salvator, 2018, p. 33-34.

30. *Cordula ou l'* épreuve *décisive,* éd. fr., Paris, Beauchesne, 1969.

31. *La Décomposition du catholicisme, religieux et clercs contre Dieu,* Paris, Aubier, 1969, 2e éd., 1992.

32. *Le Paysan de la Garonne,* Paris, Desclée de Brouwer, 1966.

33. Église *de France, prends garde de perdre la foi!,* op. cit.

fundidade desde o após-guerra. A interpretação dada ao Vaticano II fez com que ela um dia desabrochasse. Ao lado do que se publicou então, de que as revistas e as prateleiras das bibliotecas estavam cheias, a crise modernista,[34] em comparação, parecia pálida.

Uma segunda causa do drama derivou do que acabamos de descrever: os erros ou pelo menos a falta de orientações oportunas no campo pastoral, sempre sob inspiração do mesmo espírito: foi um engano, é preciso fazer o contrário!... Os casos são muito numerosos: apontaremos somente um que se refere à reforma litúrgica. Antes de tudo afirmamos que pessoalmente aderimos sem problemas ao que o Vaticano II dispôs neste setor. Mas a *maneira* como se sucederam as coisas neste campo foi um desastre. O clero não estava preparado para adotar uma liturgia participativa e nisso não foi ajudado. Sentiu-se desconcertado e aderia sem reservas a todas as iniciativas, que muitas vezes eram as menos inspiradas. Sempre com a perspectiva de atingir o mundo, tal como era pensado (ou imaginado). Em Talence (Gironde), que já citamos, ou na paróquia vizinha de Gradignan, nos anos 1970-1980, os cristãos comprometidos nas paróquias às vezes passavam um dia inteiro para preparar a liturgia do domingo. Os cantos mudavam quase todas as semanas; grande número deles foi cantado uma só vez; as palavras eram tiradas "da vida", quer dizer, quase nunca da palavra de Deus, e as melodias com frequência não era possível decorar. O repertório antigo foi completamente excluído, às vezes até mesmo os cantos de Natal. Durante anos foram mudadas as orações eucarísticas, toda semana. Não se usava mais o Missal, nem o Lecionário, tudo era preparado de improviso e impresso em folhas fotocopiadas. O próprio formulário da missa era periodicamente mudado, sobretudo nas grandes festas que atraíam mais pessoas. As intenções das orações seguiam a política. De quando em quando se acrescentavam coisas novas na liturgia ou na decoração, como diálogos, encenações das quais não se via bem a razão de ser etc.

Retomemos aqui a palavra de D. Gaidon, bispo emérito de Cahors, que não era um polemista. Ele dá o seguinte testemunho:

> Senti-me muito mal ao seguir as "orientações pastorais", que sob o influxo de correntes favoráveis foram impostas aos responsáveis das cúrias nacionais e diocesanas e que, por inegável generosidade apostólica, beberam abundantemente da ideologia reinante nos anos 1960-1970. Eu sei muito bem como certa Ação Católica, tentada pelas análises marxistas, arrastou uma parte importante do clero rumo às "manhãs que cantam". Um dia será preciso fazer passar pela radioscopia muitos textos aparecidos nas revistas dos movimentos da época, para então ver caso por caso o que

34. Esta crise, de contornos muito vagos, atingiu a Igreja em torno dos anos 1890-1910. Manifestou-se em certos centros de formação dos padres. Era uma importação francesa da teologia liberal protestante alemã. Foi condenada por Pio X em 1907 e provocou uma convulsão profunda em alguns meios eclesiásticos, especialmente nos seminários e nos Institutos Católicos.

eu desejo antecipar aqui. [...]. O trabalho está para ser feito e os resultados serão eloquentes.[35]

Diante da posição temerosa de muitos de seus confrades bispos de então, D. Gaidon ousou dizer: "Nós somos covardes". E acrescentou: "A fórmula é de D. Lallier, arcebispo de Besançon. Eu a recolhi numa conversa que tivemos em seu escritório lá pelo ano de 1973. Verdade é que nesses anos pós-conciliares a coragem não era o forte de nossa Igreja da França, tão desejosa de criar um mundo moderno que ela por longo tempo tinha desconhecido".[36] Nessa época, um grupo de leigos escandalizados publicou um livro sobre os desvios da liturgia, intitulado – retomando uma palavra de Paulo VI – *A Fumaça de Satã*.[37] Um padre dá este testemunho:

> Eu me perguntava sobre a confiabilidade desse livro, quando meus confrades de Gradignan me explicaram que alguns exemplos relatados por ele – e não dos mais tristes – tinham sido causados por eles mesmos: eles mesmos os contavam em detalhes. Parecia uma loucura, mas era verdade!"

É inútil aqui alongar a conversa, mas o certo é que o povo cristão ficou desconcertado e perdeu seus pontos de referência. Manifestou sua desaprovação a seu modo: indo embora. A prática religiosa baixou de dois terços na França em quinze anos. Uma nova geração não entrou mais nas igrejas. Uma nova fé: era isto que se desejava? Em todo caso, quanto às vocações, a ausência de celebrações convenientes foi certamente um fator extremamente negativo nesse campo. Tanto mais que os seminários foram frequentemente modelos de liturgia «avançada».

Dissemos acima que a Igreja tinha perdido o contato com a juventude. Queremos voltar ao assunto. Esse contato tornou-se marginal. A Ação Católica nos meios juvenis desmoronou completamente. Mesmo se há uma expansão recente, os Escoteiros e Guias da França, no total, não são mais do que 71.000 jovens no total. Em compensação, as vocações vêm dos Escoteiros da Europa (que chegaram a 33.000 jovens em 2019), dos Escoteiros unitários da França (26.000), ao passo que os provenientes de outro tipo de formação chegam aproximadamente a 8.200 escoteiros. Ora, estes últimos tiveram que penar muito para se fazerem aceitar. Como poderiam fazer-se padres no clero secular? O Ensino católico, que chega a mais de dois milhões de jovens conheceu uma evolução negativa do ponto de vista da evangelização. Quando os religiosos e as religiosas que tinham na mão a maioria dos encargos abandonaram seus colégios, escolheram-se como diretores da escola

35. M. Gaidon, *Un* évêque *français entre crise et renouveau de l'Église*, op. cit., p. 153.

36. Ibid., p. 157.

37. *Les Fumées de Satan*, Paris, La Table Ronde, 1976.

primária, de colégios e liceus, leigos recrutados por sua competência profissional, mas raramente por seu desejo de fazer conhecer Cristo. Pode-se dizer o mesmo para essa época de muitos diretores diocesanos do ensino livre. Não foram mais nomeados capelães para as escolas ou então só dispunham de um crédito mínimo de tempo, e isto por disposição pensada. Quando os jovens não veem mais padres a não ser de passagem, quando eles veem a capela de seu colégio transformada em ginásio ou numa sala de estudos – o que acontece mesmo atualmente – como pode nascer uma vocação nessas condições?

Tanto mais que o mundo cultural dos jovens se distanciou culturalmente da Igreja. D. Matagrin, então bispo auxiliar de Lião, dolorosamente, deu-se conta disso:

> Dentro de mim, eu me dizia que, voltando para a França (depois do Concílio), não poderia falar dele no mundo estudantil, porque esses textos usavam categorias que eram consideradas ultrapassadas. Impossível, naquele momento, falar de humanismo, de pessoa humana, de antropologia. Eu tomei consciência de que o Concílio estava para descrever um mundo que haveria de ser totalmente outro.[38]

Uma grande questão volta a ser levantada, e essa questão não pode ser evitada. O que fez o episcopado? Desde que se fala de vocações é preciso fazer intervir a ordem episcopal, pelo menos quando se fala de padres seculares. Se os bispos não tomam posição, se não governam, se não se comprometem, se não discernem, os jovens não entram pelo caminho sacerdotal. "Não se pode recrutar soldados para um exército cujos generais não combatem", dizia alguém. É certo que um número de bispos estava de acordo com o que acontecia. Esta declaração pode parecer severa e acusadora. Ela não é; precisando, poderia ser acompanhada de exemplos. O cardeal Alberto Decourtray, numa entrevista admirável, lamentou "certa conivência" dos padres e dos bispos de sua geração com o comunismo.[39] Da mesma forma, Gaston Fessard pôde falar de «compromissos da Igreja da França» com o pensamento de esquerda, depois do documento de 1972 sobre a prática cristã da política.[40] A contestação do sacerdócio tradicional atingiu até a conferência episcopal.[41]

Há outro ponto sobre o qual gostaríamos de insistir porque nos parece muito importante. O Concílio foi um concílio sobre a Igreja. Era decisivo entender isso. O cardeal Suenens, um dos três moderadores do Concílio, repetia-o com

38. Gabriel Matagrin, *Le Chêne et la futaie. Entretiens avec Charles Ehlinger*, Paris, Bayard, 2000, p. 106.

39. *Documentation catholique*, 1990, p. 326.

40. Gaston Fessard, Église *de France, prends garde de perdre la foi!,* op. cit., p. 145-146.

41. Philippe Chenaux, *Paul VI. Le souverain* éclairé, Paris, Le Cerf, 2015, p. 244, referindo-se às declarações de D. Paul-Joseph Schmitt, bispo de Metz, na Assembleia dos Bispos em Lurdes em 1971, opondo-se à decisão do sínodo sobre o sacerdócio de não ordenar homens casados. Ver também A. Wenger, *Le Cardinal Villot,* Paris, Desclée de Brouwer, 1989, p. 117.

frequência. De repente, porém, quando se tratou de aplicá-lo, acentuou-se de tal modo a questão da *organização* da Igreja em todos os campos que paradoxalmente ela se esqueceu de evangelizar; ficou tratando de si mesma. Para ilustrar o que estamos afirmando, sugiro que se olhe para o emprego do tempo dos bispos nos quinze anos logo após o Concílio, tal como é informado pelas *Semaines Diocésaines*. O que faziam eles? Em que ocupavam seus dias? Em ir para as paróquias e capelas explicar o que se queria fazer? Em se ocupar com os leigos? Eles não tinham tempo! Tomem-se os antigos calendários e anuários, confira-se a organização da Conferência Episcopal Francesa, com suas assembleias, comissões, subcomissões e escritórios. Sabemos que essa organização central era duplicada abundantemente pelas mesmas comissões no plano regional. Tudo isso produzia uma montanha de papéis... que um bispo cético quanto a esse processo mostrou-nos guardados dentro de um grande armário que ele abria o menos possível. Tudo isso tomava um tempo infindo, custando caro e produzindo o que, no final? Não foi isso que se criou, então, um sistema desconectado da realidade, funcionando com suas leis internas e conforme a necessidade de seus grupos de pressão? Uma administração, um sistema![42]

O problema é que essa organização de vida distanciou o episcopado de muitos padres. Quantas vezes ouvimos padres – nada conservadores – dizer-nos que seu bispo era inacessível. Ele tinha coisas mais importantes a fazer. Poder-se-á também refletir sobre as visitas pastorais, que tradicionalmente permitiam um contato entre os bispos e as categorias muito diversas da sociedade, incluindo locais especiais. Em Bordéus, as visitas pastorais recomeçaram somente vários anos depois do Concílio. Este era o momento em que mais precisava cuidar dos padres e dos leigos e ocupar-se com eles. Em certas dioceses, as visitas pastorais foram retomadas muito mais tarde ainda. O bispo de C...., por exemplo, ocupado com outras coisas, só fez sua primeira visita pastoral na grande paróquia de L. B., dez anos após a chegada na diocese. E a visita se resumiu em três noites com os cristãos engajados. Não quis visitar os lugares importantes da paróquia, nem se encontrar com as autoridades civis. Vivia-se completamente em função do circuito interior.

Quereríamos ainda abordar, mesmo rapidamente, uma questão dolorosa: a do peso da palavra dos bispos da França em nossa sociedade. O episcopado francês teve que enfrentar situações difíceis nos tempos passados e reagiu como pôde. A posição dos bispos no tempo de Vichy [durante a ocupação alemã] não foi feliz quanto ao apoio incondicional ao Marechal [Pétain], mesmo que se saiba que o engajamento de muitos dentre eles em favor dos judeus tenha sido real.[43] No entanto, isso deixou marcas. Mais tarde, o silêncio perante a opressão dos cristãos do Leste, perseguidos pela sua fé, não foi uma página de glória, como fez notar o

42. Reler sobre este ponto preciso Gaston Fessard, já citado.

43. Sylvie Bernay, *L'Église de France face à la persécution des juifs, 1940-1944*, Paris, CNRS éditions, 2012.

cardeal Decourtray. Mais perto de nós, a palavra dos bispos na questão do aborto foi discreta, como os próprios autores da lei observaram. Simone Veil escreveu em suas memórias:[44]

> "Eu não encontrei dificuldades insuperáveis com as autoridades religiosas".[45] "Com a Igreja Católica as coisas caminharam melhor do que eu podia temer... Entretive-me com o prelado responsável por esses problemas dentro da hierarquia católica. Não tentou dissuadir-me".[46] Depois de um encontro com os representantes dos religiosos: "Eu tive a impressão de que as comunidades religiosas estavam talvez mais interessadas pelo seu regime de Segurança Social do que pela IVG".[47]

É preciso, portanto, reconquistar a confiança, reencontrar uma voz. Ser padre hoje exige coragem. Se os chefes não a tiverem, não se pode propor aos outros que arrisquem a própria vida.

Por que a crise foi tão grave? Por que é tão constrangedor falar dela? Segundo pensamos, ela não é devida a simples erros pastorais. Estes derivam de alguma coisa mais profunda. É preciso perguntar-se se não houve uma *verdadeira apostasia de grande parte da Igreja na França.* Tomando a palavra "apostasia" a sério: renegação, compromisso, abandono do essencial. Ora, o essencial é a cruz do Cristo Salvador. Falou-se dela? Foi dito aos homens que eles não podiam ser salvos a não ser pelo amor de Jesus, e de *Jesus Crucificado?* Se a Igreja da França não o fez naquela época, ela amplamente apostatou. É preciso estarmos conscientes disto, arrepender-nos, dizê-lo, partilhá-lo. Sempre podemos recomeçar.

Que não se pense que exageramos ou contestamos *a priori* o episcopado francês desses anos difíceis. O cardeal Eyt, arcebispo de Bordéus, entre outros, neste assunto era capaz de comentários muito duros. Um observador recente escreveu: "Nada indica, segundo J.-P. Bacot, que os altos responsáveis das Igrejas tenham estado à altura do desafio. Demonstra-o mediante uma coleção de declarações vazias quanto à situação."[48] Por isso é preciso abrir os olhos.

3. A crise própria do sacerdócio

A dificuldade de ter vocações sacerdotais tem ainda outras causas que não podem ser negligenciadas: causas internas que dependem de como se costuma ver o padre. Daremos somente dois exemplos.

44. *Une vie,* Paris, Stock, 2007.

45. Ibid., p. 190.

46. Ibid., p. 191.

47. Ibid., p. 192.

48. J.-P. Bacot, *Une Europe sans religion dans un monde religieux,* CR de Patrice Dartevelle, op. cit.

A primeira causa refere-se ao posicionamento do sacerdócio em relação ao episcopado e ao laicato. O Vaticano II quis restaurar o episcopado na integralidade de sua natureza e de sua função: esta foi uma de suas grandes preocupações. A tradição medieval via o bispo mais como um padre com poderes canônicos superiores; o Concílio, repondo as coisas no lugar, afirmou que o episcopado era a plenitude do sacramento a Ordem. Exagerando um pouco, passou-se de uma Igreja vista através da lente dos padres a uma Igreja vista através da lente dos bispos. Esse fato mudou a relação recíproca entre bispos e padres, o que se observa claramente em padres que viveram antes do Concílio. Basicamente, nada havia de negativo, muito pelo contrário.

Havia pelo menos duas maneiras para o episcopado enfrentar essa transição. Em primeiro lugar, os bispos podiam apresentar-se como sucessores e continuadores dos Apóstolos. Nessa perspectiva, o que vinha em primeiro lugar, era a evangelização. E a evangelização está fortemente ligada à santidade do evangelizador, quer dizer, à sua conversão pessoal e à sua oração, o que levaria o bispo a ter antes de tudo o mais um coração de pai para com seus padres e com os leigos. Marthe Robin, quando lhe foi comunicado que um padre tinha abandonado o sacerdócio, chorava e dizia: "É preciso que os bispos sejam pais para os padres!". Ora, deve-se dizer que o episcopado francês nem sempre se mostrou, naquela época, particularmente espiritual, paternal, nem evangelizador.[49] Será que os bispos franceses do pós-Concílio se apresentaram realmente como mestres de oração e pais? Em muitos deles não dá para perceber.[50]

Uma observação: na Itália, na Polônia e também em outras partes, há numerosas causas de beatificação de bispos; muitas tiveram sucesso. Ora, não há nada disso no episcopado francês. À parte os mártires da Revolução, desde a Idade Média só se conhecem dois casos de bispos cuja santidade foi reconhecida pela Igreja: o beato Alano de Solminihac, bispo de Cahors (1593-1659), e Santo Eugênio de Mazenod (1782-1861), fundador dos Oblatos de Maria Imaculada e bispo de Marselha. Sem dúvida, nas Igrejas locais existem líderes, mas é o empenho administrativo que com frequência mais avulta; infelizmente é uma constatação que deve ser feita! Depois do Concílio, é ainda a dimensão administrativa que mais se distingue: faz-se funcionar a Igreja, reorganiza-se a Igreja. Mas conduzir os padres pelo caminho da santidade, estimulá-los a evangelizar, isso não foi feito. Há inclusive declarações de bispos, como D. Matagrin, bispo de Grenoble, que se dizia incomodado com o próprio conceito de nova evangelização lançado por João

49. Mgr Pascal Roland, «La paternité de l'évêque», dans Société Saint-Jean-Marie Vianney, *Prêtre. Une question de paternité,* Paris, Artège-Lethielleux, 2019, p. 155-171.

50. O P. Cédric Burgun acentua fortemente esta necessidade de os bispos terem um coração de pai para com seus padres em *Prêtres, envers et malgré tout?*, Paris, Le Cerf, 2019.

Paulo II; e outros que criticavam o movimento de oração nascido na Igreja a partir dos anos 1970-1980. Foi assim que, perante um episcopado que parecia ocupar todo o espaço, os padres se sentiram desconcertados e muitas vezes reagiram negativamente.

Além disso, o Concílio, baseando-se na redescoberta do sacramento do batismo, quis promover o apostolado dos leigos. Mas a Ação Católica na França muitas vezes transformou isso num deslocamento de poderes dos clérigos para os leigos. O mesmo fenômeno por razões diferentes sucedeu na Alemanha. Desde então, muitos padres, não se sentindo mais apoiados nem compreendidos pelos bispos e não vendo mais muita diferença em relação aos leigos, de um modo ou de outro ficaram sem chão. Em vez de sentir uma confiança renovada, enfrentaram um mal-estar que em certas dioceses ainda continua.

Durante muito tempo, o que tinha sustentado e mantido em vida os padres franceses era a tradição espiritual inspirada na Escola francesa de espiritualidade e seguida, sob formas diversas, nos seminários. O padre era o homem do sagrado, o "religioso de Deus", segundo a palavra de Bérulle, o santificador do povo cristão pela pregação e pelo canal dos sacramentos. Um Cura d'Ars, um cardeal Suhard estavam impregnados dessa espiritualidade. Ora, essa tradição, muito antes do Concílio, acabou como que petrificada e simplificada nos seminários, às vezes até à caricatura. As crises do modernismo, do movimento Le Sillon, em seguida, da Ação Católica francesa, que levaram à eliminação de muitos formadores de seminários e a envenenar uma parte de outros, não são estranhas a isso.

Entretanto, houve também uma contestação externa, vinda em primeiro lugar de um padre do departamento de Lande, o cônego Lahitton, que questionou a visão de vocação veiculada pelos Sulpicianos e propôs substitui-la em última análise pela noção de promoção vocacional. A "Questão Lahitton", como foi chamada, não deixou de exercer sua influência.[51] Além disso, em 1971, Jacques Maritain publicou um artigo contra a Escola francesa [de espiritualidade].[52] Mal informado historicamente, esse artigo era uma verdadeira caricatura; dada, porém, a personalidade do autor, também ele acabou legando aos seguidores sua quota de influxo.

Assim, constata-se que no pós-guerra a grande tradição sacerdotal francesa se perde, pelo menos parcialmente. Conversamos com diversos padres a respeito disso: todos concordaram com a mesma conclusão, isto é, que concretamente houve uma crise de transmissão. O P. Ravanel, fundador do Foyer de Charité de La Flatière, depois diretor geral dos Foyers – que era tudo, menos um reacionário – confessava que no seminário universitário dos Carmelitas em Paris não tinha

51. Gérard Lefeuvre, "Un débat sur la vocation sacerdotale. La querelle Lahitton- Branchereau (1909-1912)", em *Annales de Bretagne et des Pays de l'Ouest,* 2009, p. 63-78, consultável no link: abpo.revues.org

52. Jacques Maritain, "À propos de l'École française", em *Revue thomiste,* 1971, p. 463-479.

recebido nada a respeito da essência do sacerdócio. Ouvimos a mesma observação no que tange ao seminário de Bordéus. Ambos eram mantidos pelos Sulpicianos. Segundo pensamos, a crise interna da Companhia de São Sulpício, tão estimada no passado, é uma das causas maiores da crise do sacerdócio na França; tanto mais que, na reorganização dos seminários franceses após o Concílio e sua concentração num número exíguo de lugares, uma boa parte desses seminários foi confiada aos Sulpicianos.

O que aconteceu nesses seminários reorganizados mereceria uma tese. Parte dos formadores deixou o sacerdócio, grande número de seminaristas jamais chegou à ordenação e nutrido grupo de ordenados mais tarde foi embora. A seleção foi feita segundo critérios mínimos. Por exemplo, em Bordéus, o critério para a ordenação era a exclusiva capacidade de ser assistente da Ação Católica especializada. Em outros lugares, bastava ter um liame com os Escoteiros da Europa, com o Escoteiros unitários ou com uma comunidade nova para não ser admitido ou ser excluído. Ainda uma vez, os exemplos são abundantes e sem dúvida trágicos.[53] A diminuição do número de padres com frequência era percebida como uma oportunidade para que finalmente os leigos (quer dizer, concretamente, entre os praticantes, os que partilhavam a ideologia dominante entre o clero) ocupassem seu lugar na Igreja. Falava-se até mesmo de forma mais ou menos entusiasta de uma Igreja sem padres: o que era a própria negação da Igreja como instituição criada por Cristo e como mediação sacramental.

Quando o sacerdócio não sabe mais o que ele mesmo é, por que ainda ser proposto aos outros? Qual é sua utilidade? Qual é seu sentido?

Como já dissemos, no início deste percurso sofredor, os diferentes fatores negativos se combinaram. Postos um ao lado do outro, explicam muito bem o deserto sacerdotal em que nos encontramos atualmente. Pior ainda será, se não reagirmos.[54]

IV. Alguns elementos de comparação

Mas a França não está sozinha no planeta. Teríamos também elementos de comparação com o que acontece em outras partes?

Um provérbio antigo diz: "Comparação não é razão". Todavia, olhar para fora de nossa casa pode ajudar-nos. Por isso apresentaremos o exemplo de três países: os Países Baixos, os Estados Unidos e a Itália, a fim de ver como eles atravessaram os períodos difíceis que acabamos de evocar. Limitaremos nosso objetivo,

53. O livro de Paul Vigneron, *Histoire des crises du clergé français contemporain,* Paris, Téqui, 1976, agora um pouco ultrapassado, todavia, está cheio de informações interessantes e de avaliações muito úteis em termos de cifras.

54. Gostaríamos também de dizer que nestes últimos anos foi feito um esforço muito grande para formar melhor os padres nos seminários e reativar a tradição sacerdotal, atualizando-a.

mas poderíamos estender a pesquisa à Bélgica, à Irlanda, à Espanha ou a Quebec (Canadá). O que nos interessa é ver como uma crise societária global gerou reações diferentes, com resultados diferentes. Mais uma vez, mesmo que isso seja relativo, examinaremos os números, a fim de tentar não fugir de uma realidade provocadora, quer dizer, angustiante.

1. Os Países Baixos

O primeiro exemplo é dos Países Baixos. Em 1950, quase metade dos habitantes desse país se dizia católica e outra metade protestante. A prática entre os católicos era de 90%. Sabe-se que os Países Baixos estiveram à frente da contestação pós-conciliar. A queda, então, foi vertiginosa. Em 1966, os católicos já não representavam mais do que 35% da população, 29% em 1979, depois 16% em 2014 (quer dizer, um pouco mais de 4 milhões de pessoas sobre um total de 17 milhões de holandeses). De fato, porém, quando solicitadas a dar uma resposta, somente 60% das pessoas recenseadas como católicas confirmam sua pertença à Igreja. A prática religiosa dos católicos passou a 24% em 1980, a 14% em 1990, de 5 a 7% em 2014. O número de padres na ativa, que era de 3.400 em 1980, baixou para 2.140 em 1990, 950 em 2006, na maioria idosos, e não há mais do que 15 ordenações por ano.

Num contexto de secularização galopante, 42% dos holandeses se dizem sem religião. A baixa do número dos protestantes foi ainda mais rápida: 25% em 1966, 19% em 1979, somente 14% da população em 2021 (embora essas cifras estejam sujeitas a caução). O número de católicos passou a ser superior ao dos protestantes. A venda de templos, bem como de igrejas, foi de centenas de edifícios, o que está longe de ter terminado. Perto de um milhar de edifícios cristãos será destruído nos próximos anos. Durante esse tempo, o Islão construiu 450 mesquitas.

De modo geral, não se constatou nenhuma reação de conjunto. A Igreja está amplamente desacreditada, sua palavra não interessa mais à sociedade. Inclusive, nota-se o fim de uma geração.

A morte do P. Edward Schillebeeckx, aos 95 anos, em 2009, figura de proa do progressismo, não provocou grande interesse. O mundo já é outro. Em compensação, as novas comunidades e os movimentos novos suscitam real interesse.

2. Os Estados Unidos

O segundo exemplo que queremos apresentar é o dos Estados Unidos.[55] O catolicismo americano, formado no início majoritariamente por italianos e irlan-

55. Dominique Decherf, "L'Église catholique aux États-Unis. Un géant sans voix?", Études 12/ 2003 (tome 399), p. 633-642. URL: www.cairn.info/revueetudes-2003-12-page-633.htm; "États-Unis. La catholicisation à l'époque du 'shift of power'" par Manlio Graziano, le 24 octobre 2012, em www.diploweb.com › Amérique › Amérique du Nord.

deses considerados cidadãos de segunda classe, enculturou-se e se desenvolveu. A primeira parte do século XX foi uma grande época para ele. De 1930 a 1965, o número de padres duplicou, atingindo a cifra de 58.000 diocesanos. Em 1965 não houve menos de 1.575 ordenações.

A partir de 1965 começou uma crise assustadora. Em 2002, o número de padres passou a 31.000, metade dos quais com mais de 70 anos; dois terços dos seminários foram fechados e o número de ordenações caiu para 440 em 2000. Paralelamente, o número de religiosas, que era de 180.000 em 1965, das quais 104.000 professoras, passou a 75.000 em 2002, das quais 8.200 professoras (o que representa para estas últimas uma queda de 94%) e a 60.000 em 2021. O influxo da Igreja sobre os jovens diminuiu consideravelmente: a metade dos liceus católicos fechou, e as escolas paroquiais que atendiam 4,5 milhões de crianças não atendem hoje mais do que 2 milhões aproximadamente. A prática religiosa foi no mesmo sentido: 3 em cada 4 católicos eram praticantes em 1965, um em cada 4 em 2002, um em cada 10 em 2021. As conversões ao catolicismo, muito numerosas – um católico americano em cada 8 é de origem protestante – igualmente estancaram, enquanto os evangélicos acolhiam cada vez mais antigos católicos, especialmente *chicanos*.

Agora, após o *annus horribilis* de 2002 ligado ao escândalo dos padres pedófilos, constata-se uma nítida recuperação da vitalidade do catolicismo americano. Já a partir de 1996, o número dos seminaristas voltou a aumentar de maneira constante. Em 2005 havia 3.600 seminaristas. Em 2011 havia 3.394 seminaristas diocesanos e 1.853 noviços religiosos: um total de 5.247, número mantido em 2021 (em 189 seminários). Os testemunhos dão provas de uma geração mais séria, mais motivada, mais espiritual e mais variada em sua promoção vocacional do que antes. Também o número de ordenações voltou a subir: 454 em 2005, 480 em 2012, 548 em 2016. Inclusive o número de conversões retomou novo vigor: muitos adultos são batizados na Páscoa. Em novembro de 2020, 80% dos americanos declararam acreditar em Deus.

A que se deve tudo isso? Por um lado, a uma retomada do fervor dos católicos diante da crise. Os Estados Unidos são o país do mundo onde há mais centros de adoração eucarística, em particular nas paróquias. É sem comparação com a França; e o episcopado americano estimulou essa tendência. Por outro lado, constata-se o impacto das novas comunidades: cerca de 200 foram fundadas nesse país. Mesmo que algumas delas tenham problemas, sua influência não pode ser negada. Poder-se-ia dizer o mesmo da Renovação Carismática que, durante um período de secularização, garantiu uma espécie de “vigília espiritual”. Além disso, os bispos americanos, conforme a tradição de seu episcopado, atacaram o problema de frente. É significativo que Boston, precisamente lá onde a crise pedófila nasceu, tenha sido também o lugar donde partiu a renovação dos seminários. Os bispos americanos não tiveram medo de se posicionar em relação a seus problemas internos e aos problemas éticos criados pela administração Obama. Mostraram-se "líderes que sabem mobilizar". Eles tiveram seguidores. A coragem recompensa.

Moral: nenhuma situação é desesperadora e inelutável. Mas é preciso agarrá-la com os dois braços e não fugir, nem se deixar dominar por ela.

3. *A Itália*

O terceiro exemplo é a Itália.[56] A Itália é um país que após longo e glorioso período de reconstrução e de equilíbrio desde 1945-1950 foi fortemente sacudido por problemas nos anos 1970. Mas a Igreja italiana administrou com certa sabedoria o pós-Concílio, ancorando-se na tradição, em particular na tradição popular, para colocá-la em prática, integrando os movimentos e as novas comunidades – às vezes, não sem tensões – em sua pastoral; é assim que os Focolares, Comunhão e Libertação, Santo Egídio, o Caminho Neocatecumenal formaram toda uma nova juventude. Sem dúvida, a crise e a secularização não deixaram de marcar presença. Os padres seculares, que eram 42.600 em 1971 e ainda 41.700 em 1978, passaram a 36.000 em 2000 e a 32.000 em 2014. Os seminaristas, que eram 10.580 em 1969, passaram a 4.877 em 1981, para descer a cerca de 3.000 e 2.753 em 2014.[57] As religiosas, que eram 154.000 em 1971, são 89.000 em 2014; os religiosos, nas mesmas datas, passaram de 30.000 para 20.0000.[58] Todavia, a baixa foi mais lenta do que na França. A Igreja não se separou da sociedade civil. As paróquias permaneceram vivas, a Ação Católica não perdeu suas raízes espirituais. Em 2014, 86% dos italianos se declaravam católicos, cifra estável em 2021, e somente 7% sem religião. O número de seminaristas lá também começou a aumentar: atualmente vai para além de 6.000, contando junto o número de candidatos religiosos, que são 2.780.[59] As ordenações estão em aumento: no decênio 1983-1992, houve globalmente 461 por ano para os padres diocesanos, 494 por ano para período 1993-2002. Em 2025, se o ritmo se mantiver, haverá entre 25.000 e 30.000 padres diocesanos. São números que não podem ser comparados com as previsões que hoje podem ser feitas em relação à França.[60]

56. Manlio Graziano, *Identité catholique et identité italienne. L'Italie laboratoire de l'Église*, Paris, L'Harmattan, 2007; Stefano Fachin, "L'eclissi del sacerdozio", http://www.30giorni.it/articoli_id_21164_l1.htm; http://it.wikipedia.org/wiki/ Seminarista (consulté en 2014).

57. Quer dizer, 510 ordenações em 1993 e 405 em 2011.

58. http://vaticaninsider.lastampa.it/news/dettaglio-articolo/articolo/ vocazioni-vocations-vocaciones-31119

59. Com grande desigualdade conforme as dioceses; algumas grandes dioceses, Florença, estão desprovidas de candidatos. A metade dos seminaristas vêm do Sul.

60. Notemos uma evolução preocupante no caso da Polônia. Em 2013 havia nesse país 4.262 seminaristas seculares e 2.556 em 2021. Mas 92% da população se diz católica e a cifra de prática regular seria de 37%.

Como o constatou um observador:

> O que está dando certo no clero italiano é a capacidade de estar em dia com todas as camadas da população, continuando ele mesmo; ao passo que em outras partes os esforços de adaptação parecem ter arrastado consigo uma perda de identidade. Se o temperamento peninsular é pronto a se entusiasmar por ideias aventurosas, também é muito pragmático para aplicá-las até o fim e não cultiva o gosto da ruptura.[61]

V. A crise pedófila

O período é muito delicado para a Igreja e para o clero em particular, dependendo de cada país. Como se as dificuldades descritas acima não bastassem, chegou a crise pedófila que aos olhos de certos personagens pouco benévolos representaria o golpe de misericórdia para o sacerdócio e mesmo para a Igreja Católica. Ainda uma vez, esta crise deve ser compreendida em seu contexto: o culto absoluto do "eu" na sociedade atual, um "eu" ao qual tudo é permitido.[62]

1. Uma sociedade sexualizada

Cerca dos anos 1960, sob o amplo influxo da esquerda americana, a sociedade ocidental muda seu modo de ver a sexualidade.[63] Até então subsiste certo pudor público. A publicidade controla suas imagens, está muito menos presente no quotidiano em comparação com o que acontecerá em seguida; as comissões de autorização dos filmes funcionam (até o aparecimento do filme *A Religiosa*[64] em 1967); existe um sinal televisivo de alerta para proteger as crianças; a lei de 16 de julho de 1949 sobre as publicações destinadas à juventude é respeitada; não há ou há pouca educação sexual nas escolas, considerada como pertencente ao domínio familiar. De modo geral, tem-se o cuidado de defender as crianças do que poderia chocá-las. É um mundo completamente diferente do que vai existir em seguida.[65]

61. Mgr Martin Vivies, "État des statistiques des vocations dans l'Église: Les besoins de la mission" dans *Kephas*, avril--juin 2003, em http://www.revue-kephas.org/03/2/Vivies49-58.html].

62. Como dizia Sartre, de acordo com Ivan Karamazov em "Os Irmãos Karamazov" de Dostoievski: "Se Deus não existe, tudo é permitido".

63. Um livro essencial: Herbert Marcuse, Éros *et civilisation,* éd. US 1955, éd. fr.: Paris, Minuit, 1963. Igualmente essencial é a obra do zoologista Alfred Kinsey (1894-1956), cujas pesquisas foram financiadas pela Fundação Rockfeller, e que foi o apóstolo da sexualidade totalmente liberada sob todas as formas: Judith Reisman, *Kinsey, la face obscure de la révolution sexuelle,* Saint-Denis, Kontre Kulture, 2016.

64. Bernard Minvielle, "Pierre Goursat, homme de renouveau et témoin de tradition", em *Amis dans l'Esprit Saint. Marie-Eugène de l'Enfant-Jésus et Pierre Goursat,* Paris, L'Emmanuel, 2017, p. 47-68, em particular p. 50-56: boa análise da crise do filme *A Religiosa.*

65. As reações da imprensa quanto à pedofilia, em longo prazo (1880-2020), são bem analisadas num artigo de Anne--Claude Ambroise-Rendu: https :// www. cairn. info/revue-le-temps-des-medias-2003-1-page-31.htm# : "A maneira como a imprensa aborda a questão dos abusos sexuais com crianças permite distinguir quatro períodos durante este

Em poucos anos, todas as defesas caíram. Mesmo se o movimento se acentuou a partir de 1960, para a França, o ano de 1968 marca uma data simbólica extremamente forte com *slogans* que rapidamente serão integrados na sociedade: "É proibido proibir", "Gozar sem entraves" etc. A chegada nessa época de novos meios de contracepção (pílula contraceptiva, comercializada nos Estados Unidos em 1960), legalização do aborto para os americanos em 1973 e na França em 1975, eliminam toda e qualquer precaução e reserva nas relações sexuais. O mundo político-intelectual-midiático entra na jogada quase completamente, tanto de direita quanto de esquerda. Instala-se o princípio do "sexualmente correto" que não admite qualquer oposição.[66]

A educação sexual é imposta nas escolas em 1974. Uma obra como *A Enciclopédia da vida sexual* da Editora Hachette, cujo primeiro volume aparece em 1973, entre outras fontes, fornece a base. As contestações de pais chocados não são entendidas. O pudor é repelido, a castidade e a virgindade ridicularizadas, vistas como enfermidades psíquicas. Quando um autor tão livre de espírito como Jean-Claude Guillebaud se inquieta, publicando *La Tyrannie du plaisir*[67] o jornal *Libération* trata-o ironicamente como "*padre* Guillebaud" e "porta-voz da polícia e dos padres". O prazer sexual se torna não somente um direito, mas quase um dever social. A Igreja, paralisada pela crise de rejeição da encíclica de Paulo VI *Humanae vitae* (1968), que os teólogos na maioria não aceitam e pela evolução laxista dos teólogos moralistas, não protesta, ou protesta pouco, diante dessa contestação. Quando D. Stopurm, o "bispo do cinema", e o cardeal Veuillot declaram em 1967 não ter objeções contra a publicação do filme *A Religiosa*, que trata de um caso de homossexualismo feminino num convento, abriu-se uma porta. Naquele momento, ou uma verdadeira revolução está acontecendo nos costumes, ou o cão que deveria proteger o rebanho está praticamente mudo.

A situação não para de se agravar nos anos seguintes. A chegada da Internet, sobretudo com o específico da *World Wide Web*, da teia de aranha mundial a partir dos anos 1990, confere uma dimensão incrível ao fenômeno, aumentado ainda mais pelo uso universal do *smartphone*. Na prática, a pornografia está permanentemente ao alcance da mão. Doze por cento de todos os sites da Web em 2019 são *sites* de pornografia; criam-se 200 novos cada dia; há 420 milhões

longo século, que vai de 1880 a 2000: a descoberta dos anos 1880, que corresponde também ao tempo da acusação; o refluxo, que caracteriza o meio século compreendido entre 1920 e 1970; a revolução sexual dos anos 1980, ao longo da qual vemos desdobrar-se uma defesa em favor da pedofilia; e, por fim, a virada dos anos 1990, com a condenação sem apelo dessa prática, acompanhada ou não de violência".

66. Frase muito significativa de Françoise Sagan: "Atualmente tem-se um pouco mais de liberdade do que vinte anos trás: fazer o amor então era proibido para as meninas; agora quase se tornou obrigatório. Os tabus são os mesmos". Entrevista com Jacques Jaubert, février 1979, publicada na revista Lire nº 42 de fevereiro de 1979.

67. Paris, Le Seuil, 1998. Ver também o n. 67

de páginas pornográficas consultáveis que em 2010 representavam 37% do espaço. Vinte e cinco a 30% das solicitações de busca na Internet se referem à pornografia; algumas pesquisas falam até de 60% nos Estados Unidos e de 40% na França. De 57 milhões de americanos com acesso à Internet 25 visitam sites pornográficos (entre uma hora e dez horas por dia), dos quais 1/3 de mulheres. Vinte e oito por cento dos homens na França olham um site desse tipo pelo menos uma vez por semana, 8% todos os dias, 70% dos jovens com 18-24 anos todos os meses. A pornografia da Internet em 2006 movimentou 97 milhões de dólares: 27 na China, 25 na Coreia do Sul, 20 no Japão, 13 nos Estados Unidos. Nesse mesmo país, 47% das famílias apontam a pornografia como um problema em sua casa, e ela foi um fator significativo em 2 de 3 divórcios.

Uma das características da sexualidade desbragada que já tinha sido assinalado nos anos 1970 por Jacques Ellul, é que ela conduz à violência. Uma pesquisa recente sobre os 250 filmes de sexualidade mais populares indica que 88% deles contêm cenas de agressão física a mulheres. Um estudo suíço mostra que 90% de jovens de 15-16 anos, ao consultar esses sites, se encontraram pelo menos uma vez em situação de risco (assédio *on-line*, pedidos de informações de caráter sexual, ameaças etc.). Nos Estados Unidos, de 1991 a 2000, são recenseadas entre 90.000 e 150.000 agressões sexuais por ano. Os jovens que frequentam as escolas públicas são vítimas de agressões sexuais numa proporção de 6 a 10% ao longo de seus estudos. Na Grã-Bretanha, 47.000 agressões sexuais a menores são registradas cada ano.

Se a sexualidade é desbragada, o que acontece com as crianças? Um estudo nesse campo mostrou resultados angustiantes. Noventa e três por cento dos jovens e 62% das meninas com menos de 18 anos estão expostos à pornografia na Internet. Os 2/3 de crianças do primário já viram imagens e vídeos pornográficos. O mais dramático é que isso é estimulado, justificado, por intelectuais e mídias que, nesse contexto, dispõem de uma posição-chave.

Mas as mídias não pararam aí.[68] A partir dos anos 1960, em nome da liberdade absoluta de gozar, movimentos pró-pedófilos surgem nos Países Baixos e organizam campanhas de propaganda.[69] Em 1970, Eberhard Schorsh, um pesquisador alemão famoso em matéria de sexualidade, em audiência pública diante do Parlamento de seu país, afirma que "uma sexualidade praticada sem violência entre adultos e crianças não provoca nenhuma consequência negativa para crianças sadias". Ninguém o contradisse. Em 1989, a casa editora da Ordem dos Médicos

68. Excelente análise da situação em Anne-Claude Ambroise-Rendu, *Histoire de la pédophilie, XIX e-XX e siècle,* Paris, Fayard, 2014.

69. Manfred Lütz, *Le Christianisme en procès. Lumière sur 2000 ans d' histoire et de controverses,* Paris, L'Emmanuel, 2019, p. 270-277; Jean Sevillia, *L'Église en procès. La réponse des historiens,* Paris, Tallandier/Le Figaro, 2019, p. 339-358.

alemães aconselha a despenalização da pedofilia. Os "Verdes" com frequência tomam partido nessa campanha em favor da pedofilia. Em certos estabelecimentos escolares, como o colégio progressista de Odenwald (onde Cohn-Bendit estudou) as práticas pedófilas são correntes e não reprimidas.[70]

Na França, em certos meios, há uma aprovação ativa. Escritores pedófilos como Gide, Henry de Montherlant, Roger Peyrefitte, Gabriel Matzneff são incensados pela crítica. O filósofo Michel Foucault,[71] Daniel Cohn-Bendit, René Sherer fazem livremente sua apologia. O princípio do "sexualmente correto" é promovido nos jornais como *Le Monde, Libération, Le Nouvel Observateur,* aos quais ninguém tem coragem de se opor. Esses jornais durante anos fizeram a apologia ativa da pedofilia, editando dossiês, publicando relatos excitantes, baseando-se no princípio de que era preciso eliminar todas as proibições. Vamos dar aqui alguns informes. Em 1977, três homens comparecem diante do tribunal de Versalhes por atentado ao pudor de menores de 15 anos. *Le Monde* e *Libération* publicam uma petição, sugerida por Gabriel Matzneff, em seu favor. Ela reúne todos os nomes da corja mundana esquerdista da época: Jean-Paul Sartre, Simone de Beauvoir, Gilles Deleuze, Roland Barthes, Patrice Chéreau, Félix Guattari, Michel Leiris, Philippe Sollers, André Glucksmann, Jack Lang,[72] Bernard Kouchner e Louis Aragon.[73] É só um exemplo.

No dia 23 de maio de 1977, *Le Monde* publica uma petição assinada por 80 intelectuais (encontra-se ali até o nome de Françoise Dolto), solicitando a despenalização da pedofilia para crianças com menos de 15 anos.[74] Em 1991 Jack Lang declara na revista homossexual *Gai Pied*: "A sexualidade pueril é ainda um continente proibido; cabe aos descobridores do século XXI encontrar os limites". Ele é o ministro da Educação nacional do governo Mitterrand. *Libération* publica um apelo para constituir o FLIP (Frente Libertação dos Pedófilos). Fotógrafos, como David Hamilton ou Jock Sturges são glorificados. Gabriel Matzneff, em

70. Sobre a pedofilia na Alemanha e na Áustria, veja testemunho de Bento XVI em: Benoít XVI, *Se remettre à vivre pour Dieu. Méditation sur l'avenir de l'Église,* Paris, Presses de la Renaissance, 2019, Annexe 1: Albert Christian Sellner, *La "révolution sexuelle" et son* échec, p. 91-104.].

71. O economista Guy Sorman denunciou em março de 2021 no *Sunday Time* as práticas pedófilas de Michel Foucault na Tunísia nos anos 1960, lamentando não o ter feito antes. A imprensa francesa não deu atenção a essa revelação: https://www.lepoint.fr/livres/pedocriminalite-guysorman-denonce-les-actes-ignobles-de-michel-foucault-30-03-2021-2419958_37.php

72. 72. Desculpas pouco convincentes de Jack Lang en 2021: https://www.marianne.net/politique/gauche/erreurs-factuelles-et-mea-culpa-sur-europe-1-jack-langconfronte-a-une-tribune-pro-pedophilie-dont-il-etait-signataire

73. Texto da petição: https://aivi.org/vous-informer/actualites/1856-souvenirs-des-celebrites-signent-pour-la-decriminalisation-de-la-pedophilie.html; autojustificação de Bernard Kouchner: https://www.lelibrepenseur.org/pedophilie-kouchner-panique-et-denonce-jack-lang. Por sua vez, interrogado sobre esse assunto em 2001, Philippe Sollers não se reciordava de nada; ele explica: "Havia tantas petições... A gente assinava quase automaticamente". Boa síntese dessa época em: http://www.economiematin.fr/news-pedophilie-qui-sontcathophobes-pourfendent-Église-france Outra apologista da pedofilia precoce: a jornalista de *Libération* T. Duvert. Ver seus artidos nesse jornal e em seu livro *L'Enfant au masculin,* Paris, Minuit, 1980, p. 21.

74. https://www.franceculture.fr/societe/quand-des-intellectuels-francaisdefendaient-la-pedophilie

1990, em *Apostrophes*, diante de Bernad Pivor pode declarar sem problemas de forma clara suas relações sexuais com adolescentes – eles e elas – muito jovens. Sua fala é acolhida com simpatia. Um casal católico presente não diz uma palavra. Na mesma transmissão, a canadense Denise Bombardier é a única a protestar. Mas ela paga caro. É chamada de "ingênua", de "mal-amada", por Philippe Sollers, editor de Matzneff na Editora Gallimard. *Le Monde* jamais fará referência a algum de seus livros.[75] "Sentia-se no ar ali, disse ela, esse tipo de silêncio e esse fascínio. Isto diz alguma coisa do meio literário francês e parisiense. Eles se pagam com a mesma moeda, se coeditam e se justificam, jamais são questionados por suas ações".[76]

Em 1976, René Schérer (um dos fundadores da universidade de Paris VIII-Vincennes) e Guy Hocquenhem publicaram *Co-ire* (em latim: "ir juntos" e "*coit*", na terceira pessoa do singular)[77] no qual explicam que a educação é perversa, se ela não cede lugar à pedofilia.[78] Ainda em 2010, uma exposição de Larry Clark no museu de arte moderna da cidade de Paris mostra fotos explícitas de atos sexuais entre menores, etc. Quando Julien Benda, em 1927, falava da *Traição dos clérigos,* ele ainda não tinha visto tudo!

Antes de ir adiante é útil perguntar o que acontecia antes da revolução se-

75. Matzneff foi convidado cinco vezes por *Apostrophes*. Testemunho de uma de suas vítimas da época: Vanessa Springora, *Le Consentement*, Paris, Grasset, 2020. Reações iniciais embaraçosas de Bernard Pivot: https://www.lefigaro.fr/culture/bernardpivot-sur-l-affaire-matzneff-la-litterature-passait-avant-la-morale-20191227. No *Le Journal du Dimanche*, em janeiro de 2020, Bernard Pivot declara: "O mundo dos livros e da literatura se considerava então acima das leis e da moral". E acrescenta que, enquanto animador de programas literários na televisão, [ter-lhe-ia] sido necessária muita lucidez e uma grande força de caráter para [se] subtrair às consequências de uma liberdade com que se moviam [seus] confrades de imprensa escrita e das rádios. [...] Essas qualidades, eu não as tenho": https://www.lejdd.fr/Societe/affaire-matzneff-je-regrette-declare-bernard-pivot-3940286.
Até dezembro de 2019, Gabriel Matzneff era colaborador do jornal *Le Point*, na rubrica Espiritualidade e religiões. A respeito dos apoios de Matzneff: Pierre Bergé, acionista majoritário de *Le Monde*, et Yves Saint-Laurent, seu amante: Fabrice Thomas, *Saint Laurent et moi: une histoire intime*, Paris, Hugo Doc, 2017, livro que levanta muitos questionamentos quanto ao meio artístico e intelectual parisiense, que então era intocável. Ver também a revista *La Nef*, n° 322 (fevereiro de 2020). Um escritor notoriamente pedófilo, Tony Duvert, recebe o prémio Médicis em 1973 por *Paysage de fantaisie*, Paris, Minuit, 1973, e é incensado pela crítica literária da época, inclusive por Claude Mauriac. *Libération* acolhe em sua redação outro pedófilo notório, Christian Henrion, cuja vítima narra os acontecimentos: Franck Demules, *Un petit tour en enfer*, Paris, Éditions du Moment, 2009. Reações a esse livro: https://www.liberation.fr/checknews/2020/01/10/liberationa-t-il-employe-un-journaliste-pedophile-entre-1975-et-1995_1772006 et https://duboutduborddulac.blog.tdg.ch/tag/franck+demules. Ver também a respeito de todo o ambiente intelectual esquerdista parisiense e a pedofilia: Camille Kouchner, *La Familia grande*, Paris, Seuil, 2021.

76. https://www.francetvinfo.fr/culture/livres/video-une-romanciere-quebecoiseraconte-le-jour-ou-elle-a-tente-dans-apostrophes-de-briser-l-omerta-face-a-lecrivain-gabriel-matzneff_3760163.html. Outra vítima de Matzneff tentou publicar um livro sobre suas relações com ele. No início, aceito pela editora Grasset, finalmente foi recusado: http://www.leparisien.fr/culture-loisirs/livres/affaire-matzneffune-autre-victime-avait-deja-ecrit-un-recit-il-y-a-30-ans-10-01-2020-8233287.php. Da mesma forma, Bianca Lambert, uma mulher vítima de Sartre (e de Simone de Beauvoir) quando ela era adolescente, publicou em 2006 *Mémoires d'une jeune fille dérangée*, Paris, Balland, mas então não é dada ao livro nenhuma atenção.

77. *Revue Recherche*, n° 22, 1976.

78. Luc Ferry em *Le Figarovox* de 3 de fevereiro de 2021. O mesmo Luc Ferry, tendo publicado em 1985 *La Pensée 68* (Paris, Gallimard) onde denunciava os submundos filosóficos desses apelos à transgressão, por um ano inteiro, não pode fazer uma só conferência pública, sob pena de ser atacado a golpes de tacos de beisebol pelos discípulos de Michel Foucault.

xual dos anos 1968. É certo que muitas vezes o silêncio era de rigor. A vida íntima dos adolescentes ingleses nos colégios vitorianos, por exemplo, era um segredo inviolável. Todavia, o que é incontestável é que hoje se ensinam às crianças práticas sexuais que eram reservadas outrora aos frequentadores de casas de prostituição. Além disso, mostram-se na Internet atos de violência que recordam o pior do voyeurismo do mundo romano. E todo o mundo tem acesso a isso. O termo "revolução sexual" em relação ao passado não é uma palavra vazia.

De modo geral, a sociedade demorou a tomar medidas contra as consequências psicológicas dos atentados pedófilos. Na Educação nacional, e alhures (como na Igreja), quando as pessoas estão envolvidas nisso, os responsáveis contentam-se em mudá-las de lugar. As leis sobre a proteção jurídica das crianças são insuficientemente aplicadas: confia-se nas famílias e nas instituições. A Convenção Internacional dos Direitos da Infância só foi ratificada na França em 1989.

Esse período de liberdade total da propaganda pedófila dura até os anos 1980-1990. A situação muda pouco a pouco quando a FBI e mais tarde as polícias europeias se unem em perseguir redes criminosas. Percebe-se rapidamente que a pedofilia é um crime. Na Grã-Bretanha, as bombas explodem uma depois da outra. Em 2012, o *Times* revela o caso da cidade de Rotherham (Yorkshire): 1.500 menores foram violentados durante muitos anos no contexto de uma rede paquistanesa conhecida, mas não combatida. Na cidade de Telford (Shrop-shire), no espaço de quarenta anos, aproximadamente 1.000 crianças foram violentadas, lá também por uma rede muçulmana paquistanesa, sem que a polícia tivesse intervindo. Em Huddersfield, em Newcastle, os danos são ainda mais consideráveis, sempre por redes do mesmo tipo. Em 2014, um vasto rastreamento prende 660 pedófilos de uma só vez. Nas casas de crianças, nos centros esportivos, no estabelecimentos médicos, nos grupos de escoteiros,[79] os casos parecem incontáveis. Chega-se talvez a centenas de milhares de vítimas.

As pessoas envolvidas incluem homens públicos às dúzias, dentre os quais, atores, apresentadores de TV, políticos, parlamentares, um bispo anglicano. Tem-se a impressão de que a pedofilia era uma espécie de cultura, admitida em boa parte pela sociedade, em particular pelos órgãos repressivos. "As autoridades abrem finalmente a caixa de Pandora", disse um velho político; e um deputado trabalhista comentou: "Nós fechamos os olhos enquanto nação durante muitas gerações a respeito do escândalo do abuso de menores". A pedofilia e a cultura das violações eram comuns em numerosas escolas, inclusive entre as mais conhecidas, como a Highgate School, ao norte de Londres.[80] Uma comissão nacional foi constituída,

79. Da mesma forma nos Estados Unidos.

80. Grandíssimo número de revelações em 2021 mostram uma verdadeira cultura da violação em numerosos estabelecimento escolares britânicos: https://www.bfmtv. com/international/europe/angleterre/londres-la-police-ouvre-une-en-

mas diante da amplitude do fenômeno, avança lentamente.

Nos Estados Unidos, revelações tardias mostraram que, em 72 anos (até 2020) houve 8 vezes mais assédios sexuais entre os Boys Scout da América do que no clero: houve 100.000 queixas, tudo protegido por completo silêncio.[81] No Canadá explode o caso muito grave de um orfanato em Terre-Neuve, mas é um só caso em meio a muitos outros.

A opinião começa a protestar violentamente, como testemunha a primeira Parada Branca, em Bruxelas, depois do caso Dutroux, parada que reuniu pelo menos 300.000 pessoas. Na França, em 1982, o caso da instituição do ensino progressista *Coral* é um sinal de alerta. Os promotores da pedofilia, como Matzneff moderam prudentemente seus discursos. A repressão jurídica finalmente desperta. Mas nem sempre intervém: há pessoas protegidas. Em 2011, Luc Ferry refere que um antigo ministro da Educação nacional foi preso durante uma orgia pedófila no Marrakech. Um nome circula... O caso provoca escândalo, depois a investigação é sepultada, parece que a pedido de Mitterrand.[82] Evidentemente, as mídias exprimem seu embaraço, seu arrependimento pelo que escreveram. Em 2001, no *Liberation* falou-se de uma "vertigem comum" na época e *L'Expres* falará de "'uma verdadeira cegueira". Fazem-se até mesmo desaparecer os dossiês embaraçosos em sites da Internet.[83] Mas não há uma reflexão global sobre os delírios da sexualidade no mundo de hoje. Na realidade, o empenho é parcial, tímido. Por parte do Estado, da justiça, há com frequência o grande silêncio da vergonha. As pessoas se protegem.[84]

2. O problema aparece entre o clero

A pedofilia está muito ligada ao incesto: 7 casos em 10. Ora, o incesto é vivido nas famílias: pais ou sogros em mais de 50% dos casos; pessoas próximas ou amigos em torno de 40%. Na França diz-se que 5% das mulheres e 1% dos homens foram vítimas de incesto. As avaliações variam dos índices indicados até dobro (ou mais), mas as cifras são importantes. Conhecemos estatísticas mais densas no caso de outros países.

quete-apres-la-publication-de-milliers-de-temoignages-d-eleves-sur-des-agressions-sexuelles_AD-202103270194.html].

81. https://www.lepoint.fr/monde/abus-sexuels-chez-les-boy-scouts-pres-de-100-000-plaintes-deposees-17-11-2020-2401354_24.php].

82. https://fr.wikipedia.org/wiki/Affaire_du_Coral

83. Outro exemplo: em setembro de 2020, a Prefeitura de Paris mandou retirar discretamente uma placa em memória de Guy Hocquenhem (+ 1988), amigo de Matzneff e de Scherer e promotor da pedofilia, jornalista do *Libération* e professor na universidade de Paris VIII-Vincennes.

84. E não somente na França. Países inteiros permanecem no silêncio. Na Alemanha, somente há pouco tempo se tomou consciência das violências sexuais contra menores na ex-RDA, em particular no acampamento para adolescentes difíceis (Jungenderwerkhof) de Torgau. Havia na ex-RDA 474 centros estatais de acolhida de jovens, dos quais 70 centros fechados onde podia acontecer de tudo.

É nas famílias que as crianças são mais vulneráveis. Como consequência, é lá que deveriam ser mais protegidas. Nas famílias desfeitas e depois recompostas, com frequência não é mais o caso. Resta um tipo de pedofilia que provém de educadores escolares ou esportivos, ou de eclesiásticos, e isso não se sabia. Um padre que pregou no mundo inteiro retiros sacerdotais e confessou centenas de eclesiásticos dizia que, em sua vida, tinha recebido uma única vez confidências de um padre pedófilo. O assunto, por isso, não lhe parecia dramático.[85]

O primeiro relatório sobre abusos sexuais cometidos por padres foi feito em 1985 nos Estados Unidos. Em 1993, o episcopado americano criou uma comissão para o assunto; o papa João Paulo II instituiu uma em Roma em 1994. Depois dessa data foram programados colóquios internacionais, com amplas pesquisas, tanto pela própria Igreja Católica, quanto de maneira independente nos Estados Unidos, na Irlanda,[86] nos Países Baixos, na Bélgica, na Alemanha, na França. A pesquisa irlandesa possui mais de 2.600 páginas. A qualidade das pesquisas é variável. Por exemplo, a pesquisa do Grande Juri da Pensilvânia acabou sendo criticada.[87] Os resultados de conjunto, porém, são aceitáveis.

Essas pesquisas se referem ao período do 1950-2000. Elas permitem fazer algumas avaliações. Nos Estados Unidos, de 1950 a 2002, 4.400 padres foram acusados de práticas sexuais com menores, alcançando o número de 11.000 jovens. Isso corresponde a 4% dos 110.000 padres ativos nesse país durante esse período. Na diocese de Chicago, de 1950 a 1990, de 2.200 padres, 40 foram acusados de abusos de menores, dos quais só foi verificado um caso de pedofilia. Na diocese de Boston, onde o escândalo mais famoso explodiu em 2002, 80 padres foram acusados. Na Alemanha, 3.600 menores tinham sido agredidos entre 1946 e 2014; na Austrália, 4.400 entre 1970 e 2015. Bispos e mesmo cardeais envolvidos foram demitidos por terem cometido atos graves ou porque protegeram seus autores; pelo menos foram repreendidos por isso.

No Chile, julgando que tinha sido enganado a respeito da realidade dos atos, o papa Francisco solicitou a demissão conjunta de todo o episcopado. Na Ásia, onde a lei do silencio funciona muito mais, alguns fatos começam a ser revelados nas Filipinas. Na França, o caso Barbarin e o processo Preynat fizeram a festa das mídias.[88]

85. https://fr.wikipedia.org/wiki/Abus_sexuels_sur_mineurs_dans_l%27Église_ catholique. Um estudo de conjunto do contexto: Anne Philibert, *Des prêtres et des scandales. Dans l'Église de France, du concile de Trente aux lendemains du concile Vatican II* (1545-1978), Paris, Le Cerf, 2019.

86. Onde, desde 1950, cerca de 30.000 crianças teriam sido vítimas de abusos. Carta severa aos católicos da Irlanda, de 19 de março de 2010, de Bento XVI, em Benoít XVI, Se remettre à vivre pour Dieu. Méditation sur ravenir de l>Église, op. cit., 109-137.

87. Smart Reading Press, 11 de janeiro de 2019: https://srp-presse.fr/index.php/2019/01/11/le-rapport-du-grand-jury-de-pennsylvanie-sur-la-pedophilie

88. Por exemplo *Libération*, em seus números de 17 de março de 2016, 1º de agosto de 2016, 29 de novembro de 2019, atacou violentamente o cardeal Barbarin. Excelente ilustração da história do cisco e da trave no olho: artigo de

Nesse país, em 2010, havia 9 padres presos por casos de pedofilia, 51 sob inquérito e 45 já tinham cumprido uma pena de cárcere; em 2021, 4 estavam presos e 10 sob inquérito, sobre um total de 15.000 padres, ou seja, menos de 0,1%.

O episcopado francês quis esclarecer de forma completa os casos de pedofilia ocorridos na Igreja da França desde 1950. Por isso confiou a uma comissão independente, presidida pelo Sr. Jean-Marc Sauvé, antigo vice-presidente do Conselho de Estado, a missão de pesquisar o problema a fundo. Pelo que sabemos, nenhuma Igreja local até agora fez o mesmo nesse nível. Reconhecemos que o episcopado francês foi corajoso. A comissão (22 membros) foi provida de meios financeiros consideráveis (3.250 euros). As dioceses participaram da jogada. Mesmo os dossiês secretos, por decisão excepcional da Santa sé, foram abertos pela primeira vez. A comissão também se baseou em documentos da Justiça. Após três anos de trabalho, num período de aproximadamente 70 anos, 4.832 pessoas declararam ter sido abusadas por cerca de 3.200 predadores. Essas cifras são muito dolorosas, mas, situadas no contexto, não são consideráveis. Isso corresponderia de 2,5 a 2,8% de abusadores no conjunto do corpo clerical (4 a 5% no mesmo período nos Estados Unidos e na Alemanha), com uma quota de 2,5 a 2,8 de vítimas por agressor.

Foi então que a comissão, visivelmente cética diante dos resultados de seu primeiro trabalho, encomendou uma pesquisa a INSERM e IFOP: IFOP para fazer a sondagem e INSERM para analisá-la, sob a direção da Srª. Nathalie Bajos. O resultado foi absolutamente espantoso: haveria 216.000 vítimas de atos pedófilos por parte de clérigos; seriam 330.000, se se acrescentam os leigos que trabalham em organismos católicos. Essa pesquisa não tem nenhuma relação com a primeira versão da pesquisa.[89] Diante disso se compreende a imensa comoção levantada pelo relatório. A Igreja da França tomou a decisão de difundi-la amplamente. Há um desejo de reparação das vítimas, que se expressou e se expressará ainda durante muito tempo.

Todavia, em nome da verdade, esclarecimentos continuam sendo necessários. Partiu-se do princípio de que, para chegar a uma cifra de 216.000 vítimas, cada predador deveria agredir 63 pessoas. É um número que com dificuldade parece ser digno de crédito.[90] Aliás, em metodologia científica, é preciso fazer uma verificação. Ora, uma verificação só é definitiva e se torna uma certeza quando é validada pela experiência. Dito em outras palavras, é preciso encontrar pelo menos

16 de abril de 2012: https://www.actu-juridique.fr/justice/qui-demandera-pardon-au-cardinal-barbarin

89. https://www.ciase.fr/rapport-final

90. O mesmo que vimos a respeito de casos gravíssimos, como o do P. Preynat ou do que aconteceu no Pequeno Seminário de Chavagnes-en-Paillers (Vendeia): Jean-Pierre Sautreau, *Une croix sur l'enfance en Vendée,* La Crèche (79), Moissons noires, 2019.

uma parte significativa dessas 216.000 vítimas. Caso contrário, sempre se poderá ter fortes reservas no que tange ao trabalho efetuado.[91]

Uma pergunta se refere à proporção de predadores entre os leigos e entre os ministros do culto. Nos Estados Unidos, onde há maior número de pesquisas, estima-se que a proporção de pedófilos entre o povo corresponde a cerca de 8%, contra 2 a 5% entre os padres. Um especialista, William Odie, julga que a proporção de padres agressores é de 1,6 a 4 vezes inferior à proporção masculina em geral. Nós dispomos dos relatórios do John Jay College of Criminal Justice e do inquérito de Jenkins em seu livro *Pedophiles and Priest.*[92] 10% do clero protestante teria condutas duvidosas em matéria de sexualidade, destes, 2 a 3% seriam de abusadores sexuais de menores. Sobre 224.000 comunidades protestantes nos Estados Unidos, 165.000 estariam envolvidas. A Igreja Batista do Sul (Southern Baptist Convention), uma das principais denominações protestantes, verificou mais de 400 casos de pastores ou de colaboradores. Casos numerosos foram apontados entre os ortodoxos e os judeus americanos (no caso destes: 107 rabinos, 279 titulares em funções oficiais, 85 outras pessoas). "O abuso sexual de crianças se apresenta em proporções importantes no site de nossa comunidade", disse um procurador da Justiça.

Numerosos casos foram apontados na Alemanha protestante, embora a primeira mulher promovida a bispo luterano desse país se tenha demitido. Em 2002, outro especialista, Philip Jenkins, declarou:

> Minhas pesquisas sobre casos referente aos últimos vinte anos não fornecem provas de que o clero católico ou outros clérigos que praticam a disciplina do celibato são mais susceptíveis de estar envolvidos em maus comportamentos ou em abusos do que o clero de outras Igrejas, ou mesmo de pessoas que não pertencem ao clero.[93]

Os casos são numerosos entre os judeus ortodoxos. Não se fala de religiões cujos fundadores cometeram atos de pedofilia, nas quais se pratica correntemente a pedofilia ritual. Esse assunto é quase totalmente banido. Seria importante também saber qual é a proporção de padres envolvidos em comparação com os professores ou os educadores esportivos.[94]

---

91. Ver os dois artigos importantes de Aline Lizotte em *Smart Reading Press*: https://srp-presse.fr/index.php/2021/10/08/jai-lu-jai-reflechi-et-jecris-sur-le-rapport-de-la-ciase e https://srp-presse.fr/index.php/2021/10/15/peut-on-encore-croire-en-leglise-catholique. Mais amplamente, ver também Henri Quantin, *L'Église des pédophiles. Raisons et déraisons d'un procès sans fin,* Paris, Le Cerf, 2021, p. 105, n. 1 et p. 359-366. file:///Users/Bernard/Desktop/affaire%20Sauvé/Critique%20 agumentée%20de%20membres%20de%20l'Académie%20catholique%20de%20France%20-%20La%20Nef.html

92. https://srp-presse.fr/index.php/2021/11/12/la-democratisation-du-pouvoir-solution-aux-abus-sexuels

93. Ver o estudo excelente de Christophe Geffroy, em *La Nef*, n° 309, dezembro de 2018.

94. https://www.francetvinfo.fr/societe/harcelement-sexuel/video-pedophilie-dans-le-sport-l-omerta_3741403.html

Nesse campo, pelo menos na França, estamos atrasados em termos de pesquisas, supondo que elas jamais serão feitas a fundo. O número de casos parece importante. Mas, assim como é fácil informar-se, em particular na Internet, sobre os desvios na Igreja Católica, em idêntica medida é difícil fazer o mesmo, ainda atualmente, sobre tais desvios no sistema educativo leigo ou esportivo, inclusive médico.[95]

3. *Reações e causas profundas*

As revelações progressivas de atos pedófilos entre o clero católico suscitaram reações de indignação e horror muito justificadas entre católicos e não católicos.

Como todos podem constatar, o assunto se tornou permanente nas mídias, nos encontros religiosos de todos os tipos, nas declarações episcopais e pontifícias. Para as mídias foi um prato cheio. Um jornalista americano, Tom Hoopes, pesquisou os 61 principais jornais californianos no primeiro semestre de 2002: constatou 2.000 artigos consagrados aos padres católicos. Durante o mesmo período, foi descoberto pelas autoridades do governo federal um número bem mais importante de agressões nas escolas públicas: elas não mereceram mais do que 4 artigos no total e definitivamente. As pesquisas nas mídias, mesmo católicas, terminam com conclusões que vão na mesma direção.[96]

Compreendem-se perfeitamente essas reações de indignação na sociedade e entre os responsáveis eclesiásticos, em particular ao ouvir as vítimas. É um verdadeiro horror que desperta ainda mais revolta num mundo hipermediatizado. Estamos convencidos de que é necessário dizer a verdade para que as vítimas possam reconstruir sua vida. É dever dos responsáveis vigiar, mas tardaram a fazê-lo. Por outro lado, se a Igreja Católica reagiu tarde, pelo menos tentou ir a fundo no assunto, mais do que qualquer instituição religiosa ou civil. Um homem como o cardeal Ratzinger, depois papa Bento XVI, foi um dos primeiros a tomar consciência da amplidão e profundidade da crise e tentar enfrentá-la. É uma atitude que a história deverá sempre atribuir-lhe.

Todavia, é preciso interrogar-se para saber se involuntariamente não se está passando a imagem de um clero globalmente pedófilo. É preciso perguntar-se seriamente sobre este ponto. Na Jornada Mundial da Juventude em Toronto, em

95. Bispos foram perseguidos, mas onde estão os reitores e inspetores da Academia pelas mesmas faltas? De modo geral, ver a pesquisa de 2017: http://www.rfi.fr/france/20171222-france-education-nationale-enquete-violencessubies-ecole: "O que pensar desta estatística? Segundo muitos observadores, ela só refere parcialmente a realidade. Eles pensam que a palavra dos alunos, particularmente a respeito do assédio sexual na escola e o assédio sexual pela Internet, ainda não foi verdadeiramente esclarecida". No esporte, 17% dos atletas franceses teriam sido vítimas de assédios pedófilos, o que representa um número considerável de jovens. Início da pesquisa em 2019: https://www.letelegramme.fr/dossiers/pedophilie-dans-le-monde-sportif/pedophilie-dans-le-sport-l-enquete-choc-11-12-2019-12455767.php

96. Boa análise a respeito do tratamento jornalístico em Fabrice Bouthillon, "Une voix dans Rama", em *Commentaires*, nº 169, printemps 2020, p. 49-60. Há muito a comentar nas mídias católicas, em particular sobre La Croix: seu "empenho em impor uma leitura em sentido único dos escândalos foi colossal", em H. Quantin, *op. cit.*, p. 188-191.

2002, quando explodiram os escândalos americanos, o papa João Paulo II, após tê-los fortemente deplorado, fez ovacionar os padres fiéis, que são a imensa maioria (97% na França, segundo o relatório Sauvé). Bento XVI equilibrou as críticas por meio de documentos que encorajam o sacerdócio. Mas numa diocese do Centro-Oeste, cerca de 2010, após um conselho presbiteral em que o bispo se desabafou a respeito do assunto, um padre que trabalhava numa paróquia, no dia seguinte pediu a um jornal que fosse reafirmada publicamente a confiança nos padres que vivem honesta e modestamente seu ministério. Não recebeu resposta... Programas de rádio ou televisão na França em 2019, tentando explicar que a pedofilia é estruturalmente ligada ao clero católico, não receberam nenhum desmentido por parte das autoridades. Indiscutivelmente, há uma dimensão de vergonha, mas também de medo. Existem inclusive denúncias infundadas. Nos Estados Unidos, em 2005, sobre 7.700 processos instruídos contra padres, 1.000 se revelaram inexatos. Isso, porém, quantos inocentes faz passar como acusados?[97]

Todavia, ficam de pé duas questões. A primeira nos remete a René Girard e é muito séria. Como se sabe, o célebre antropólogo René Girard (1923-2015) desenvolveu a teoria da violência mimética. Não estamos aqui diante de um exemplo dessa teoria? Numa sociedade doente de sexo, um sexo que com frequência deixa as pessoas infelizes, mas que impele a ir sempre mais longe nas experiências, que suscita medo e violência, por acaso não teria encontrado no clero católico um bode expiatório? Isso ajuda a não se sentir culpado pelas falhas da sociedade e, assim, poder continuar. Infelizmente, levantar essa questão já é começar a responder.

Em segundo lugar, como é que certo número de padres pôde chegar até esse extremo? A comissão Sauvé mostrou que os abusos eram menos numerosos depois de 1970. Todavia, o número de padres de lá para cá diminuiu consideravelmente; de modo particular, também o número de jovens em contato com o clero baixou enormemente. A data, na realidade, não é significativa. Os abusos foram numerosos entre 1960 e 1980. São os anos mais quentes da crise da Igreja e da crise do sacerdócio, os anos em que a formação dos padres, um pouco por toda parte, enfrentou rupturas. D. Maurice Gaidon (+ 2011), já citado, nesses anos

97. Anne-Claude Ambroise-Rendu, op. cit., conclui seu excelente trabalho com estas palavras (p. 276): "A ansiedade nem sempre é uma boa conselheira". No caso da França, ver dois exemples de inocentes acusados: Lucien Maurel e Alexandra Lagarrigue, *Le Calvaire de l'abbé Maurel,* Paris, éd. de Paris, 2007; François Foucart, *Mes cours d'Assises,* Paris, Via Romana, 2014, p. 141-156; et Dominique Weil, *Que Dieu ait pitié de nous. Mémoires,* Paris, Oh! éditions, 2006. Ver também os recursos, em apelo, do cardeal Felipe Barbarin, em 30 de janeiro de 2020, e em cassação, do cardeal Jorge Pell, em 7 de abril de 2020. Note-se a existência de personagens que se tornaram acusadores profissionais. Assim, o inglês s Carl Beech, que, por denúncias, em seu país, provocou uma grande pesquisa sob o nome de Operação Midland. Essa pesquisa, que feriu diversas vidas, terminou em fiasco. O próprio Beeh foi condenado a 18 anos de prisão por pedofilia em 2019. Outro inglês denunciador, Peter Saunders, que chegou a penetrar nos mais elevados níveis da Santa sé, ele mesmo foi preso por agressão sexual. Em 2019: ver "Abuse charity chief Peter Saunders had sex with 'victim'", em *The Times,* 26 de agosto de 2019.

difíceis era superior do Grande Seminário de Dijon. Lamentando a opção que ele não pôde impedir, dizia: "Nós acabamos ordenando inimigos da Igreja". A maior parte foi embora, mas quantos estragos! A teologia moral, quer dizer, o ensino de como Deus espera que seja o comportamento humano, tinha caído em desuso. D. Jean-Louis Bruguès, dominicano, mais tarde bispo de Angers, dizia em 2008:

> Depois de maio de 1968, a teologia moral, pelo menos na França, caiu num profundo estado de abandono. Durante dois anos, os seminaristas de Tolosa não receberam nenhum ensinamento sobre essa matéria, considerada ingrata e aborrecida, para a qual não se encontrava ninguém para ensinar.

O papa emérito Bento XVI, professor em diversas universidades alemãs durante esse período, saiu de seu retiro em abril de 1019 para publicar um artigo sobre esse assunto específico.[98] Ele declarou:

> Pode-se afirmar que nos dois decênios entre 1960 e 1980, os critérios que prevaleciam quanto à sexualidade desabaram por completo... Entre as liberdades que a revolução de 1968 quis conquistar havia... a liberdade sexual total, liberdade que não tolerava nenhuma norma. A pedofilia fazia parte da revolução de 68. Não podia haver mais nada que representasse o bem em si mesmo, nem qualquer coisa considerada fundamentalmente má, mas somente pareceres relativos. No fim dos anos 1980 e 1990, a crise dos fundamentos e a apresentação da moral católica assumiram proporções dramáticas. Desenvolveu-se a tese segundo a qual a Igreja não tem e jamais pode ter sua própria moral.

O papa emérito acrescenta que, na época, muitos bispos foram escolhidos de acordo com uma linha supostamente "conciliar" que negava tudo o que tinha precedido o Vaticano II e eles, assim, adotaram e promoveram essas ideias.

Em outras palavras, a Igreja não possui moral própria se não se acredita mais nela; e ela não tem nada mais a dizer ao mundo no campo da vida prática. Sendo assim, só nos cabe situar-nos como reboque do mundo e segui-lo. É o que foi feito amplamente em muitos campos nesses anos difíceis e que ainda continua com frequência.

A questão não é mais somente o "clericalismo", mas a mundanidade, quer dizer, o ajoelhar-se diante do mundo, no sentido que São João dá a esse termo. Certamente um cristão não deve desprezar a sociedade, mas ele precisa situar-se à distância, em nome do Evangelho, a fim de olhá-la com o olhar de Cristo e viver conforme ele ensinou. Foi o que com frequência os cristãos se esqueceram de fazer, com os resultados que conhecemos.

98. https://fr.aleteia.org/2019/04/12/document-lintegralite-du-texte-du-pape-emerite-benoit-xvi-sur-les-abus-sexuels/ e Benoît XVI, *Se remettre à vivre pour Dieu. Méditation sur l'avenir de l'Église,* Introd. par Jean-Marie Guénois, Paris, Presses de la Renaissance, 2019.

VI. Algumas reações errôneas

Os meios que contribuíam a enfraquecer, quer dizer, a destruir a Igreja Católica na França (e em outras partes) existem sempre. Existem porque se ajoelhar diante do mundo será uma contínua tentação. À crise da Igreja seguiu-se uma renovação notável, graças a diferentes fatos: um papa que desempenhou uma tarefa imensa, João Paulo II; o poderoso fenômeno das novas comunidades, uma nova onda de santidade, uma renovação parcial do episcopado. Mas essa renovação não interessa absolutamente aos grupos progressistas cristãos. Estes encontraram no assunto pedofilia uma ocasião excelente de retomar sua propaganda. A ideia é a seguinte: a pedofilia é coisa do clericalismo; mudemos completamente a estrutura da Igreja e tudo irá bem. Volta-se à velha fórmula: modifiquemos a organização (e a doutrina) de acordo com os gostos do tempo e esta será a salvação. Vê-se isto de forma gritante na Alemanha e na França. É a reciclagem de uma velha conversa.

VII. Algumas convicções

Os séculos XVII, XVIII, XIX e o início do século XX foram um bom período para o sacerdócio. A teologia e a espiritualidade sacerdotais estavam na ordem do dia, os formadores com frequência eram de qualidade, não se omitia a promoção vocacional, nos principais países católicos. Isto de forma muito geral, certamente. Mas, pelo menos na França, um dos grandes países "fornecedores de padres" – e sem dúvida alhures – houve um enfraquecimento da transmissão dos valores, antes e sobretudo depois da Guerra. Em seguida, a maneira como foi interpretado o Vaticano II colocou o sacerdócio em situação de desequilíbrio. Além disso, a crise recente da sociedade ocidental, que em geral não se tinha percebido chegar e diante da qual a Igreja em muitos países reagiu mal, não recolocou as coisas no devido lugar. A tentação, então, era submeter-se ao "espírito do mundo", tentação que continua até agora. Numa sociedade enferma, isso tem consequências dramáticas.

Voltemos a este ponto. *Grosso modo*, pode-se ver o sacerdócio de duas maneiras. As duas estão certas em si, mas as duas podem deformar-se e se tornarem perigosas. Em princípio, pode-se dizer que o povo cristão, a comunidade crente "produz" os padres de que ela precisa. Nesse caso, o sacerdócio é um serviço de alguma forma natural. Foi o caso das origens cristãs e da Idade Média. O cônego Lahitton retomou no século XX esta fórmula da "promoção vocacional para o sacerdócio". Não está errada, mas se for unívoca, os inconvenientes aparecem rapidamente. Aqui, o objetivo é dispor de pessoal, e a qualidade da formação fica em segundo plano: isso não é um mito. Dessa forma, a comunidade se transforma rapidamente num sistema social que se autorreproduz e que recruta seu pessoal. Nesse caso, não se vê mais a diferença entre um pastor protestante, um agente de pastoral e um padre. É a situação da Alemanha, onde se fala em "trabalhar, prestar serviço à Igreja". Lá estão se protestantizando, mas não se dão conta. É preciso perguntar se certo número de escritos de teólogos e de teólogas atuais não está indo nessa direção, martelando sempre sobre a reorganização da Igreja e vendo tudo através da questão de poderes competitivos: padres/leigos; homens/mulheres. Poder-se-ia desenvolver longamente este assunto.

A segunda visão do padre insiste no apelo de Deus dirigido a uma pessoa, o que chamamos de "vocação". É Deus que escolhe o padre, certos sinais permitem reconhecê-lo e a Igreja de alguma forma entra a fazer parte desse apelo, que ela confirma. Aqui a visão é mais espiritual, distancia-se do espírito de sistema e baseia-se na confiança em Deus, que saberá dar à sua Igreja os padres de que ela necessita para fornecer-lhe os meios indispensáveis de santificação. O sacerdócio como sacramento assume, então, seu lugar na teologia do Corpo Místico de Cristo e da Igreja como sacramento da salvação.[99] Por outro lado, aqui a deformação dessa fórmula pode ser o elitismo, o fechamento do corpo sacerdotal sobre si mesmo. Podem-se criar exigências tão apertadas que a "promoção vocacional" se torna difícil.

Por isso é preciso equilibrar as duas visões do padre, conjugando uma com a outra. Segundo pensamos, isso é rigorosamente indispensável, mas exige trabalho, ao passo que a facilidade tende a se contentar com a primeira opção.

Façamos ainda algumas reflexões: o Vaticano II explicou muito bem a função do padre, ligado ao bispo sucessor dos Apóstolos. Devemos voltar ao assunto. Mas é preciso retornar ao essencial do sacerdócio e dizer o que ele é verdadeiramente. Os padres não estão lá para fazer "caminhar um sistema", para serem "superorganizadores". O sacerdócio é um sacramento: é preciso absolutamente redescobri-lo com tudo o que ele implica. Se os homens o viverem plenamente, ele brilhará e as vocações aparecerão.[100] E lembrar-se de que as crises não possuem necessariamente as palavras da vida eterna. A não ser que estejamos mortos, existe sempre um para além das crises.

99. François Bustillo, *La Vocation du prêtre face aux crises. La fidélité créatrice*, Paris, Nouvelle Cité, 2021.

100. Profunda explicação em Benoít XVI, "Le sacerdoce catholique", em Robert Sarah (avec la collab. de Benoít XVI), *Des profondeurs de nos coeurs,* éd. fr. Paris, Fayard, 2020, p. 27-71 (não somente sobre o celibato, mas também sobre o significado do sacerdócio de Cristo e do dos padres).

Conclusão geral

A Igreja sempre conheceu crises. Elas são de tipos muito diferente, como se pôde ver nesse período anterior. Nós só passamos por algumas. Há crises de crescimento normal, como para o batismo dos primeiros pagãos ou os debates em torno da compreensão da pessoa de Cristo. Há crises "internas", como quando o papado se tornou um jogo de poder e em que a Igreja se transforma numa simples organização. Com mais frequência, as crises estão ligadas à relação com o "mundo" e com a sociedade que a rodeia. De modo que a vida da Igreja é um desafio permanente.

Não se assustar com as crises

Gostaríamos muito de viver numa sociedade ideal! Sobretudo no campo que mais do que os outros o exige, o campo religioso. Num livro bastante impressionante – *O Mistério do Mal. Bento XVI e o fim dos tempos*[1] – o filósofo italiano Giorgio Agamben tentou compreender as razões mais profundas da demissão de Bento XVI em 2013. Para isso, ele se refere, por um lado, a São Celestino V (+ 1296), o último papa a demitir-se antes de Bento XVI,[2] por outro lado, a um artigo que tinha sido publicado pelo jovem teólogo Ratzinger a respeito de um autor africano pouco conhecido do século IV, Tychonius. Este explica que na Igreja uma parte de luz e uma parte de pecado coexistem e estão absolutamente entremeadas. Portanto, haverá sempre um terrível combate interno. São Celestino V se demitiu após curto pontificado, não somente porque sua saúde era insuficiente, mas também diante da "malignidade do povo", quer dizer, da sociedade cristã da época, que ele não conseguia superar. Na pessoa de Bento XVI, por isso, pode ter havido em sua demissão igualmente uma atitude desse tipo. Não apoiado suficientemente por uma cúria romana problemática, perante uma crise da Igreja e da sociedade

1. Giorgio Agamben, *Le Mystère du mal. Benoît XVI et la fin des temps,* éd. fr. Paris, Bayard, 2017.

2. Ele tinha irdo rezar sobre seu túmulo em Sulmona, no dia 4 de julho de 2009 e depôs sobre ele seu pálio, num gesto impressionante de comunhão com ele. O pálio é uma espécie de echarpe de lã usada pelo papa e pelos arcebispos, em sinal de comunhão e unidade da Igreja.

que se agravava,[3] e sendo insuficiente sua saúde, ele quis deixar o campo livre a um novo governo e se retirar para o maior serviço que ele podia prestar: o da oração.

Pode-se assinar também o que escreveu Dorothy Day, a militante de esquerda americana, que já citamos acima; que tinha uma grande liberdade de espírito e de palavra, e da qual até mesmo se abriu a causa de canonização:

> Eu amava a Igreja porque ela me tornava Cristo visível. Não por ela mesma, porque muitas vezes ela é um escândalo a meus olhos. Romano Guardini[4] diz que a Igreja é a cruz sobre a qual Cristo foi crucificado: não se pode separar o Cristo de sua cruz e é preciso aceitar viver num estado permanente de decepção em relação à Igreja.[5]

Seu mestre e pai espiritual, o francês de Ardèche, Pierre (Peter) Maurin (outro fenômeno!), por sua vez afirmava:

> É preciso que a Igreja romana faça outra coisa além de temporizar; será preciso que ela traduza em atos uma parte do dinamismo de sua mensagem. Fazer explodir a dinamite de uma mensagem é sua única forma de tornar a mensagem dinâmica. Se a Igreja Católica, hoje, não é a força social dominante e dinâmica, é porque os pensadores católicos não souberam fazer explodir a dinâmica da Igreja.[6]

No entanto, o amor de Cristo e da Igreja possuem uma força imprevisível. Toda experiência histórica demonstrou-o com abundância. Glosando o tema: "A Igreja acabou", pode-se constatar, mesmo se não insistimos muito neste livro, que os maus espíritos não faltaram; eles estão sempre ativos. Mas se enganaram e podem muito bem enganar-se novamente.

A coragem da esperança

Por quê? Porque na Igreja há sempre pessoas que não cederam e que a sustentaram até o fim. O futuro pertence aos que guardam a esperança até o "último quarto de hora", para glosar uma palavra (certamente não religiosa) de Clemenceau. Permanecendo no domínio profano, o general de Gaulle, num dos piores momentos da Segunda Guerra Mundial dizia: "No final de nossos sofrimentos,

3. "Não se compreende o que hoje ocorre na Igreja, se não se está percebendo que ela segue em todos os campos as tendências do universo profano" (G. Agamben, *op. cit.*, p. 56). Ele considera que a Igreja renunciou "a toda experiência escatológica de sua própria ação histórica" (*ibid.*, p. 55), quer dizer, que ela não mostra mais suficientemente o Céu aos homens.

4. Grande teólogo alemão (1885-1968), uma das fontes do pensamento conciliar.

5. Dorothy Day, *La Longue Solitude,* Paris, éd. du Cerf, 2018, p. 224.

6. Peter Maurin, *Easy Essays,* Eugene (Oregon), Wipf & Stock, 2010, p. 3; ver sobre ele: https://fr.wikipedia.org/wiki/Aristide_Pierre_Maurin

existe a maior glória do mundo, a dos homens que não cederam".[7] Ao passo que nós sempre a encontramos na Igreja! Além disso, há uma vantagem nas crises. Elas obrigam a revisitar os alicerces, a deixar cair a decoração, a ir ao essencial.[8] As crises levam à morte ou a recriações, a um mundo novo. Um observador comentava com precisão:

> Desde o concílio, a Igreja Católica tomou conhecimento do fato de que a época da prática religiosa de massa passou definitivamente. Joseph Ratzinger foi mais longe, tentando transformar o que é sem dúvida uma fraqueza num elemento de força. Em 1997, depois de afirmar que "a estatística não é um dos critérios de Deus", acrescentou que o futuro pertence a uma "Igreja minoritária [que] viverá em pequenos grupos de crentes verdadeiramente convictos". E alguns anos mais tarde, ao inscrever essa perspectiva numa tradição teórica eminentemente histórico-política, ele conferia à Igreja uma tarefa bem clara: "Nós devemos estar de acordo com Toynbee a respeito de que o destino de uma sociedade depende sempre de suas minorias criativas. Os fiéis cristãos devem considerar-se precisamente como uma dessas minorias criativas.[9]

É outra maneira de falar a respeito do fermento na massa (Mt 13,33). Se se quiser que homens e mulheres sejam como um fermento, é preciso que eles possuam um projeto para o futuro, projeto que eles acreditem que seja possível, no qual eles depositem sua esperança. Precisamente aqui, surge atualmente uma questão a respeito da esperança. No início do século, nas magníficas páginas do *Porche du mystère de la troisième vertu,* Péguy tinha querido chamar a atenção dos seus contemporâneos, que ele considerava deprimidos, a respeito da importância da esperança. Como a esperança cristã se baseia sobre a convicção de que Deus intervém na história dos homens (que nós chamamos de Providência), o que se deve pensar sobre isso atualmente?

Uma nova relação com a Providência

Um dos efeitos da Segunda Guerra Mundial e particularmente da Shoah foi o desaparecimento da noção de Providência nas numerosas consciências judias e também cristãs.[10] Pensou-se que, dado que o horror absoluto se tinha manifesta-

7. Ordem do dia do general de Gaulle por ocasião do dia 14 de julho de 1941, em *Lettres, notes et carnets, compléments (1924-1970),* Paris, Plon, 1984, p. 40.

8. Augustin Pic, *Dieu dans l'Église en crise,* Paris, Le Cerf, 2020.

9. "États-Unis. La catholicisation à l'époque du *'shift of power'*", par Manlio Graziano, 24 de outubro de 2012, em www.diploweb.com > Amérique > Amérique du Nord

10. Dominique Trimbur, "La Shoah dans la mémoire religieuse juive", em *Christianisme et lieux de mémoire,* XVe université d'été du carrefour d'histoire religieuse, Vannes, 10-13 juillet 2006, *Les Cahiers du Littoral 2,* n° 6, p. 195-205.

do, é porque Deus tinha entregue os homens aos homens. Ele se tinha retirado da história. Pierre Descouvemont constou:

> Este mistério (da Providência) é muito contestado em nossos dias. Muitos cristãos pensam que hoje seria preciso rever nosso modo de falar e de ler os acontecimentos. Depois de Auschwitz, não se deveria mais dizer que Deus é o "Pai todo-poderoso", o "Mestre dos tempos e da história", como cantamos ainda na liturgia.[11]

Um jornalista, residindo em Roma há muito tempo, Georges Huber, ficou de tal modo arrasado pela perda da fé na ação de Deus na história, inclusive por parte de alguns bispos, que escreveu um livro inteiro sobre o assunto. Os exemplos que ele apresenta no início de sua obra sobre o ceticismo de homens da Igreja referem-se a pontos precisos e são muito esclarecedores.[12]

Uma declaração bastante enérgica do papa Francisco vai na direção desse sentido da confiança em Deus nesses tempos difíceis.[13] "A missão é obra sua, quer dizer, de Jesus... É inútil que nos atormentemos. É inútil que nos organizemos, é inútil que gritemos. Não há necessidade de artifícios ou de estratagemas", porque "é o Cristo que faz sair a Igreja de si mesma. Em sua missão de anunciar o evangelho, tu te pões em movimento porque o Espírito Santo te impele e te leva. E quando tu chegas, percebes que ele chegou antes de ti e que te espera". Anunciar o Evangelho, acrescenta o papa, "não consiste em convencer os outros por meio de discursos apologéticos", em "gritar na cara dos outros" a "verdade da Revelação". É ainda menos "necessário atirar na cara dos outros as verdades e as fórmulas doutrinais como se fossem pedras, porque "a repetição literal do anúncio, por ela mesma não produz nenhum efeito; e pode cair no vazio, se as pessoas às quais ela é dirigida não têm a possibilidade de encontrar e de sentir de certa maneira a ternura de Deus para com elas e sua misericórdia que cura". Um traço distintivo da missão cristã, sugere o papa, "é a de agir como facilitadores, e não como controladores da fé". Facilitar, quer dizer, "tornar fácil, não colocarmos nós mesmos obstáculos no caminho do desejo de Jesus de abraçar o mundo inteiro, de curar o mundo todo, de salvar o mundo todo"; "sem ele, nós não podemos nada, nós não podemos fazer nada."[14]

11. Pierre Descouvemont, *Peut-on croire en la Providence?,* Paris, L'Emmanuel, 2007, 4e de couverture.

12. Georges Huber, *Le Cours des* événements. *Hasard ou Providence?,* préface du cardinal Schönborn, Paris, Téqui, 2001 (rééd. 2005); Ludovic Ascairo, *Le Chemin de la Providence,* Paris, Éditions Le Manuscrit, 2006; Jacques Lison, *Dieu intervient-il vraiment? Comprendre la Providence,* Montréal, Novalis, 2006; Paul Helm, *La Providence de Dieu,* Charols (Drôme), Excelsis, 2007.

13. Papa Francesco, *Senza di Lui non possiamo fare niente*, Cité di Vatican Libreria Editrice Vaticana, 2019 (*Sans Lui nous ne pouvons rien faire*), escrito junto com Gianni Valente.

14. No mesmo sentido, num texto muito forte do P. Louis Locher, em *Vers une* Église *renouvelée. Paroles d'un visionnaire,* prefácio de D. de Moilins-Beaifort, Paris, Salvator, 2020, p. 25: "O risco mais grave seria uma espécie de

Dessa forma, se houver esperança, a Igreja, e a Igreja da França em particular, tem um futuro diante dela. Em 1970, no momento em que a abadia trapista de Sept-Fons, no Allier, era sacudida pela crise, o P. Jérôme, vendo que no mosteiro havia elementos positivos, escreveu: "É difícil dizer se nosso mosteiro vai bem ou mal. Muitas coisas são ambíguas. Bastaria pouca coisa para orientá-lo para uma bela vida monástica."[15] Bastaria pouca coisa! Alguns poucos homens ficaram lá e a abadia conheceu uma bela renovação. Alguns poucos homens...

Um texto de Franz Stock

Para terminar, desejamos citar um texto revolucionador da atualidade, do padre alemão Franz Stock (1904-1948), uma das figuras sacerdotais mais tocantes do século XX. Em 1947 ele se dirigiu a seminaristas alemães prisioneiros, formados na França no "seminário do arame farpado", dos quais ele era diretor. Eles iam voltar para seu próprio país devastado. Então, lhes disse:

> Quando um terremoto sacode uma cidade, os campanários desabam junto com os monumentos e as casas. Quando uma crise econômica e social convulsiona o mundo, as instituições e a vida da Igreja também sofrem, porque elas não podem existir independentemente da história geral.
>
> Quanto mais a crise for profunda, mais ela embaralha os valores fundamentais da existência humana; mais violenta ainda é a sacudida que convulsiona o corpo da Igreja. Muitas coisas hoje estão a ponto de desabar, de explodir; em torno de nós, nada mais é estável, nada é seguro. As convicções herdadas do passado, como os valores, de saudosa memória, se esvaem, e as hipóteses mais incongruentes encontram seguidores. Nessas circunstâncias seria surpreendente se a Igreja, encarnada e humana, permanecesse como um oásis de calma à margem da dissolução universal. O que avulta nela de divino e de eterno permanece imutável, mas o homem enquanto tal é arrastado para dentro do turbilhão, numa dança endiabrada como a sarabanda espanhola.
>
> A civilização moderna, empurrada sempre mais longe pelo progresso técnico, que no espaço de cento e cinquenta anos convulsionou a vida social, evolui numa velocidade vertiginosa. Uma nova civilização vai abrindo caminho, apresentando-se num primeiro momento sob os traços de uma barbárie mecanizada. A humanidade que chegou à encruzilhada dos caminhos pode enganar-se na direção e escolher

desespero quanto à própria possibilidade da missão atualmente. A esperança missionária da Igreja nunca repousa sobre um cálculo de forças. Ela repousa unicamente sobre a fé em Jesus Cristo, morto e ressuscitado. Em certo sentido, isso é verdade: a missão é sempre impossível, humanamente impossível. É sempre o que não se consegue fazer e que, apesar de tudo, se faz pelo poder de Cristo. Basta-te a minha graça".

15. Anne Bernet, *Père* Jérôme. Un moine *au croisement des temps,* Paris, Le Cerf, 2015, p. 482, IV, n. 2.

entre viver no formigueiro humano ou optar pelo suicídio atômico, em vez de se orientar para um progresso autêntico que consiste em dominar as realizações da ciência e da técnica pelo espírito, a fim de colocá-las a serviço do homem. Nesta nova Idade Média, a Igreja pode assumir o papel que desempenhou em meio à grande Idade Média: enquanto mensageira do sobrenatural, ela pode salvar a natureza; mandatária de Deus, ela pode libertar o homem...

Nossa época fala sempre de massas humanas e nós sabemos muito bem que as massas humanas de hoje estão mais distantes do cristianismo do que estiveram os países de terras inexploradas. O tempo das grandes perseguições pode ressurgir de novo, quando os cristãos serão declarados inimigos por excelência da humanidade. Esta proximidade do paganismo exige que nós encontremos novos meios eficazes. A possibilidade do martírio exige de nós uma volta às fontes, ao espírito do tempo em que o sangue dos mártires se misturava com o vinho da Eucaristia. Perante uma época paganizada, a Igreja torna-se novamente missionária. Mas querer ser missionário não se traduz somente em métodos, deve exprimir-se pelo espírito que deve guiar todo o clero e todo o povo fiel.

Envenenados pela existência dessas massas humanas, alguns parecem dever crer que o ideal cristão dos tempos modernos consiste em se dissolver dentro da massa, como uma gota de chuva se dissolve no oceano. Mesmo dentro da massa humana, o cristão deve fazer-se notar, deve incomodar, deve chocar, porque é precisamente por esse escândalo chocante que começa o apostolado. E esse cristianismo deve ser viril, um cristianismo de presença afirmada, que não teme o confronto, que exige um compromisso, um cristianismo luminoso, como um farol para espantar as trevas, um cristianismo de aço para um século de ferro, um cristianismo chamejante para nosso tempo da energia nuclear. Nosso século é ativista, agitado, erótico, confunde o espiritual e o temporal. Nosso século vê triunfar os ódios, é anárquico, revolucionário, vê se sucederem as catástrofes, amontoa ruínas sobre ruínas, nas cidades como nas almas.

Nosso século atomizado, dividido por nacionalismos tão ridículos, como um uniforme surrado de um velho zuavo. Nosso século possui dois polos, um nos empurra para a apostasia, outro para a santidade, um rejeita a Igreja, outro a atrai. Continuando filhos do nosso século, o que importa é reconciliar a Igreja e o mundo moderno.

O número de santos querido por Deus é suficiente para salvar uma época. Santos que se entregam a essa vocação e que transformam em virtudes as transgressões do nosso tempo.

Santos que renunciam aos amores humanos e sabem a que renunciam, que pelo espetáculo e o exemplo de sua vida, percorrem o caminho da ordem humana.

Santos que não têm medo de catástrofes, nem de revoluções, mas que sabem aproveitar todas as oportunidades e orientar seu ser para a segunda vinda do Senhor.

Santos que reconciliam o apego à sua pátria carnal e o amor pela humanidade, para além das fronteiras das nações, dos impérios, das raças e das classes.

É a Providência que nos faz este apelo à santidade por meio da voz da história, e nós devemos segui-lo, para levar ao mundo a mensagem de liberdade e de paz, de salvação e de amor.[16]

Bibliografia

Armogathe, Jean-Robert, *Les 21 réformes de l'Église. Tradition et développement du concile de Nicée (325) à Vatican II,* Paris, Fayard, 1977.

Armogathe, Jean-Robert (dir.), *Histoire générale du christianisme,* Paris, PUF, 2 vol., 2010.

Aubert, R., Rogier, L. J., Knowles M.D. (dir.), *Nouvelle histoire de l'Église,* 2e éd. fr. Paris, Le Seuil, 1989-1992, 5 vol.

Corbin Alain (dir.), *Histoire du christianisme*, Paris, Le Seuil, 2007.

Levillain Philippe (dir.), *Dictionnaire historique de la papauté,* Paris, Fayard, 1994.

Lütz Manfred, *Le Christianisme en procès. Lumière sur 2 000 ans d' histoire et de controverses,* Paris, L'Emmanuel, 2019.

Mayeur, J.-M., Pietri, Ch. Et L., Vauchez, A., Vénard, M., *Histoire du christianisme,* Paris, Desclée, 1990-2001, 14 vol.

Peyrous, Bernard, *Histoire de la spiritualité chrétienne,* Paris, L'Emmanuel, 2010.

Robert, Odile, L'Église pèlerine. *Histoire de la spiritualité chrétienne,* Toulouse, Éditions du Carmel, 2021.

Sevillia, Jean, *Historiquement correct. Pour en finir avec le passé unique,* Paris, Perrin, 2003.

Sevillia, Jean, *L'Église en procès. La réponse des historiens,* Paris, Tallandier/Le Figaro, 2019.

Stark, Rodney, Faux Témoignages. *Pour en finir avec les préjugés anticatholiques,* éd. fr. Paris, Salvator, 2019.

16. Franz Stock, *Discours du 26 avril 1947*: https://www.centre-franz-stock.org/ fr/labbe-franz-stock/discours-de-franz-stock/ cité dans Cédric Burgun, op. c it., p. 231-235.